응답하라 저작권

정보화 시대
우리 생활 속의 저작권 이야기

이 도서의 국립중앙도서관 출판시도서목록(CIP)은 서지정보유통지원시스템 홈페이지(http://seoji.nl.go.kr)와 국가
자료공동목록시스템(http://www.nl.go.kr/kolisnet)에서 이용하실 수 있습니다.(CIP제어번호:CIP2014014103)

응답하라 저작권

초판 1쇄 발행 / 2014년 4월 25일
초판 2쇄 발행 / 2015년 4월 7일

지은이 / 김기태
펴낸이 / 한혜경
펴낸곳 / 도서출판 異彩(이채)
주소 / 135-953 서울특별시 강남구 영동대로 721, 1110호(청담동, 리버뷰 오피스텔)
출판등록 / 1997년 5월 12일 제 16-1465호
전화 / 02)511-1891, 512-1891
팩스 / 02)511-1244
e-mail / yiche7@dreamwiz.com
ⓒ 김기태 2014

ISBN 979-11-85788-00-5 03010

응답하라 저작권

정보화 시대
우리 생활 속의 저작권 이야기

김기태(金基泰) 지음

이채.

제2장 일상생활 편

· **하모니:** 생기발랄한 대한민국 20대 여성. 매우 창의적인 성격으로 예술적 재능이 뛰어나다. 정바로와 원만해 사이에서 미묘한 긴장감을 느끼지만, 겉으로는 내색하지 않는 치밀함으로 둘 사이를 오간다.

· **정바로:** 매사에 원칙을 중요하게 여기는 건강한 대한민국 20대 남성. '모니'를 좋아하지만 그런 마음을 차마 드러내지 못한다. 원만해와 매사에 대립하곤 하지만 항상 우정으로 문제를 극복한다.

· **원만해:** 원칙보다는 융통성을 중요하게 여기며 매사에 다양성을 존중하려고 애쓰는 평범한 대한민국 20대 남성. 정바로가 하는 일에 대해 진정으로 충고를 아끼지 않는 친구이기도 하다.

· **정보통:** 컴퓨터로 하는 일이라면 무엇이든 자신 있는 친구. 대학 졸업후에도 컴퓨터프로그램 개발 분야에서 두각을 나타내며 승승장구하지만, 항상 저작권 침해 문제 때문에 조마조마한 상황을 겪게 된다.

· **강막식:** 이름만큼이나 매사에 멋대로 생각하고, 원칙을 무시할 뿐만 아니라 아무렇게나 자기 편한 대로만 행동하는 이기주의적 성격의 20대 남성. 정바로와 원만해를 수시로 괴롭히며 난감하게 만들곤 한다.

세월이 참 빠르게 흐릅니다. 출판 일선에서 편집자로서 혹독한 업무와 학업을 병행하느라 어려웠던 시간들을 지나 "저작권 보호와 국내 출판물 유통에 관한 연구"라는 제목의 논문으로 석사학위를 받았던 때가 1994년 8월이었습니다. 그리고 다시 1997년부터 시작된 박사과정의 힘들었던 기억들이 아직 생생한데 벌써 십여 년이 훌쩍 지났습니다.

그때부터였을 겁니다. '저작권'이란 화두를 붙들고 살아가게 된 것이. 그리고 십여 년의 시간이 흐르는 동안 단행본으로 펴낸 졸저가 열다섯 권을 넘었고, 학술지 또는 학술대회 지면에 발표한 논문은 마흔 편 남짓 됩니다. 또한 이곳저곳을 가서 특강 또는 발제라는 미명 아래 용렬한 지식을 드러내는 일이 빈번하였고, 저작권 관련 상담횟수는 일만 회를 이미 넘겼습니다.

이쯤 되면 '저작권'이란 '이것이다'라고 거뜬히 헤아려 말할 그 무엇이 있든지, 적어도 뭔가 앞을 가린 느낌은 사라져야 할 텐데, 어찌된 노릇인지 제 눈앞은 여전히 오리무중인 듯 흐릿하기만 합니다. 반세기 넘게 정비되어 온 우리 저작권 환경은 이제 첨단 디지털 기술에 휘둘리며, 속 시원한 해결책 없이 불확실한 미래를 향해 마지못해 나아가고 있습니다. 미봉책이 너무 많이 등장하고 있다는 느낌을 떨칠 수가 없습니다.

한 가지 분명한 사실은, 지난 십여 년 중 전반부가 이용자들의 무지와의 투쟁이었다면, 후반부는 권리자들의 자기 권리에 대한 오용 내지 남용과의 싸움이었다는 점입니다. 문화 및 관련 산업의 향상과 발전을 위해 주어지는 권리가 저작권일진대, 요즈음에는 오히려 비문화적이고 비상식적인 권리 주장이 난무하고 있지 않나 생각합니다.

아무리 뛰어난 창작물이라 하더라도 이미 세상을 아름답게 만들어 준 수많은 창작자들의 노고가 없었다면 불가능했을 것이라는, 그리하여 나의 저작물 또한 누군가에게 유용하게 쓰인다면 더 바랄 것이 없겠다는 겸허함을 조금이라도 갖는다면 그토록 이악스럽게 권리 주장을 하지는 않으련만.

물론 후안무치한 이용자들의 행태를 눈감아 주자는 얘기는 결코 아닙니다. 창작자의 노고에 대한 예의를 모르는 이용자들은 앞으로도 일벌백계로 다스릴 필요가 있겠지요. 다만, 자기 저작물의 창작성에 아랑곳하지 않고, 심지어는 자기 역시 수많은 저작물로부터 빚을 진 처지에 다른 사람의 이용에 대해 과도한 권리를 주장하는 것이 온당한가 하는 본질적인 질문을 외면할 수 없다는 말입니다. 그래서 디지털 세상에서는 보다 폭넓은 저작물 공유의식이 필요하다는 데 동의하게 됩니다.

이 책은 전문가를 대상으로 하지 않습니다.
이 책은 저작권에 대해 거의 알지 못하거나, 또는 알고 싶어 하지 않는 사람들을 위해 태어났습니다. 하지만 저작권을 모르면 현대 사회를 능동적으로 헤쳐 갈 수 없다는 점에서, 저작권을 알아야만 장래의 희망을 좀 더 구체적으로 설계할 수 있다는 신념으로 누구나 알아야 할 상식을 담았습니다.

　"아는 만큼 보인다"고 했던가요. 마찬가지로 저는 "읽은 만큼 보인다"고 생각합니다. 아무쪼록 이 책을 통해 저작권을 제대로 이해하고 활용하는 사람들이 늘었으면 좋겠습니다.

2014년 4월

김기태

기초지식 편

제 1 장

저작권이 도대체 뭐야?

오랜만에 일찍 귀가한 막식이는 평소 게임이라든지 놀이용으로만 쓰던 인터넷을 내일까지 제출해야 하는 과제를 위해 뒤지고 있었다. 평소 별 생각 없이 '막' 사는 데에 익숙한 터라 인터넷 세상에서 또한 관련 자료를 닥치는 대로 긁어 담다 보니, 문득 '경고 문구'가 뜨는 게 아닌가.

　　"타인의 저작권을 침해하면 저작권법에 따라 최고 5년 이하의 징역 또는 5천만 원 이하의 벌금형에 처하거나 병과할 수 있습니다."

속으론 뜨끔했지만, 그 정도에 민감하게 꼬리를 내릴 막식이 아니었기에 그의 펌질은 계속되었고, 드디어 겉으로 보기에는 그럴듯한 보고서를 완성할 수 있었다. 그때 마침 퇴근해서 돌아오신 아버지, 막식이가 완성된 과제물이 떠 있는 화면을 들여다보며 히죽거리는 모습을 보시더니 한 말씀 하신다.

"초저녁부터 또 야동 보냐?"

그랬다. 언젠가 깊은 밤, 친구 아이디를 도용해서 야동 사이트에 접속했다가 하필 그때 방문을 여신 아버지께 들켰었는데, 그때부터 아버지는 막식이 컴퓨터 앞에 있는 걸 보면 '야동 타령'을 빼놓지 않으신다.

"아니에요! 과제 하느라 몇 시간째 땀 흘리고 있는데 왜 그러세요?"

그렇게 막식이는 오랜만에 당당해져서, 아버지 표정을 살피며 다시 급습하듯 묻는다.

"근데, 아빠! 저작권이 뭐예요?"

갑작스런 질문에 당황한 아버지, 슬그머니 컴퓨터를 가리키며 한마디 던지고는 안방으로 사라진다.

"쟤한테 물어봐라."

동료들 사이에서 만물박사라 불리는 우리 아버지께서도 모르는 '저작권'이라 니. 막식이는 "도대체 저작권이 뭐야?" 속으로 투덜거리고는 '법'이라니 나랑 은 상관없는 일이겠지 생각했다. 그리고 과제하느라 중요한 약속에 늦기라도 한 것처럼 서둘러 집을 나섰다.

༄

응답하라!

21세기는 온갖 지식을 기반으로 하는 '정보화 시대'라고 할 수 있습니다. 이러 한 지식 및 정보는 지적(知的)이고 창의적인 활동의 결과물들로서 그 가치가 점 점 높아지고 있지요. 그리하여 오늘날에는 '지식재산권'이란 걸 만들어 적극 보호하고 있습니다. 이러한 지식재산권 중 하나인 '저작권(著作權, copyright)' 은 "인간의 사상 또는 감정을 표현한 창작물"로서의 저작물을 만들었을 때 그 저작자에게 주어지는 배타적인 권리를 모두 일컫는 말입니다. 구체적으로 저 작물이란 학술 또는 예술의 영역에서 이루어진 독창적인 표현에 해당하는 것, 즉 시 또는 소설 등 문학작품, 학술논문, 강연, 작곡, 연극, 영화, 춤, 그림, 조각, 건축, 사진, 지도 같은 것들이 있고, 응용미술품이나 컴퓨터프로그램도 저작물 에 해당합니다.

역사적으로 보면 과거 문자가 없었던 시대는 물론 문자를 필사(筆寫)의 방 법으로 이용했던 시대에는 저작권 의식 자체가 싹틀 수 없었으나, 인쇄술의 발 명으로 복제물의 대량배포가 가능해지면서 상황은 크게 달라졌습니다. 그래서 저작권 사상이 싹튼 계기로 구텐베르크의 활자 인쇄술을 떠올리게 되는 것이지요. 실제로 대량복제가 가능해짐으로써 저작자나 출판업자의 허락을 얻지 않은 무단복제가 성행한 것이 저작권법 제정을 촉발하였습니다.

또 근대 이전까지는 인쇄술에 의한 복제물, 즉 출판물로 인한 저작권 침해를 방지하는 것이 저작권 법제의 주목적이었지요. 그러나 과학기술이 발전하면서 저작물을 수록·전달하는 매체가 증가하였고 더불어 저작권 침해의 대상이 인쇄매체에서 전기·전파매체, 나아가 전자적 장치를 통한 사이버 세계로까지 확대되었습니다. 저작권을 내포하는 매체의 수가 그만큼 많아졌을 뿐만 아니라 저작권이 갖는 상업적 가치 또한 매우 커졌다는 뜻이지요.

일반적으로 권리란 '법에서 인정하는 힘'을 말합니다. 이는 또 공권(公權)과 사권(私權)으로 나뉩니다. 저작자 개개인의 권리를 보호하기 위해 부여된 권리라는 점에서 저작권은 사권에 해당됩니다. 사권은 또 재산권과 인격권으로 나뉘는데, 개인의 재산적·경제적 이익을 보호하기 위한 재산권은 민법상의 물권(物權)과 채권(債權)이 대표적이며 양도나 상속이 가능한 반면, 인격권은 개인의 인격적 이익을 보호하기 위한 것이므로 개인의 일신에 전속하고 양도나 상속을 할 수 없습니다.

그런데 저작권에는 이러한 재산권과 인격권이 포괄되어 있어서 그것을 분리하는 것이 쉽지 않습니다. 또 물권은 유체물(공간의 일부를 차지하는 유형의 물건)을 대상으로 하는 데 반해 저작권은 무체물을 대상으로 한다는 점에서, 일반적인 소유권은 영구적인 데 비해 저작권은 보호기간이 한정되어 있다는 점에서 다릅니다. 그래서 저작권은 특허권 등과 함께 무체재산권 또는 지식재산권이라고 불리기도 하지요. 다만, 특허권[1]·실용신안권[2]·디자인권[3]·상표권[4] 등의 산업재산권은 그것이 개인의 권리보호뿐만 아니라 산업발전을 목적으로 하

---

1) 특허법은 발명(發明)을 보호·장려하고 그 이용을 도모함으로써 기술의 발전을 촉진하여 산업 발전에 이바지함을 목적으로 제정되었으며, 여기서 발명이란 "자연법칙을 이용한 기술적 사상의 창작으로서 고도한 것"을 가리킨다.

고 일정한 요건을 갖추어 특허청에 등록해야만 권리가 발생하지만, 저작권은 문화 및 관련 산업의 향상발전을 목적으로 하며 어떠한 절차나 요건이 필요하지 않고 오직 저작물의 창작과 동시에 권리가 발생한다는 점에서 그 성질에 차이가 있습니다.

이처럼 저작권은 저작자의 창작의욕을 북돋우어 더 많은 창작 활동이 이루어지도록 합니다. 나아가 저작권을 행사하여 개인적으로는 다양한 이익을 얻을 뿐만 아니라 문화상품의 수출을 통해 관련 산업의 발전에도 큰 영향을 끼치게 됩니다.

I 알아둡시다 I

저작권은 다음과 같이 다양한 측면에서 그 의미가 더욱 커지고 있다.

⊙ 사회정의 실현: 저작권자에게 합당한 몫을 보장해 주어야 한다. 누구나 자기 노력으로 일정한 결과를 산출한 것에 대한 보상을 요구할 수 있기 때문이다.

⊙ 인격적 측면: 저작자는 자기가 창작한 저작물이 곧 자신으로부터 비롯된 것이라고 생각한다. 저작자와 저작물은 하나인 셈이다. 따라서 자기 허락 없이 외부에 공표한다거나,

---

2) 실용신안법은 실용적인 고안(考案)을 보호·장려하고 그 이용을 도모함으로써 기술의 발전을 촉진하여 산업 발전에 이바지함을 목적으로 제정되었으며, 여기서 고안이란 "산업상 이용할 수 있는 물품의 형상·구조 또는 조합에 관한 자연법칙을 이용한 기술적 사상의 창작"을 가리킨다.

3) 디자인보호법에서 규정하고 있는 디자인이란 "물품(물품의 부분 및 글자체를 포함한다)의 형상·모양·색채 또는 이들을 결합한 것으로서 시각을 통하여 미감을 일으키게 하는 것"을 말함. 한편, 법률 명칭의 경우 2004년 12월 31일 개정에 의해 '의장법'에서 '디자인보호법'으로 변경된 바 있다.

4) 상표법은 상표(商標)를 보호함으로써 상표사용자의 업무상의 신용유지를 도모하여 산업 발전에 이바지함과 아울러 수요자의 이익을 보호함을 목적으로 제정되었으며, 여기서 상표란 "상품을 생산·가공·증명 또는 판매하는 것을 업으로 영위하는 자가 자기의 업무와 관련된 상품을 타인의 상품과 식별되도록 하기 위해 사용하는 기호·문자·도형·입체적 형상 또는 이들을 결합한 것과 위 각각에 색채를 결합한 것"을 가리킨다. 또 상표법의 대상은 상표 이외에 서비스표, 단체표장, 업무표장도 포함된다.

누군가 저작물을 이용함에 있어 창작자가 누구인지 밝히지 않는다거나, 명예를 훼손하는 경우 등은 저작자의 인격권을 침해하는 행위가 된다.

⊙ 경제적 측면: 저작자들도 자신의 일상생활을 꾸려나가면서 경제적 부담 없이 창작활동을 지속하기 위해서는 일정한 금전적 수입이 필요하다. 따라서 적정한 재산적 권리를 부여함으로써 저작자들의 경제적 부담을 덜어 줄 필요가 있다.

⊙ 문화적 측면: 저작자의 창작활동은 자신의 완성과 만족을 위한 것이지만, 동시에 사회에 공헌하는 길이기도 하다. 따라서 경제적 부담 없이 창작활동에 전념하게 함으로써 문화의 향상발전에 이바지할 수 있도록 해야 한다.

저작권에도 인격권이 있다는데

어느 날, 막식이가 얼굴빛이 새하얗게 되어서는 바로를 찾아왔다.

"겨, 경찰서에서 이런 게 왔는데 말이야. 내, 내가 저작권을 침해했대. 근데 저작인격권이라나 뭐라나. 인터넷에 돌아다니는 사진 몇 개 퍼다가 뽀샵 좀 했는데, 그게 무슨 잘못이냐, 다들 그러지 않냐?"

경찰서에서 온 소환장을 내미는 막식이의 손끝은 바르르 떨리고 있었다. 사연인즉슨, 수시로 인터넷에 들어가 여기저기 떠돌아다니는 그림이나 사진을 가져다가 자기 블로그에 올리곤 하던 막식이가 저작권 침해를 이유로 누군가로부터 고소를 당한 것이었다. 막식이는 사진을 무단으로 가져다 썼을 뿐 아니라 이미지를 제멋대로 변형시키기까지 해서 저작인격권 침해라는 죄목까지 더하여 고소를 당하게 된 것이었다.

"저작권에는 인격적인 측면과 재산적인 측면이 함께 들어 있거든. 그래서 말이야……."

하지만 설명을 제대로 시작하기도 전, 막식이는 생각하기 싫어하는 그답게 고개를 절레절레 흔들고 있었다.

"골치 아픈 설명 그만두고, 내가 어떻게 하면 빠져나올 수 있는지 그것만 알려주면 안 되겠냐?"

그랬다. 막식이는 저작권이 무엇인지 알고 싶은 게 아니라 어떻게 하면 곤란한 지경으로부터 벗어날 수 있는지 그것이 알고 싶어 찾아온 것이었다. 화를 내며 당장이라도 막식이를 쫓아내버리고 싶은 마음을 누르며 바로는 저작권에 대해 설명하기 시작했다.

응답하라! ▐▌

얼핏 보면 '저작권'이란 하나의 권리인 듯하지만, 이를 구체적으로 살펴보면 '저작인격권'과 '저작재산권'이라는 두 개의 커다란 덩어리로 이루어져 있습니다. 우선 저작인격권(著作人格權)이란 "저작자가 자신의 저작물에 대해 갖는 정신적·인격적 이익을 법률로써 보호받는 권리"라고 할 수 있으며, '공표권·성명표시권·동일성유지권'의 세 가지가 있습니다. 인격권[5]이란 정신적인 권리를 말합니다. 따라서 그것을 경제적 또는 물질적 기준에 따라 파악할 수는 없는 노릇이지요. 다만, 인격을 소유한 저작자로서의 당사자만이 권리 침해에 대한 구체적인 정도를 느낄 수 있고, 가해자의 침해 정도를 입증할 수 있을 때 그 범위 안에서 물질적인 배상을 청구할 수 있습니다.

한편, 이러한 저작인격권은 저작재산권과는 사뭇 다른 특성을 가지고 있습니다. 우선 저작인격권의 성질은 '일신전속성'으로 요약됩니다. 저작인격권으로서의 공표권·성명표시권·동일성유지권 등은 저작자 자신만이 가질 수 있고 행사할 수 있기 때문에 재산권과는 달리 다른 사람에게 양도하거나 상속할 수 없습니다. 그러므로 저작자가 사망하면 자동적으로 저작인격권은 소멸하게 됩

---

5) 일반적으로 '인격권'이라고 하면 명예권, 성명권, 초상권 등을 가리킨다.

명예권: 모든 국민은 사회적 명예를 침해당하지 않을 권리를 가지며, 명예에 대한 침해는 형사상 범죄를 구성하게 된다. 형법 제310조에서는 "(명예훼손)행위가 진실한 사실로서 오로지 공공의 이익에 관한 때에는 처벌하지 아니한다"고 규정하고 있는데, 이는 인격권으로서의 개인의 명예 보호와 헌법 제21조에 의한 정당한 표현의 자유 보장이라는 상충되는 두 법익의 조화를 꾀한 것으로 보인다.

성명권: 모든 국민은 성명권을 가지는데, 타인에 의하여 개인의 성명권이 남용된 경우에는 성명권의 침해로서, 이는 인격권의 침해가 된다.

초상권: 모든 국민은 초상권을 가지는데, 대법원 판례에 따르면 "사람은 누구나 자신의 얼굴 기타 사회통념상 특정인임을 식별할 수 있는 신체적 특징에 관하여 함부로 촬영 또는 그림으로 묘사되거나 공표되지 아니하며 영리적으로 이용당하지 않을 권리를 가지는데, 이러한 초상권은 우리 헌법에 의하여 보장되는 권리이다"라고 하였다. 따라서 당사자의 동의 없이 신문, 잡지, 팸플릿, 영화, 텔레비전 등이 초상사진을 게재하는 것은 인격권의 침해가 된다.

니다.

그러나 만일 어떤 저작물의 저작자가 사망한 것을 아는 어느 이용자가 그 저작물의 저작인격권을 무시하고 상업적인 용도로 무단 이용했다면—예컨대 저작자의 이름을 인지도가 높은 다른 사람으로 바꾸어 출판하거나 내용을 임의로 개작하여 외설물로 둔갑시키는 등—원저작자의 명예가 훼손될 가능성이 매우 높습니다. 따라서 저작자가 사망함으로써 저작인격권이 사라지고 없더라도 저작물을 이용하는 사람이 저작자의 명예를 훼손하는 방법으로 저작인격권을 침해했다면 저작재산권을 양도받은 사람 또는 상속자가 침해자를 상대로 이의를 제기할 수 있습니다.[6]

여기서 주의할 점은 따라서 특정 저작물의 저작재산권을 양도받았다 하더라도 그것의 저작인격권은 여전히 저작자에게 있으므로 저작물을 이용함에 있어 저작인격권을 침해하지 않도록 조심해야 한다는 사실입니다. 우리 관련 업계의 관행에 비추어 볼 때 저작재산권을 양도받았다면 마음대로 이용해도 된다고 여기는 경향이 강한데, 그런 태도를 돌아보고 저작인격권에 속하는 성명표시권 및 동일성유지권의 엄격함을 지켜 내야 할 것입니다.

1. 공표권

저작인격권으로서의 공표권(公表權)이란 "저작물을 대외적으로 공개하는 권리"이며, 그 방법은 물론 공개 여부에 대한 판단은 전적으로 저작자만이 행사할 수 있습니다. 이를 좀 더 구체적으로 살펴보면, 우선 저작자에게는 "저작물을

---

6) 현행 저작권법에서는 저작인격권의 특성에 대해 먼저 "저작인격권은 저작자 일신에 전속한다"고 규정하면서 아울러 "저작자의 사망 후에 그의 저작물을 이용하는 자는 저작자가 생존하였더라면 그 저작인격권의 침해가 될 행위를 하여서는 아니 된다. 다만, 그 행위의 성질 및 정도에 비추어 사회통념상 그 저작자의 명예를 훼손하는 것이 아니라고 인정되는 경우에는 그러하지 아니하다"고 함으로써 명예의 존중이라는 측면에서 저작인격권의 영속성을 보장하고 있다.

공표하거나 공표하지 않을 권리"가 있습니다. 즉, 저작자는 자기가 작성한 저작물을 공표할 것인지 아니면 공표하지 않을 것인지, 공표를 한다면 출판 또는 연극, 영화, 방송, 전송 등 다양한 방법 중에서 어떤 형태로 할 것인지, 그리고 공표의 시기는 언제로 할 것인지 판단할 권리를 가지고 있다는 뜻입니다. 그러므로 만일 어떤 저작물을 저작자의 동의나 허락 없이 어떤 방법으로든지 공표하는 것은 당연히 저작자에게 주어진 저작인격권으로서의 공표권을 침해하게 되는 것이지요.

한편, 이러한 공표권은 미공표 저작물에 한해서 단 한 번밖에는 행사할 수 없습니다. 예를 들어, 공표가 저작물을 발행하는 것뿐만 아니라 저작물을 공연이나 방송 또는 전시 그 밖의 방법으로 공중에게 공개하는 행위를 의미하므로, 어떤 방법으로든지 원저작물이 공표된 후라면 공표의 방법이 달라진다 해도 다시는 공표권을 행사할 수 없습니다.

그런데 저작자가 직접 공표권을 행사하지는 않았지만 누군가에게 저작재산권을 양도하거나 저작물의 이용허락을 한 경우에는 상대방에게 공표를 허락한 것으로 추정할 수 있습니다. 저작물을 이용하기 위해서는 저작물의 공표가 당연한 전제요건인데, 저작권을 양도받거나 이용허락을 받는 사람이 공표를 위해 또 다시 별도의 허락을 받아야 한다면 저작물 이용에 따른 번거로움이 뒤따를 뿐만 아니라, 저작자의 측면에서 보아도 역시 다른 사람에게 저작권을 양도하거나 이용허락을 하는 경우에는 이미 저작물의 공표를 예상한 것으로 보아도 무방하기 때문이지요.

또 공표되지 않은 미술저작물, 건축저작물, 사진저작물의 경우에 원작품의 소유권을 양도했다면 그것을 양도받은 사람에게 그 원작품의 전시방식에 의한 공표를 동의한 것으로 추정합니다. 미술이나 건축, 사진 형태의 저작물은 원작품을 수요자들에게 판매할 수 있으므로, 정당한 거래에 의해 원작품을 소유한 사람에게 이용편의를 제공한다는 점에서 이해하면 됩니다. 다만, 공표의 방법이 전시에 의한 방식으로 제한되어 있다는 점에 주의해야 합니다.

비슷한 취지에서 원저작자의 동의를 얻어 작성된 2차적저작물 또는 편집저작물이 공표된 경우에는 그 원저작물도 공표된 것으로 봅니다. 2차적저작물 또는 편집저작물은 원저작물을 토대로 작성된 것이므로 표현방식은 다르지만 내용 면에서는 같다고 볼 수 있지요. 따라서 원저작자의 동의를 얻어 정당하게 작성된 2차적저작물과 편집저작물이라면 원저작물이 공표되지 않은 상태라고 하더라도 2차적저작자나 편집저작자 등이 임의로 공표할 수 있고, 그에 따른 원저작자의 저작권이 침해된다고 보기 어려우므로 결국에는 원저작물도 공표된 것으로 본다는 뜻입니다.

2. 성명표시권

저작인격권으로서의 성명표시권(姓名表示權)이란 "저작자가 그의 저작물을 이용함에 있어서 자신이 저작자임을 표시할 수 있는 권리"입니다. 저작자가 자신의 저작물에 대해 자신이 창작자임을 주장하는 것은 당연한 권리이지요.

좀 더 구체적으로 보면, 저작자는 자신의 저작물의 원작품은 물론 그 복제물에, 그리고 그것을 공표함에 있어서 그의 실명(實名)이나 이명(異名) 중에서 마음에 드는 것을 선택해 표시할 수 있습니다. 즉, 저작자로서의 자기를 실명으로 표시할 것인가, 아니면 남들이 잘 아는 예명이나 아호 또는 필명으로 할 것인가, 심지어는 남들이 잘 알지 못하는 자기만의 독특한 이름으로 표시할 것인가 등을 결정할 권리가 저작자에게 있다는 뜻입니다. 또한 그것을 표시하는 방법에 있어서 미술저작물에서처럼 원작품에 직접 표시할 수도 있고, 출판물에서처럼 표지 또는 간기면(刊記面)에 문자로써 표시하는 등 다양하게 할 수 있습니다. 아울러 성명을 표시할 수 있는 권리가 있다면 표시하지 않을 권리 또한 있는 것이므로 저작자의 표시 없이 무명저작물로 공표할 수도 있습니다.

한편, 저작물 이용자는 저작자의 특별한 의사표시가 없다면 저작자가 저작물에 표시한 대로 저작자를 밝혀야 합니다. 따라서 이용자는 저작물을 이용하기 전에 저작자를 어떻게 표시할 것인지 저작자에게 물어볼 필요는 없으며, 특별한 의사표시—예컨대, 저작물에는 실명으로 표시되어 있는데 공표할 때에는 독특한 이명으로 표시해 달라고 저작자가 적극적으로 요청하는 경우—가 없는 한 저작물에 표시된 대로만 저작자를 표시하면 됩니다. 다만, 저작권법에서 "저작물의 성질, 그 이용목적, 또는 형태 등에 비추어 부득이하다고 인정되는 경우에는 그러하지 아니하다"고 규정하고 있으므로 무조건 성명표시권 침해가 성립되는 것은 아닙니다. 주요 시험문제로서 특정 저작물을 인용할 경우 부득이 저작자의 성명을 표시하지 않을 수도 있을 것이기 때문이지요.[7]

결국 저작인격권으로서의 성명표시권은 저작자가 저작물에 자신이 저작자임을 다양한 방법으로 표시하거나 표시하지 않을 수 있다는 것, 그리고 이용자가 저작물을 이용함에 있어 저작자가 표시한 바에 따라 저작물에 저작자를 표시해야 한다는 것으로 요약할 수 있겠습니다. 따라서 이용자가 이용 저작물에 저작자를 표시함에 있어서 원저작자를 무시하고 다른 사람으로 표시하는 것은 명백한 성명표시권 침해에 해당합니다.

3. 동일성유지권

저작인격권으로서의 동일성유지권(同一性維持權)이란 "저작자가 자신이 작성

---

7) 현행 저작권법에서는 성명표시권에 대해 "저작자는 저작물의 원본이나 그 복제물에 또는 저작물의 공표 매체에 그의 실명 또는 이명을 표시할 권리를 가진다"고 하면서 동시에 "저작물을 이용하는 자는 그 저작자의 특별한 의사표시가 없는 때에는 저작자가 그의 실명 또는 이명을 표시한 바에 따라 이를 표시하여야 한다. 다만, 저작물의 성질이나 그 이용의 목적 및 형태 등에 비추어 부득이하다고 인정되는 경우에는 그러하지 아니하다"고 규정하고 있다.

한 저작물이 어떠한 형태로 이용되더라도 처음에 작성한 대로 유지되도록 할 수 있는 권리"를 말합니다. 저작자라면 당연히 자기 의사에 관계없이 이용자가 마음대로 저작물의 내용을 변경하도록 내버려두지 않을 것이며, 자신의 저작물을 누군가 변경시키는 경우를 당한다면 매우 불쾌할 것임에 틀림없지요. 따라서 저작자에게 "저작물의 내용은 물론 형식 및 제호 등에 있어서 동일성을 유지할 권리"를 준 겁니다. 저작물은 저작자의 인격을 구체화한 것이므로 저작물에 구현된 자기 사상 및 감정 표현에 있어서 동일성을 유지할 필요가 있으며, 따라서 저작물을 이용하는 사람이 목적 달성과 함께 그 효과를 높이기 위해 저작물의 일부를 없애거나 고치고자 할 때에는 반드시 저작자의 동의를 얻어야 합니다.

여기서 내용 혹은 형식의 변경이란, 저작자의 의사와는 관계없이 무단으로 주제를 변경하고자 전개 과정을 바꿈으로써 원작의 본질을 손상시키는 경우, 등장인물 또는 배경 따위를 바꿈으로써 마찬가지로 원작의 본질을 해치는 경우, 그리고 비극(悲劇)을 희극(喜劇)으로 바꾸거나 시를 소설로 바꾸는 것처럼 표현형식 자체를 고치는 행위 등을 가리킵니다. 하지만 저작물의 본질적인 변경이라도 그것이 정당한 절차를 거쳐 번역 또는 편곡 및 개작 등이 이루어진 것이라면 동일성유지권의 침해가 아닙니다. 다만, 번역을 함에 있어서 필연적인 변경과는 상관없는 중대한 실수로서의 오역(誤譯) 따위는 동일성유지권의 침해 사유가 될 수 있으므로 주의해야 합니다.

다음으로 제호(題號)의 문제가 있습니다. 제호란 저작물의 제목을 일컫는 말이지요. 이러한 제호는 저작물의 내용을 집약하여 짧은 문구로 표현한 것이므로, 이를 무단으로 변경한다면 저작자에게는 사실상의 인격적 침해가 될 수 있습니다. 나아가 주제나 내용과는 상관없이 저작물의 상업적 이용만을 위해 제호를 무단으로 바꾸게 될 경우에는 더욱 심각한 문제가 생길 수도 있습니다.

그런데 원래 제호 자체는 저작권법에서 보호하는 저작물이 아닙니다. 따라서 저작물을 작성하는 사람이 다른 저작자의 제호를 무단으로 사용하더라도 저작권 침해가 아니라는 뜻이지요.

제호를 독립적인 저작물로 인정하지 않는 이유는 저작권법 제정의 취지에서 찾아볼 수 있습니다. 저작권을 보호하는 궁극적인 목적은 문화의 향상발전인데, 만약에 모든 제호를 저작물로 인정할 경우 제호를 둘러싼 혼란과 함께 일부에 의한 독점 현상 때문에 더 큰 폐해가 생길 수 있습니다. 물론 일부 국가에서는 매우 독창적인 제호에 대해서는 독립적인 저작물로 인정하여 보호하기도 합니다. 하지만 우리나라에서는 저작물의 제호에 한해서는 저작물성을 인정하지 않고 있습니다. 다만, 그것이 저작물의 내용과 어울릴 경우에는 저작인격권으로서의 동일성유지권의 대상이 될 뿐이지요.

그 밖에 저작자의 사전 동의가 없더라도 저작물의 변경이 가능한 경우가 있습니다. 저작권 보호라는 취지에 비추어 볼 때 개인의 이익뿐만 아니라 문화의 산물인 저작물을 이용한다는 차원에서 공익적인 측면 또한 내포하고 있기 때문이지요. 이처럼 동일성유지권이 미치지 않는 경우에 대해 현행 저작권법에서는 크게 세 가지로 나누어 규정하고 있습니다. 다만, 예외 사유에 해당한다고 하더라도 본질적인 내용의 변경은 할 수 없다는 점에 주의해야 합니다.

첫째, 고등학교 및 이에 준하는 학교 이하의 학교의 교육목적상 필요한 교과용 도서에 공표된 저작물을 이용할 경우에는 부득이하다고 인정되는 범위 안에서 표현을 변경할 수 있습니다. 이는 초등학교, 중학교, 고등학교로 대표되는 제도권 교육에 있어서 그 효과를 높이기 위해 사용해야만 하는 저작물에 대해서는 개인의 저작권 보호 이전에 교육목적에 부합하는 내용으로 변경할 수 있어야 한다는 공익적 차원의 규정입니다. 즉, 교육을 받는 학생들은 아직 육체적으로나 정신적으로 미숙한 상태이므로, 저작물이 매우 유익한 것이라고 하더라도 일부 표현에 있어서 너무 어렵다거나 부정적이라거나 외설적이거나, 혹은 기타 미풍양속을 해치는 부분이 있어 교육목적과 일치하지 않는다고 판단되는 경우에 한해서 그 일부의 표현을 변경할 수도 있다는 겁니다. 예를 들어, 저작물에 한자어나 외래어가 너무 많아서 일부를 우리말로 고치는 경우, 또는 원작에 있는 성적(性的) 표현을 완화하거나 삭제하는 경우 등이 이에 해당된다고 하겠습니다. 따라서 미술저작물은 이에 해당하는 경우가 별로 없을 것으로 보입니다.

둘째, 건축물의 증축(增築) 또는 개축(改築)에 따른 건축저작물의 변형은 동일성유지권 침해가 아닙니다. 건축물은 대개가 주거용 또는 사무실, 상가 등 실용적인 용도로 짓는 것이므로, 실용성을 높이기 위해 건물을 변형하는 경우가 있지요. 따라서 그런 경우에는 동일성유지권에 구애됨이 없이 임의로 증축 또는 개축을 할 수 있습니다. 그러나 실용성과는 관계없이 예술적인 목적으로 지어진 건축물의 경우에는 건축저작권자의 허락 없이 변형을 가하는 것이 금지됩니다. 결국, 건축물에 있어서의 무단 변형은 오직 실용적인 용도에 한해서 허용되는 것이지요.

셋째, 위에서 살펴본 경우 이외에 "저작물의 성질이나 그 이용의 목적 및 형태에 비추어 부득이하다고 인정되는 범위 안에서의 변경"은 동일성유지권의 침해가 아닙니다. 여기서 말하는 '부득이하다고 인정되는 범위'를 예로 들어 보면, 먼저 음악저작물의 가창(歌唱) 또는 연주가 있습니다. 노래를 부르는 사람이 음정이나 박자를 원저작물 그대로 표현하지 못할 수도 있고, 또는 연주자가 원저작자의 표현 의도대로 연주하지 못할 수도 있는데 그렇다고 해서 그것을 동일성유지권의 침해로 볼 수는 없다는 뜻입니다. 따라서 음악적 역량의 차이 때문에 생기는 변형은 예외로 볼 수밖에 없겠지요. 또한 사진저작물을 인쇄기술을 통해 출판물에 사용할 경우에도 원저작물보다 더 낮게 표현한다는 것은 불가능하며, 단순한 오자(誤字)나 탈자(脫字)를 고치는 것도 마찬가지입니다.

　하지만 아무리 그것이 부득이한 경우라고 하더라도 본질적인 변경까지는 허용하지 않는 단서의 규정에 따릅니다. 즉, 교과서에 싣는다고 시를 소설로 개작하거나 상가로 지은 건물을 주거용 빌라로 바꿔 짓거나 3절로 이루어진 노래를 1절로 줄이거나 하는 등의 본질적인 변경은 당연히 동일성유지권의 침해 사유가 되므로 주의해야 합니다.

┃알아둡시다 ┃

> **⊙ 저작인격권의 일신전속성!**
>
> 현행 저작권법 제14조에서는 '저작인격권의 일신전속성'에 대해 "저작인격권은 저작자 일신에 전속한다"고 전제하면서 "저작자의 사망 후에 그의 저작물을 이용하는 자는 저작자가 생존하였더라면 그 저작인격권의 침해가 될 행위를 하여서는 아니 된다. 다만, 그 행위의 성질 및 정도에 비추어 사회통념상 그 저작자의 명예를 훼손하는 것이 아니라고 인정되는 경우에는 그러하지 아니하다"고 규정합니다.
>
> 거듭 말하지만, 인격권이란 정신적인 권리이므로 그것을 경제적 또는 물질적으로 파악할 수는 없는 노릇입니다. 저작권법 제14조에서는 이러한 저작인격권의 성질과 행사에 대해 규정하고 있습니다. 먼저, 저작인격권의 성질은 '일신전속성(一身專屬性)'으로 요약할 수 있습니다. 저작인격권으로서의 공표권, 성명표시권, 동일성유지권 등은 저작자 자신만이 가질 수 있고 행사할 수 있기 때문에 재산권처럼 양도하거나 상속할 수 없다는 뜻입니다.
>
> 또, 그러한 부분을 보완하기 위해 저작자가 사망하여 저작인격권이 사라지고 없더라도 저작물을 이용하는 사람이 저작자의 명예를 훼손하는 방법으로 저작인격권을 침해하였다면 저작재산권을 양도받은 사람 또는 상속자가 침해자를 상대로 이의(異意)를 제기할 수 있습니다.

저작인격권은 저작자의 생존 중에는 물론 사후에도 보호되지만 저작자 사망 후에는 제한을 가해서 저작인격권의 침해가 될 행위의 성질과 정도에 비추어서 사회통념상 그 저작자의 명예를 훼손하는 것이라고 인정되는 때에만 사후 저작인격권의 침해가 성립된다는 뜻입니다.

결국 저작자가 생존해 있는 경우와 사망한 경우에 있어서 저작인격권의 침해 기준이 달라진다는 점, 그리고 특히 저작자가 사망한 후에는 명예를 훼손하는 방법으로 저작인격권이 침해된 경우에만 침해의 책임을 물을 수 있다는 점을 잊지 말아야겠습니다.

저작재산권은 또 무엇일까?

저작인격권이 무엇인지 알았다고 해서 막식이의 문제가 해결된 건 아니었다.

"그렇다면 저작인격권이란 걸 침해한데다 여기 쓰여 있는 것처럼 저작재산권까지 침해한 것이라면 난 어떻게 되는 거야? 죄가 더 커지는 건가?"

이번에는 저작재산권이 궁금한 모양이었다.

"넌 이제 큰일 났다. 이런 걸 가리켜 '가중처벌'이라고 하는데, 막식이 넌 저작인격권에다 저작재산권까지 침해했으니 이번에 잡혀가면 족히 몇 년은 콩밥을 먹어야 될걸. 게다가 벌금도 만만치 않을 텐데 어떻게 할래?"

바로는 짐짓 심각한 표정을 지으며 저작권법의 처벌조항을 찾아내어 막식에게 보여주었다.

"저작재산권 그 밖에 이 법에 따라 보호되는 재산적 권리를 복제·공연·공중송신·전시·배포·대여·2차적저작물 작성의 방법으로 침해한 자는 5년 이하의 징역 또는 5천만 원 이하의 벌금에 처하거나 이를 병과할 수 있다."

"다음 각 호의 어느 하나에 해당하는 자는 3년 이하의 징역 또는 3천만 원 이하의 벌금에 처하거나 이를 병과할 수 있다.

1. 저작인격권 또는 실연자의 인격권을 침해하여 저작자 또는 실연자의 명예를 훼손한 자"

다음 순간, 여유 있는 척 딴청을 부리던 막식의 표정이 일순간 어두워지는가 싶더니 이내 "저작재산권은 또 뭐야?"라고 물을 때는 거의 주저앉을 듯 보였다.

저작재산권(著作財産權)이란 저작자가 자신의 저작물에 대해 갖는 재산적인 권리를 가리킵니다. 이는 일반적인 물권(物權)과 마찬가지로 지배권이며, 양도와 상속이 가능할 뿐만 아니라, 채권으로서의 효력도 가지고 있지요. 저작자 일신에 전속되는 인격권과는 다른 특성을 가지고 있는 겁니다. 또한 저작재산권은 저작자가 자신의 저작물에 대해서 갖는 배타적인 이용권이라고도 할 수 있습니다.

그러나 실제로는 자신이 직접적으로 저작물을 이용하는 경우보다는 남에게 저작물을 이용하도록 허락하고 대가를 받는 경우가 대부분이지요. 현행 저작권법에서는 저작재산권을 복제권·공연권·공중송신권·전시권·배포권·대여권·2차적저작물작성권 등 7가지로 나누어 규정하고 있습니다.

한편, 일반적인 물권의 경우에 그 재산권자가 상속인 없이, 그리고 그 재산의 처분에 관한 아무런 유언도 없이 사망했다면 그 재산은 국고에 귀속되는 것이 관례입니다. 하지만 저작재산권의 경우에는 그것을 국가에 귀속시켜 국가로 하여금 권리를 행사하도록 하는 것이 아니라, 아예 저작재산권 자체가 소멸하는 것으로 보아 그 저작물은 공유의 상태에서 누구든지 자유롭게 이용할 수 있습니다. 그렇게 함으로써 문화 및 관련 산업의 향상발전에 기여할 수 있다는 저작권 법제의 취지를 구현하고 있는 것이지요.

따라서 저작재산권을 목적으로 하는 질권이 설정되어 있거나 출판권이 설정되어 있는 상태에서 상속인 없이 저작재산권자가 사망했다면 그 질권자 또는 출판권자는 질권의 목적인 저작재산권을 취득하거나 출판권 행사에 따르는 일정의 권리를 취득할 수 있습니다. 결국 그러한 권리가 소멸해야만 저작재산권 전체가 소멸하게 되는 것이지요.

또 법인 또는 단체가 해산되어 그 저작재산권이 민법 기타 법률규정에 의해 국가에 귀속되는 경우에도 역시 저작재산권이 소멸하므로 누구든지 그 저작물을 자유롭게 이용할 수 있습니다. 여기서 '해산(解散)'이란 법인 또는 단체의 존립기간 만료, 법인 등의 목적 달성 또는 달성의 불능, 기타 정관에 정한 해산사유의 발생, 파산 또는 설립허가의 취소 등의 이유로 없어지는 것을 뜻합니다.

1. 복제권

복제란 "인쇄·사진·복사·녹음·녹화 그 밖의 방법에 의하여 유형물에 고정하거나 유형물로 다시 제작하는 것을 말하며, 건축물의 경우에는 그 건축을 위한 모형 또는 설계도서에 따라 이를 시공하는 것을, 각본·악보 그 밖의 이와 유사한 저작물의 경우에는 그 저작물의 공연·방송 또는 실연을 녹음하거나 녹화하는 것을 포함"하는 개념입니다. 따라서 복제권(複製權, reproduction right)은 "저작물을 여러 가지 방법을 통해 전자적으로 고정하거나 유형물로 다시 제작할 수 있는 권리"라고 정의할 수 있겠습니다.

저작권 법제의 역사를 살펴보면, 문자와 기록매체가 있었다고 해서 바로 저작권 의식이 생긴 것은 아니었습니다. 고대에는 저작물에 관해 소유권으로서의 인식보다는 남의 저작물을 베끼는 행위는 비열한 것으로 여겨져 도덕적으로 비난의 대상이 되었고, 다른 사람의 저작물을 이용하는 것도 직접 혹은 사람을 사서 필사(筆寫)하는 것이 고작이어서 저작물에 대해 어떤 금전적인 이익을 추구하는 식의 관심은 부족했을 겁니다.

그러던 중 15세기에 이르러 독일의 구텐베르크가 활판인쇄술을 발명함으로써 문서의 대량복제가 가능해짐에 따라 저작물에 대한 권리의식도 태동하기 시작했습니다. 나아가 저작물의 복제물이 광범위하게 유통되자 세속적인 통치자들과 성직자들이 그들의 권위에 반대하는 내용의 저작물에 관심을 갖게 되었고, 내용을 검열하기 위한 방편으로 특정의 출판업자에게만 저작물을 출판하게 하는 '출판특허제도(the system of printing privileges)'를 두게 되었지요. 이로써 저작자들은 간접적인 보호를 받게 되었으나 출판특허제도는 기본적으로 출판자의 특권을 위한 제도적 장치였으므로, 저작자들에게 의무적인 저작물 사용료의 지급이 이루어진 것은 아니어서 저작권의 권리 개념은 미약한 수준이었습니다.

이후 자연주의적 계몽사상과 개인주의 사상의 보급으로 인해 출판물에 대한 규제가 완화되었고, 전제군주인 국왕의 권위가 쇠퇴함에 따라 국왕의 특허가 유명무실해졌으며, 그로 인해 저작물의 복제가 성행하게 되자 기존의 출판특허권자들은 자기들이 투자해서 출판한 서적들에 대한 무단복제의 규제를 요구하기에 이르렀습니다. 이에 따라 제정된 최초의 저작권법이 바로 영국에서 1709년에 공포된 '앤여왕법(The Statute of Anne)'이었지요.[8] 그리하여 비로소 저작자에게 '복제권(copyright)'이라는 권리가 주어지고, 이 권리를 양도받아 출판한 출판자에게는 그 출판물에 대해 14년간 독점권이 주어졌던 겁니다.

그런데 이 법은 문서저작물에 국한된 것이어서 1735년에는 화가들의 요청에 따라 '조각가법(Engraver Act)'이 영국에서 제정되었고, 프랑스에서는 1791년에 공연권을 부여하는 '저작권령(Copyright Decree)'이, 1793년에는 저작자에게 배타적 복제권을 부여하는 저작권령이 제정되었습니다. 미국에서는 1790년에 연방저작권법이 제정되었으며, 독일에서는 1794년에 프러시아 민법전에 저작권에 관한 규정을 포함시켰고, 러시아에서는 1830년의 민법전에 저작권에 관한 규정을 포함시켰습니다. 동양에서는 일본이 1869년에 출판조례를 공포한 것이 첫 번째 입법조치인 것으로 추정되며, 그 후 출판법과 판권법(板權法)이 시

8) 이 법은 영국서적상조합(Stationers' Company)의 요구로 제정되었으며, 발효연도는 1710년임. 정식명칭은 다음과 같음. An act for encouragement of learning, by vesting the copies of printed books in the authors or purchasers of such copies, during the times therein mentioned.--The Statute of Anne.

행되다가 1899년에 처음으로 근대적인 저작권법을 제정하기에 이르렀습니다.

결국 복제권은 저작재산권 중에서 가장 기본적인 권리이며, 저작물 이용에 있어서도 가장 기본적인 형태입니다. 복제의 개념에 있어서는 인쇄나 사진 또는 복사처럼 가시적인 복제와 녹음 또는 녹화 같은 재생 가능한 복제로 나뉘지만, 가장 대표적인 복제의 유형이라면 아무래도 출판을 통한 저작물의 이용일 겁니다. 권리관계에 있어서는 저작재산권은 양도가 가능하므로 만일 저작자가 누군가에게 복제권을 양도한다면 복제권을 양도받은 사람이 복제권자가 되는 것이지요.

2. 공연권

공연(公演)이란 "저작물 또는 실연·음반·방송을 상연·연주·가창·구연·낭독·상영·재생 그 밖의 방법으로 공중에게 공개하는 것"으로서 "동일인의 점유에 속하는 연결된 장소 안에서 이루어지는 송신(전송 제외)을 포함"하는 개념입니다.

여기서 '상연(上演)'이란, 각본이나 무보(舞譜) 또는 기타의 연극적 저작물을 무대 위에서 실현하는 것을 말하며, '연주'란 음악적 저작물을 악기로써 표현하는 것을, '가창(歌唱)'이란 음악적 저작물을 사람의 입을 통해 표현하는 것을 말합니다.

또한 '구연(口演) 및 낭독(朗讀)'이란 음악적 저작물 이외의 것, 즉 시·소설·논문 등 글로 쓰여 있는 것을 사람의 입을 통해 표현하는 것으로 만담(漫談)은 물론 일반적인 강연이나 연설 따위를 포함하며, '상영(上映)'은 영화처럼 영상화한 저작물을 막(幕, screen)이나 기타의 물체에 영사(映寫)하는 것을 말합니다.

결국 복제권이 저작물을 유형적인 형태로 이용하는 권리라면, 공연권(公演

權, right of public performance)은 방송권과 함께 저작물의 무형적 이용에 관한 배타적인 권리라고 할 수 있습니다. 공연에 의한 저작물의 이용은 복제와는 달리 유형물에의 고정을 요건으로 하는 것이 아니라 공중에게 공개하는 것을 요건으로 합니다. 여기서 주의할 사항은 복제물을 만드는 것은 복제권의 대상이지만 그것을 재생하여 공개하는 것은 공연의 범주에 속한다는 점과, 과거에는 방송의 범주에 들었던 "동일인의 점유에 속하는 연결된 장소 안에서 이루어지는 송신"이 새로이 공연에 포함되었다는 점, 그리고 연주·가창·연술·연출 또는 음반 및 녹음테이프 등은 저작인접권의 대상으로서 실연자 또는 음반제작자의 권리도 포함되어 있다는 점입니다.

한편, 공연과 실연은 많은 부분에서 비슷한데, 그 차이점을 정리해 보면 다음과 같습니다.

첫째, 공연은 저작물을 동작적인 표현으로 공중에게 공개하는 것을 요건으로 하지만, 실연은 공개 여부를 요건으로 하지 않습니다. 따라서 저작물의 동작적인 행위라 하더라도 공개하지 않았다면 그것은 실연은 될 수 있어도 공연은 될 수 없습니다.

둘째, 공연에는 직접적인 동작에 의한 표현행위뿐만 아니라 간접적인 녹음 또는 녹화물의 공개재생도 포함되지만, 실연에 있어서는 직접적인 동작행위만을 대상으로 합니다. 따라서 실연의 녹음 또는 녹화물을 공개재생하는 것은 실연이 아닌 공연이 됩니다.

셋째, 공연은 반드시 저작물을 동작으로 표현할 것을 전제로 하지만, 실연은 저작물이 아닌 것을 예능적으로 표현하는 것, 즉 곡예나 마술 등도 포함됩니다. 따라서 공연권은 저작재산권의 일종이지만 실연은 저작인접권의 대상이 될 뿐입니다.

이처럼 공연은 저작물의 표현수단으로 공중에게 공개되어야 하지만, 실연은 그와 같은 제한이 없이 동작행위 자체에 예능적인 가치만 있으면 된다는 점에서 공연과 실연은 구별됩니다. 다만, 외국의 저작권법이나 국제협약상 'performance'라고 했을 경우 이를 우리 저작권법에 비추어 공연으로 볼 것인지 아니면 실연으로 봐야 하는지 애매한 경우가 있으므로 상황에 따라 그리고 전체적인 문맥에 따라 구별해서 해석하거나 이해해야 할 것입니다.

3. 공중송신권

2007년도 전부개정 저작권법에서 처음 등장한 공중송신(公衆送信)이란 "저작물, 실연·음반·방송 또는 데이터베이스를 공중이 수신하거나 접근하게 할 목적으로 무선 또는 유선 통신의 방법에 의하여 송신하거나 이용에 제공하는 것"을 말하며, 기존의 방송[9]과 전송[10], 그리고 디지털음성송신을 포함하는 개념입니다. 기술의 발달, 방송과 통신의 융합 등에 따라 예전과는 전혀 다른 형태의 새로운 저작물 이용 형태가 등장하면서 저작자 등의 권리보호에 한계가 드러남에 따라 이를 포괄하는 최상위 개념인 공중송신을 신설함으로써 어떠한 형태의 저작물 사용 형태가 등장하더라도 저작자가 확실하게 보호받을 수 있도록 한 것으로 보입니다.

---

9) 방송(broadcasting)이란, "공중송신 중 공중이 동시에 수신하게 할 목적으로 음·영상 또는 음과 영상 등을 송신하는 것"을 말한다. 여기서 방송은 공연의 개념과 혼동될 우려가 있다는 점에 주의해야 하며, 무선통신에 의한 방송뿐만 아니라 유선통신에 의한 것까지도 모두 포함하는 개념이라는 점 또한 유념해야 함. 무선방송이란 라디오처럼 소리만을 방송하는 것뿐만 아니라 텔레비전처럼 영상까지도 방송하는 것이 대표적이며, 유선방송이란 케이블텔레비전이나 유선음악방송, 또는 폐쇄회로에 의한 텔레비전(CC-TV) 등을 말함. 따라서 유선이든 무선이든 확성기, 즉 마이크 장치를 이용하는 경우 일단은 방송의 범주에 드는 것으로 해석할 수도 있는데, 이 경우에 "동시에 수신하게 할 목적으로" 송신되는 것만 방송에 해당되며, 이시적(異時的) 혹은 쌍방향적인 것은 '전송'에 포함된다는 사실에 주의해야 함. 예컨대, 요사이 우후죽순처럼 늘어나고 있는 인터넷 방송의 경우 이것이 공중파 방송과 마찬가지로 동시 송신되는 경우에는 '방송'으로 볼 수 있지만, 이시적 혹은 쌍방향적인 송신의 경우 '전송'으로 분류됨. 또 방송사업자는 저작인접권으로서의 방송에 대한 권리의 주체를 말하는 것으로, 음반제작자와 마찬가지로 법인이나 단체도 포함됨. 이러한 방송사업자 역시 실연자, 음반제작자와 함께 저작인접권자가 됨.

한편, 2007년 전부개정 저작권법은 "공중송신 중 공중의 구성원의 발의에 의하여 개시되는 정보통신망을 통한 디지털 방식의 음성송신(전송 제외)"을 공중송신권의 일종인 디지털음성송신으로 정의하고 있습니다. 이는 기존의 음악 웹캐스팅이 방송인지, 전송인지 의견이 분분했던 점을 감안, 음악(음성)에 한정한 것이기는 하지만 이른바 웹캐스팅을 포함하는 개념으로서 디지털음성송신을 신설했다는 데 의미가 있으며, 디지털음성송신사업자가 온라인을 통해 실시간으로 음악(음성)을 서비스하고, 이용자는 흘러나오는 음악(음성)을 실시간으로 듣는 것을 기본 개념으로 합니다. 이에 따르면 인터넷상의 음악 웹캐스팅은 앞으로 디지털음성송신에 따른 권리보호를 받게 되며, 영상물을 포함하는 웹캐스팅은 방송의 범주에 포함시켜 보호받을 수 있게 된 것이지요.

4. 전시권

전시(展示)란 "예술작품 따위를 여러 사람에게 보일 목적으로 공개된 장소에 진열하는 것"을 말하므로 미술저작물뿐만 아니라 건축저작물과 사진저작물에도 전시권이 미칩니다. 곧, "원작품(原作品) 또는 그것의 복제물을 전시할 권리"를 가리켜 전시권이라고 하는 것이지요.

그런데 미술저작물 등은 그것을 직접 저작한 저작자가 소유하고 있는 경우보다는 다른 사람이 일정의 대가를 지불하고 사들여서 소유하는 경우가 많다

---

10) 전송이란 "공중송신 중 공중의 구성원이 개별적으로 선택한 시간과 장소에서 접근할 수 있도록 저작물 등을 이용에 제공하는 것을 말하며, 그에 따라 이루어지는 송신을 포함"하는 개념임. 웹사이트는 인터넷 이용자가 접근할 수 있도록 열어 놓은 공간이고 이러한 공간에 콘텐츠(음악 등)를 올리는 행위가 대표적인 전송 행위라고 할 수 있음. 인터넷을 활용한 온라인상의 저작물 송신이 보편화되고, 또 이용자의 주문에 따라 이용자가 개별적으로 원하는 시간과 장소에 저작물을 전달하는 형태의 기술 진전에 따라 새로운 권리의 등장이 촉진된 결과이기도 함. 한편 2004년도 개정법에 의해 음반제작자와 실연자(음악의 경우 가수·연주자·백코러스·지휘자 등, 영상물의 경우 배우·연기자 등)에게도 전송권이 부여되었음. 음악과 같이 다수의 권리자가 존재하는 경우 이들 모두가 저작권법상 전송권이라는 권리를 가지게 된 것임.

보니 저작권자와 소유권자가 서로 다른 경우가 대부분입니다. 이런 점을 감안해서 저작권법에서는 미술저작물 등의 원작품을 소유한 사람은 그 작품을 취득함과 동시에 그것의 전시에 의한 방법으로 이용할 수 있음을 저작자로부터 동의받은 것으로 본다고 규정하고 있습니다.[11] 다만, 개방된 장소에서 일반 공중에게 항시 전시하는 경우에는 그 저작권자의 허락을 받아야만 합니다.[12]

한편, 전시권과 관련하여 일부 국가에서는 특이한 점이 엿보입니다. 우선 프랑스·독일·스위스·이탈리아 등에서는 미술 작품에 대한 추급권(追及權, droit de suite)을 인정하고 있습니다. 원작품을 다른 사람에게 팔았다고 하더라도 추후에 소유자가 또 다른 사람에게 되팔 경우에 생기는 매매차익에 대해서도 원저작자의 권리 주장이 가능하다는 것이지요.

그러나 우리의 경우에는 원작품의 유통 경로가 불확실한 탓에 그러한 제도를 마련한다고 하더라도 실현성이 희박한 실정입니다. 또한 일부 국가에서는 원작품만을 전시권의 대상으로 삼기도 하는 데 비해 우리나라에서는 원작품뿐만 아니라 복제물에도 전시권이 미칩니다. 그리고 전시되어 있는 저작물을 텔레비전으로 방영한다면 이는 방송권의 대상이 된다는 점에 주의해야 합니다.

5. 배포권

배포(配布)란 "저작물의 원작품 또는 그 복제물을 일반 공중에게 유상 또는 무상으로 양도하거나 대여하는 것"으로서, 저작물을 시장에 유통시키는 일반적

---

11) 공표권과 관련하여 저작권법에서는 "저작자가 공표되지 아니한 미술저작물·건축저작물 또는 사진저작물의 원본을 양도한 경우에는 그 상대방에게 저작물의 원본의 전시방식에 의한 공표를 동의한 것으로 추정한다"고 규정하고 있음.

12) 저작재산권의 제한에 있어서 저작권법에서는 "미술저작물 등의 전시 또는 복제"에 대해 "미술저작물 등의 원본의 소유자나 그의 동의를 얻은 자는 그 저작물을 원본에 의하여 전시할 수 있다. 다만, 가로·공원·건축물의 외벽 그 밖에 공중에게 개방된 장소에 항시 전시하는 경우에는 그러하지 아니하다"고 규정하고 있음.

인 방법이기도 합니다. 따라서 그렇게 하려면 저작재산권으로서의 배포권을 가지고 있는 저작권자로부터 허락을 받아야만 합니다. 그러므로 복제권과 관련해서 배포권을 적절히 행사하면 저작권의 효율적인 관리에도 상당한 효과가 있을 수 있겠지요. 예컨대, 다른 나라에 저작물 이용을 허락할 경우 복제권을 발휘해서 복제에 의한 이용을 허락함과 동시에 배포권을 행사하여 지역적 또는 시간적인 제한을 둘 수 있습니다. 저작물을 배포함에 있어서 지역적 범위를 한정하고 언제까지만 배포할 수 있다는 규정을 두면 저작권의 관리는 물론 이익의 폭도 넓힐 수 있다는 뜻이지요.

아울러 배포를 정의함에 있어 "양도하거나 대여하는 것"이라고 명시하였으므로 배포에는 대여까지도 포함된 것으로 보이지만, 권리의 작용상으로는 배포권에 대여권이 포함된 것으로 보기는 어렵습니다. 배포권과 대여권은 엄연히 별도의 독립된 권리로 보는 것이 국제적 추세이기 때문이지요.

한편, 이러한 배포권을 철저히 보호하게 되면 이용자들에게는 상당한 번거로움이 따를 수밖에 없습니다. 저작물 또는 그 복제물을 어떤 방법으로 이용하든지 그때마다 배포에 따른 허락을 별도로 받아야 하기 때문이지요. 예컨대, 어떤 저작물을 책으로 출판했을 때 그것이 독자의 소유가 되기까지는 복잡한 유통 과정을 거치는데, 그때마다 배포에 따른 권리를 따져야 한다면 어떻게 될까요?

그런 점을 감안해서 현행 저작권법에서는 "저작물의 원작품이나 그 복제물이 배포권자의 허락을 받아 판매의 방법으로 거래에 제공된 경우에는 이를 계속하여 배포할 수 있다"고 규정하고 있습니다. 아울러 '발행(發行)'이란 "저작물 또는 음반을 공중의 수요를 충족시키기 위하여 복제·배포하는 것"을 뜻하므로 출판권처럼 발행을 전제로 한 이용허락을 얻게 되면 그 이용자는 이후 별도의 배포에 따른 이용허락 없이 임의로 저작물을 배포할 수 있습니다. 이는 다른 권리와의 충돌에 따른 제한조치로서 이른바 "최초판매원칙" 또는 "권리소진원칙"이라고도 합니다.[13] 따라서 출판권처럼 발행을 전제로 한 이용허락을 얻게 되면 이용자는 이후로 별도의 허락이 없어도 임의로 저작물을 배포할 수 있게 됩니다.

6. 대여권

현행 저작권법에서는 대여권과 관련해서 "저작자는 판매용 음반이나 판매용 프로그램을 영리를 목적으로 대여할 권리를 가진다"고 규정하고 있습니다. 이는 공중송신권과 함께 2007년 전부개정법에서 신설되었고 2009년에 다시 개정된 권리입니다. 음악저작물의 저작자에게는 자신이 창작한 저작물을 음반의 형태로 만들어 발매함으로써, 그리고 컴퓨터프로그램 저작자는 자신의 프로그램을 정품 그 자체로 판매하여 경제적 이익을 추구하는 것이 보편적인 권리행사 방법인데, 무단으로 대여가 이루어진다면 실익이 그만큼 줄어들 수밖에 없다는 점을 감안한 것으로 풀이됩니다. 한편, 저작인접권자인 실연자에게도 자기 실연이 녹음된 판매용 음반에 대한 대여권이 주어집니다.

  그 밖에 정의규정에 따라 "저작물 등의 원본 또는 그 복제물을 공중에게 대가를 받거나 받지 아니하고 양도 또는 대여하는 것"으로 요약되는 배포(distribution)는 저작물을 이용하는 방법이자 저작물을 시장에 유통시키는 방법이기도 합니다. 여기서 말하는 '원본(原本)'이란 주로 미술저작물을 말하고, '그 복제물'이란 주로 책과 같은 형태를 말하는 것이지요. 그런데 저작재산권의 일종으로서 배포권을 규정함에 있어서 대여에 따른 문제가 생기게 되었습니

---

13) 최초판매원칙이란 저작물의 배포를 허락할 수 있는 저작권자의 배타적 권리에도 불구하고 저작권자가 일단 특정 복제물의 판매에 동의한 경우에는 그 복제물에 대해서는 더 이상 저작권자의 배포권이 미치지 않는다(배포권이 소진된다)는 원칙을 말함. 이러한 이유에서 이를 권리소진(exhaustion of rights) 원칙이라고도 함.

다. 별도의 대여권과의 관계가 애매해진 것이지요. 외국의 경우에는 대부분 배포권과 대여권을 별도로 인정하고 있어서 배포의 개념에는 대여가 포함되지만 배포권의 내용에는 대여권이 포함되지 않도록 하고 있습니다. 국내 저작권법에서 규정하고 있는 배포의 개념도 마찬가지인 것으로 보입니다.

7. 2차적저작물작성권

'2차적저작물작성권'은 "저작자가 자기 저작물을 원저작물로 하는 2차적저작물(derivative work)을 작성하여 이용할 수 있는 권리"를 가리킵니다. 여기서 2차적저작물이란 "원저작물을 번역·편곡·변형·각색·영상 제작 그 밖의 방법으로 작성한 창작물"을 말하는 것이지요.

그러므로 2차적저작물을 작성한 사람에게도 그에 따르는 별도의 권리가 주어지지만, 그것의 원저작물 또는 구성 부분이 되는 저작물의 저작자로부터 정당한 방법으로 허락을 얻어야 하며, 그렇지 않을 경우에는 그에 따르는 책임을 져야 합니다. 또한 2차적저작물을 작성함에 있어서 원저작물의 변경이 불가피하므로 동일성유지권 침해의 문제가 제기될 수 있지만, 그것이 내용상의 본질적인 변경이 아니고 영어를 국어로 번역하거나 다장조 음계를 가장조로 편곡하는 등 단순한 표현형식의 변경이라면 저작인격권으로서의 동일성유지권을 침해한 것이 아닙니다.

한편, "작성하여 이용할 권리"라는 말에 유의할 필요가 있습니다. 이는 작성할 권리와 이용할 권리의 이중적인 의미로 해석할 수 있기 때문이지요. 저작자는 자기 저작물을 토대로 해서 직접 2차적저작물을 작성할 수 있을 뿐만 아니라, 그렇게 작성한 별도의 저작물을 경제적인 대가를 받고 이용하게 할 수 있다는 뜻입니다. 따라서 2차적저작물작성권은 저작재산권 중에서도 매우 부가가치가 높은 권리이기 때문에 저작재산권의 일부를 양도하는 경우에 주의가 필요합니다. 현행 저작권법에서는 그런 점을 감안해서 저작재산권을 전부 양도하는 경우라도 별도의 특약이 없는 한 2차적저작물작성권은 양도되지 않은 것으로 추정한다고 규정하고 있습니다.

좀 더 구체적으로 2차적저작물이란 무엇인지 살펴보면 그것을 작성하는 방법에 따라 여러 가지가 있음을 알 수 있습니다.

첫째, 글 또는 말로 이루어진 저작물을 원래 사용된 언어 이외의 언어로 표현하는 것으로서, 우리말이나 글로 되어 있는 원저작물을 다른 나라 언어, 즉 외국어로 바꾸거나 외국어로 되어 있는 저작물을 우리말이나 글로 바꿀 수 있는데, 이를 번역(飜譯, translation)이라고 합니다. 이 경우에 언어 체계가 상당히 다르다면—예컨대, 고전을 현대어로 새롭게 표현하는 것과 같은 경우—굳이 외국어가 아니더라도 번역의 범주에 포함시킬 수 있겠지요. 그러므로 번역은 내용과 문체에 있어서 충실하고 정확하게 원저작물을 표현해야 합니다. 아울러 번역자는 다른 언어를 창작적으로 다룬 점을 인정받아 별도의 저작권을 부여받게 됩니다.

둘째, 특정의 연주 형태에 따라 악기 또는 가창자의 음역에 맞도록 하기 위해 이미 작성되어 있는 음악저작물의 표현형식을 조정하는 것을 편곡(編曲, arrangement of music)이라고 합니다.

셋째, 미술저작물에 있어서 그림으로 그려져 있는 것을 조각의 형태로 나타내거나 조각을 그림으로 그리는 등 표현형식을 변경할 수 있는데, 이를 변형(變形, transformation)이라고 합니다. 건축저작물을 변형시키는 것도 이에 해당합니다. 한편, 넓은 의미로는 저작물의 각색이나 기타의 방법에 의한 개작을 모두 포함하는 개념이기도 하지요.

넷째, 어문저작물로서의 소설이나 일반적인 음악저작물을 영상물로 바꾸는 것처럼 이미 작성되어 있는 저작물을 다른 장르로 변형시키는 것을 각색(脚色, adaptation)이라고 합니다. 아울러 같은 장르일지라도 성인용 저작물을 청소년용으로 다시 쓰는 것처럼 이용의 각 상황에 따라서 적당하게 변경하는 것도 포함합니다. 또한 이러한 각색은 표현형식만을 바꾸는 번역과는 달리, 저작물의 구성을 변경하는 경우도 포함됩니다. 예컨대, 소설을 연극 각본으로 고쳐 쓴다면 무대의 특성에 맞추어 원저작물의 구성이 불가피하게 변경될 수 있기 때문이지요.

다섯째, 영상제작의 경우에는 유의할 필요가 있습니다. 즉 여기서의 영상제작이라는 것은 영상저작물로 만드는 것을 뜻하는 것이 아니라 영상저작물을 위한 각본화를 뜻하는 것으로 봄이 타당합니다.

여섯째, 위에서 열거한 방법 이외에도 소설을 시로 표현하거나 시를 소설화하는 것처럼 '그 밖의 방법'이 있을 수 있습니다.

이렇듯 여러 가지 방법에 의해 원저작물을 토대로 작성된 2차적저작물은 원저작물과 관계없이 '독자적인 저작물'로서 보호됩니다. 즉, 2차적저작물의 작성은 원저작물 저작권자의 허락을 필요요건으로 하지 않습니다. 원저작물 저작권자의 허락 여부와는 관계없이 일단 작성된 2차적저작물은 저작권법에 따라 보호되는 것이지요. 하지만 원저작물 저작권자의 허락 없이 번역을 한 다음 이를 책으로 출판하게 되면 그의 2차적저작물작성권 등을 침해한 결과로 이어지게 되므로 주의해야 합니다.

결국 2차적저작물을 작성한 사람이 그에 따른 권리를 정당하게 행사하기 위해서는 먼저 원저작물 저작권자의 허락을 얻는 것이 가장 안전한 절차라고 하겠습니다. 앞서 살핀 것처럼 번역의 경우를 예로 든다면, 저작물을 번역할 수 있는 권리 자체가 저작재산권의 구성요소이기 때문에 번역을 하기 위해서는 적절한 경로를 통해 원저작물 저작권자로부터 허락을 받아야 하며, 그렇지 않을 경우에 그에 따른 권리침해 문제가 별도로 제기될 수 있습니다. 특정 작품을 각색하거나 편곡하는 경우에도 마찬가지입니다.

l 알아둡시다 l

⊙ 편집저작물이란!

편집저작물이란 한마디로 "편집물로서 그 소재의 선택·배열 또는 구성에 창작성이 있는 것"을 말합니다. 현행 저작권법 제6조에서는 이러한 편집저작물에 대해 "편집저작물은 독자적인 저작물로서 보호된다", "편집저작물의 보호는 그 편집저작물의 구성 부분이 되는 소재의 저작권 그 밖에 이 법에 의하여 보호되는 권리에 영향을 미치지 아니한다"고 규정하고 있습니다.

여기서 '편집물'이란, "저작물이나 부호·문자·음·영상 그 밖의 형태의 자료의 집합물"을 말하는 것으로, 이미 존재하는 저작물 또는 기타 자료 등을 수집·선정·배열·조합·편집 등의 행위를 통해 전체로서 하나의 저작물이 되도록 한 것을 모두 포함하는 개념입니다. 그리고 첨단기술의 산물로서 데이터베이스(database)처럼 컴퓨터 등 정보처리장치를 통해 검색할 수 있는 것들도 포함되며, 그러한 것들 중에서 소재인 저작물이나 자료들을 선택하거나 배열함에 있어서 창작성이 인정되는 것들은 저작권법의 보호를 받는 독자적인 저작물인 편집저작물(編輯著作物, compilation)임을 밝히고 있는 것이지요.

한편, 편집저작물은 소재의 집합물이라는 특수성 때문에 다른 유형의 저작물과는 또 다른 성질을 띠고 있습니다. 즉, 여러 소설가의 단편소설을 모아 한 권의 단편집으로 묶었다면 그것은 편집저작물인 동시에 어문저작물이 되며, 요사이 유행하는 가요들을 묶어 최신가요집을 펴냈다면 그것은 편집저작물인 동시에 음악저작물이 될 수도 있습니다. 또한 편집저작물은 구체적인 저작물의 편집물일 수도 있지만, 저작물이 아닌 단순한 사실이나 자료만을 모은 것일 수도 있지요. 예컨대, 문학전집(文學全集) 또는 선집(選集)·백과사전(百科事典)·신문·잡지 등은 저작물의 편집물이며, 국어사전 또는 영어사전이나 전화번호부 등은 단순한 사실이나 자료의 편집물입니다.

그런데 편집저작물의 보호는 그 편집방법에 있어서 아이디어를 보호하는 것이 아니라 편집물에 구현된 편집방법을 보호하는 것입니다. 따라서 누군가가 한국문학선집의 편집방법을 모방해서 일본문학선집을 작성했더라도 그것은 내용 자체가 전혀 다른 것이므로 편집저작권의 침해가 성립되지 않습니다. 아울러 편집저작물의 구성 부분이 되는 원저작물 저작권자의 허락을 얻지 않았더라도 그 편집저작물 자체는 보호를 받으며, 제3자의 침해에 대해 권리주장을 할 수 있습니다. 그러나 2차적저작물과 마찬가지로 편집저작물의 저작자가 원저작(권)자의 권리를 침해했다면 그에 따른 책임은 별도로 발생합니다.

따라서 편집저작물을 작성하고자 하는 사람은 그것의 구성 부분이 되는 저작물의 저작권자로부터 일일이 허락을 얻어야만 정당한 권리를 얻게 되는 것이지요. 결국, 편집저작물의 저작자가 권리를 주장할 수 있는 것은 제3자가 그것과 유사한 편집저작물을 무단으로 작성해서 이용했을 경우에 한정되며, 편집저작물 중의 일부 저작물만을 누군가가 무단으로 이용했다면 그 저작물의 원저작자의 권리만이 작용할 수 있다는 점에 주의해야 합니다.

편집저작물의 저작권에 대해 좀 더 구체적으로 살펴보기로 하지요.

(1) 저작권의 귀속 주체

편집저작물의 저작자란 "그 편집물의 창작활동에 주체적으로 관여한 사람"을 말합니다. 창작성의 기준인 소재의 선택 혹은 배열을 행한 사람이 곧 편집저작물의 '저작자'란 뜻이지요. 그 밖에 편집 방침을 결정하는 것도 소재의 선택·배열을 행한 것과 불가분의 관계에 있어 소재의 선택·배열의 창작성에 기인하는 것이라고 본다면, 편집 방침을 결정한 사람도 그 편집저작물의 저작자로 보아야 합니다.[14] 또, 편집 작업에 관여하기는 했으나 소재의 선택 혹은 배열에 관여하지 않았다면 저작자로 볼 수 없습니다. 예컨대, 북디자이너로서 책의 레이아웃에 관여한 것은 편집저작물에 있어서 배열에 창작성이 인정되는 저작행위를 한 것이 아닙니다.

한편, 편집저작물의 작성 과정에는 여러 사람이 관여하며, 어떤 단체에 소속되거나 다른 사람에게 고용된 상태에서 창작하는 경우가 많이 있습니다. 다수인이 관여하는 경우에는 편집저작물상 공동저작자로 보아야 할 것이며, 그 다수인이 출판사 같은 회사나 법인에 소속되어 근로자로서 근무하고 있는 경우에는 업무상저작물에 해당되어 법인 등 단체에 편집저작권이 귀속되는 경우도 있을 것입니다.

(2) 소재상 저작권자와의 관계

편집저작물의 보호는 그 편집저작물의 구성 부분이 되는 저작물의 저작자의 권리에 영향을 미치지 않는다고 했습니다. 누군가가 편집저작물을 무단으로 이용한다면 편집저작물 자체의 저작권 침해뿐만 아니라 그 편집저작물의 구성 부분이 되는 저작물, 즉 소재별 저작권 침해도 제기될 수 있습니다. 그렇다면 편집저작물의 저작권이 인정되기 위해서는 소재의 권리자로부터 동의를 구해야만 하는가 하는 문제가 생기는데, 우리 법에서는 적법하게 편집저작물이 작성될 것을 요건으로 하지 않습니다. 2차적저작물의 경우와 마찬가지로 구성 부분의 저작권자에게 저작권 침해의 책임을 지는 것은 당연한 일이지만, 각 구성 부분에 대한 각 저작권자의 동의를 받아야만 편집저작물을 만들 수 있는 것은 아니라는 뜻입니다.

(3) 편집저작물상 저작자가 갖는 권리

편집저작물상 저작권은 창작적인 표현, 즉 소재의 선택 혹은 배열에 있어서 창작성이 있는 부분을 보호하기 위해 주어지는 권리입니다. 따라서 편집저작물에 대한 저작권은 제3자가

---

14) 송영식·이상정(2003), 『저작권법개설(제3판)』, 서울: 세창출판사, pp. 98~99 참조.

이러한 선택 혹은 배열을 전체적이거나 실질적으로 유사하게 이용하였을 경우에만 침해 문제가 대두됩니다. 단지 개별적인 구성 부분이 이용되었다면 편집저작물의 저작권 침해가 아니며, 이용된 구성 부분들이 창작성 있는 선택 혹은 배열을 본뜬 경우에만 침해가 성립됩니다.

여기서 편집저작물이 부분적으로 무단이용된 경우 편집저작물상 권리자의 보호범위가 문제될 수 있습니다. 우리 판례(대법원 1993.1.21. 고지, 92마1081 결정)에 따르면 "편집저작물을 전체로 이용(복제)해야 저작자의 권리를 침해하는 것이 아니라 그 편집물 중 소재의 선택이나 배열에 관해 창작성이 있는 부분을 이용하면 반드시 전부를 이용하지 않아도 저작권의 침해"라고 판시한 것처럼 부분적인 편집저작물의 이용에서 창작성이 인정되는 소재의 선택 혹은 배열이 이용되었는가의 여부가 쟁점인 것이지요. 결론적으로, 비록 편집저작물의 일부분에 불과하다 하더라도 그것이 소재의 선택 또는 배열에 있어서 편집저작물의 일부라는 점이 연상·감지된다면 편집저작권의 침해로 볼 수도 있겠습니다.

한편, 소재의 선택 혹은 배열에 창작성이 인정되는 부분을 이용하되 소재를 달리한다면 이 또한 편집저작권 침해라고 봐야 하는가, 즉 다른 소재를 선택하면 편집저작권의 침해가 되지 않는가 하는 문제가 제기될 수 있습니다. 먼저, 법리상 소재가 다르더라도 편집저작물의 표현의 동일성이 인정되는 경우에는 저작권 침해가 됩니다. 다만, 편집저작권에 있어서도 보호의 대상이 되는 것은 소재의 선택·배열이라고 하는, 추상적인 아이디어 자체가 아니라 소재의 선택과 배열에 대한 구체적인 표현형식입니다. 결국 소재를 달리한다 해도 편집저작권을 침해할 수 있다는 말이지요. 그러나 소재를 선택하거나 배열함에 있어 달리 방법이 없는 경우에는 그것이 편집저작물로 인정될 가능성 자체가 희박합니다. 예컨대, 회사 상품의 사진 등이 실린 카탈로그에서 소재가 전혀 다른 카탈로그의 경우 편집저작권 침해로 보기 어렵다는 뜻입니다.

저작권은 언제까지 보호되는 걸까?

모니 양은 얼굴 한 번 본 적이 없지만 박인환 시인을 무척 좋아한다. '세월이 가면'이나 '목마와 숙녀' 같은 시를 외우다시피 할 정도다. 그래서 자기 블로그에 이 시들을 올리고 싶은데, 아는 듯 모르는 듯 '저작권' 문제가 걸림돌인지라 올리지는 못하고 아쉬워하고 있었다.

세월이 가면

박인환

지금 그 사람 이름은 잊었지만
그 눈동자 입술은
내 가슴에 있네.

바람이 불고
비가 올 때도
나는 저 유리창 밖
가로등 그늘의 밤을 잊지 못하지.

사랑은 가고 옛날은 남는 것
여름날의 호숫가 가을의 공원,
그 벤치 위에
나뭇잎은 떨어지고

나뭇잎은 흙이 되고,

나뭇잎에 덮여서

우리들 사랑이

사라진다 해도

지금 그 사람 이름은 잊었지만

그 눈동자 입술은

내 가슴에 있네.

내 서늘한 가슴에 있네.

얼마나 멋진 시란 말인가. 어디 그뿐이랴. '목마와 숙녀'는 또 어떻고.

"한 잔의 술을 마시고 우리는 버지니아 울프의 생애와 목마를 타고 떠난 숙녀의
옷자락을 이야기한다. 목마는 주인을 버리고 거저 방울소리만 울리며 가을 속
으로 떠났다, 술병에 별이 떨어진다. 〈중략〉 인생은 외롭지도 않고 거저 잡지의
표지처럼 통속하거늘 한탄할 그 무엇이 무서워서 우리는 떠나는 것일까. 목마
는 하늘에 있고 방울소리는 귓전에 철렁거리는데 가을 바람소리는 내 쓰러진
술병 속에서 목메어 우는데."

이런 모니의 끝탕을 알게 된 바로 군. 별걸 다 걱정한다는 듯이 한마디 건넨다.
"이런 바보. 그건 저작재산권 보호기간이 끝난 작품들이잖아. 박인환 선생의 저
작재산권은 이미 사라졌다 이 말이야. 마음대로 써도 된다는 말씀. 알겠니?"
그제야 모니는 저작재산권에 보호기간이 있다는 사실을 알게 되었다. 그렇다면
저작재산권을 보호하는 구체적인 기준은 무엇일까?

저작재산권의 제한규정이 공익을 위한 취지에서 비롯된 것과 마찬가지로 저작재산권의 보호기간에 관한 규정 역시 시간적인 제한을 통하여 저작권자의 재산적인 권리를 제한하는 것이라고 볼 수 있습니다. 일반적인 소유권은 보호기간이 정해져 있지 않고 영구적인 것이 특징이지만, 저작권은 한 사회의 문화발전을 꾀하는 수단이어야 한다는 측면에서 법에 의해 그 보호기간이 한정되는 것이지요.

저작재산권의 보호기간을 산정함에 있어서 기산(起算)의 기준은 크게 '저작자의 사망시'와 '저작물의 공표시'로 삼는 두 가지 방식이 있습니다. 여기서 말하는 '저작자의 사망시' 또는 '저작물의 공표시'는 보호기간이 시작되는 시기라는 뜻이 아니라 보호기간이 끝나는 시기를 계산하는 기산점이라는 뜻입니다. 우리나라와 같이 저작권의 무방식주의를 채택하고 있는 나라에서는 저작물의 창작(創作)과 동시에 저작권의 보호가 시작되는 것으로 보기 때문이지요.

대체로 저작재산권의 보호기간은 자연인으로서의 저작자가 누구인지 명확한 경우에는 '저작자 사망시 기산주의'를 취하고, 업무상저작물 등 그 밖의 경우에는 '저작물 공표시 기산주의'를 취하고 있습니다. 다만, 영상저작물의 경우에는 일률적으로 '저작물 공표시 기산주의'를 채택하고 있다는 점에 주의해야 합니다. 따라서 저작재산권의 보호기간은 저작물의 종류 및 형태에 따라서 차이가 있는 셈이지요. 한편, 저작인격권의 경우에는 저작자 일신전속성에 따라 양도 또는 상속이 불가능하여 저작자의 사망과 동시에 소멸합니다. 다만, 저작물 이용자는 저작자의 명예를 훼손하는 방법으로 저작인격권을 침해하게 되면 안 되므로 저작인격권의 보호는 영구적이라고 볼 수 있습니다.

1. 보호기간의 원칙

일반적인 저작재산권 보호기간의 원칙을 살펴보면, 자연인으로서의 저작자가 누구인지 명확한 경우에는 그 저작자가 살아 있는 동안과 사망한 후 70년 동안 저작재산권이 존속합니다.[15] 예컨대, 어떤 사람이 20세에 소설 한 편을 발표한 다음 70세에 세상을 떠났다면 그 소설에 대한 저작재산권의 보호기간은 모두 120년이 되는 것이지요.

그런데 단독의 저작자가 아닌 여러 명의 저작자에 의한 공동저작물일 경우에는 보호기간이 어떻게 적용될까요? 공동저작물이란 "2인 이상이 공동으로 창작한 저작물로서 각자의 이바지한 부분을 분리하여 이용할 수 없는 것"을 말하는데, 이런 경우에는 공동의 저작자 중 맨 마지막으로 사망한 저작자의 사망 후 70년간 존속합니다. 예컨대, 세 사람이 공동으로 작성한 연구논문이 있는데, 그것이 발표된 후 한 사람은 10년 후에 사망하고 또 한 사람은 15년 후에, 그리고 마지막 한 사람은 30년 후에 사망하였다면, 그 공동저작물의 저작재산권은 마지막에 사망한 저작자를 기준으로 하여 100년 동안 보호된다는 뜻입니다.

2. 무명 또는 이명 저작물 등의 보호기간

저작물의 저작자가 명확하지 않은 경우, 즉 저작자가 무명 또는 널리 알려지지 않은 이명으로 표시되어 있을 경우에 저작재산권자가 누구인지 알 수 없기 때문에 사망시 기산주의를 적용할 수 없다는 문제가 발생합니다. 바로 이런 경우에 공표시 기산주의를 적용하게 됩니다.

먼저 저작자가 명확하지 않은 경우에는 그 저작물이 공표된 때로부터 70년간 저작재산권이 존속합니다. 여기서 무명저작물(無名著作物)이란 저작물에 저

---

15) 한·미 FTA 및 한·EU FTA 협정문에 따라 2011년 6월 개정법에서는 저작재산권 보호기간을 사망 후 또는 공표 후 70년으로 연장하고 있으나, 유예조항에 따라 실제 시행일은 2년 후인 2013년 7월 2일부터이다.

작자의 표시가 전혀 없고, 또한 그 저작물의 저작자가 누구인지 아는 사람조차 없는 경우를 말합니다. 또한 "널리 알려지지 않은 이명이 표시된 저작물"이란, 저작물에 저작자의 표시가 있기는 하지만 그것이 실명이 아닌 아호 또는 필명, 예명, 약칭 따위의 이명으로 표시되어 있는 이명저작물(異名著作物)이면서 그 이명이 널리 알려지지 않은 것이어서 실제의 저작자가 누구인지 알 수 없는 저 작물을 말합니다. 따라서 그런 경우의 저작물은 공표된 해의 다음 해 1월 1일부 터 따져서 70년이 되는 해의 12월 31일까지 보호받게 되는 것이지요.

그런데 어느 정도 기간이 지난 후에 무명이거나 널리 알려지지 않은 이명의 실제 주인공이 드러나는 경우에는 어떻게 될까요? 결론적으로 무명 또는 이명 저작물로서 공표된 지 50년이 지나기 전에 저작자의 실명 또는 널리 알려진 이 명이 밝혀진 경우에는 저작자 사망 후 70년까지 보호기간이 연장됩니다. 아울 러 무명 또는 이명 저작물이 공표된 지 70년이 지나기 전에 해당 저작자의 실명 이 등록되는 경우에도 마찬가지입니다.

3. 보호기간의 기산

각종 저작재산권의 보호기간을 계산함에 있어서 기산의 기준이 되는 시점에 대 해 현행 저작권법에서는 "저작자가 사망하거나 저작물을 창작 또는 공표한 다 음 해부터 기산한다"고 하여 역년주의(曆年主義)[16]를 취하고 있습니다. 따라서 저작자의 사망, 저작물의 창작 또는 공표가 있었던 시기의 다음 해 1월 1일 오 전 0시부터 계산하여 해당 보호기간이 끝나는 해의 12월 31일 오후 12시가 되 면 보호기간이 끝나는 것입니다. 이러한 저작재산권의 보호기간을 계산함에

---

16) 이는 베른협약 등은 물론 외국의 여러 나라에서 택하고 있는 것으로, 저작자의 사망, 저작물의 공표 또는 창작한 바로 그 시점을 기준으로 일일이 기산하는 것보다는 일률적으로 다음 해부터 기산하는 것이 계산하기에 편리하 기 때문이다.

있어서 저작자가 사망하거나 저작물을 창작 또는 공표한 다음 해 1월 1일부터 기산하므로, '사망 후' 또는 '공표한 때부터'라고 해서 바로 그 시점의 날짜로 따지는 것이 아니라는 점에 주의해야 합니다.

위의 예에서 모니 양이 좋아한다는 박인환 시인은 1926년에 태어나 1956년에 돌아가셨습니다. 따라서 이미 저작재산권이 소멸된 상태이므로 이용허락을 받을 필요가 없는 것이지요. 박인환 시인의 대표작 '세월이 가면'과 '목마와 숙녀'는 자유이용 상태에 놓여 있는 저작물이므로 누구든지 마음대로 이용할 수 있겠습니다.

I 알아둡시다 I

> ⊙ 업무상저작물과 영상저작물의 보호기간
>
> 먼저 업무상저작물의 저작재산권은 공표한 때부터 70년간 존속합니다. 다만, 창작한 때부터 50년 이내에 공표되지 않은 경우에는 창작한 때부터 70년간 존속합니다.
>
> 다음으로, 영상저작물의 저작재산권은 공표한 때부터 70년간 존속합니다. 다만, 이 경우에도 창작한 때부터 50년 이내에 공표되지 않았다면 창작한 때부터 70년간 존속합니다.
>
> 이러한 규정은 일반적인 저작재산권 보호 원칙과 마찬가지로 2013년 7월 2일부터 시행되기 시작했답니다.

저작물을 유형별로 나누면 몇 가지나 될까?

모니는 요사이 "소득이 있는 곳에 세금 있다"는 말 못지않게 "저작물이 있는 곳에 저작권 있다"는 말을 실감하고 있었다. 〈표절과 저작권〉이란 교양과목을 수강하느라 저작권 관련 과제를 수행하면서 저작물은 기본적으로 "인간의 사상과 감정을 창작적으로 표현한 것"이어야 하며, 현행 저작권법에서는 이러한 저작물의 유형이 구체적으로 예시되고 있다는 것도 알게 되었다. 먼저 현행 저작권법 제4조에서는 저작물을 모두 아홉 가지로 나누고 있었다.

또 저작권법 제5조에서는 2차적저작물에 대해, 제6조에서는 편집저작물에 대해 규정하고 있으며, 제7조에서는 보호받지 못하는 저작물에는 어떤 것이 있는지 규정하고 있다는 것도 확인할 수 있었다. 특히 '제7조 보호받지 못하는 저작물'에서는 저작권법이 근본적으로 저작자인 개인이나 단체의 권리를 보호하기 위해 마련된 제도적인 장치이지만, 무조건적인 보호만을 위한 것은 아니라는 점을 분명히 밝히고 있어서 인상적이었다.

그렇다면 아홉 가지 저작물의 유형은 각각 어떤 것일까? 모니는 이 기회에 제대로 알아두리라고 작심한 듯 저작권법에 규정되어 있는 것을 바탕으로 저작물의 유형에 대해 차근차근 살펴보기 시작했다.

∽

응답하라!

물론 여기서 말하는 아홉 가지 유형은 예시일 뿐 반드시 이 가운데 하나에 속해야만 보호받는 저작물이 된다는 뜻은 아닙니다. 어떤 경우에는 여러 유형에 속할 수도 있고, 새로운 유형의 저작물이 생겨날 수도 있을 겁니다.

1. 어문저작물

어문저작물(語文著作物, literary work)은 독창적으로 '쓰여진 저작물(written work)' 전체를 뜻합니다. 따라서 말과 글로 이루어진 저작물로서 시·소설·수필은 물론 평론·희곡·시나리오 등 이른바 문학의 범주에 드는 모든 장르를 포함하며, 강연이나 연설처럼 말로써 이루어지는 것도 포함합니다. 또한 글로 이루어진 것이라고 해서 문학 또는 예술적인 것만을 의미하는 것이 아니라 학술적인 연구물까지도 해당되며, 암호문서라고 하더라도 그것이 말이나 글로써 풀어질 수 있는 것과 실제의 음성적 표현이 아닌 수화(手話) 따위도 어문저작물이 될 수 있습니다.

2. 음악저작물

음악저작물(音樂著作物, musical work)은 일반적으로 가사의 수반 여부를 불문하고 악기나 육성에 의해 실연될 수 있도록 작곡의 방법으로 모든 소리를 조합한 것을 말합니다. 따라서 음정이나 박자를 통해 사람의 감정이 음으로 표현되는 예술양식을 말하며, 주로 악보(樂譜)의 형태를 취합니다. 또 유형적인 악보 또는 녹음물로서 고정되지 않은 즉흥적인 연주나 가창도 음악저작물이 될 수 있습니다. 아울러 어문저작물인 시 또는 시조가 악보와 어울려 가사로 불린다면 음악저작물이 되고, 음악저작물인 가사만을 모아 가사집을 낸다면 이는 또 어문저작물이 되기도 하므로 하나의 작품이 양면성을 띠는 경우도 있습니다.

3. 연극저작물

연극저작물(演劇著作物, dramatic work)은 한 명 또는 두 명 이상의 사람이 동작으로써 무대에서 연기를 통해 표현하는 예술행위를 말합니다. 따라서 일반적으로는 무대 위에서 관중들에게 보여 줄 목적으로 상연되는 연극이나 무용 또는 무언극 따위가 이에 해당합니다. 이것이 희곡(戲曲)이나 무보(舞譜)를 토대로 이루어진다면 그 희곡이나 무보의 저작자가 그 연극저작물의 저작자가 되며, 연출자나 안무가를 포함한 스태프 및 배우 또는 무용수들은 실연자가 됩니다. 하지만 즉흥적으로 이루어진 무용이나 팬터마임 같은 무언극의 경우에는 그것을 직접 상연한 무용수 또는 배우가 연극저작물의 저작자가 됩니다. 따라서 상연을 목적으로 쓰여진 각본, 즉 희곡은 곧 연극저작물이며, 그것이 실연과는 별도로 일반 단행본으로 출판됐다면 하나의 어문저작물이 될 수도 있습니다.

4. 미술저작물

미술저작물(美術著作物, artistic work 또는 work of art)은 일정한 평면적 또는 입체적 공간에 형태나 색채로써 표현되어 그것을 지각하는 사람의 미적 감각을 자극하기 위한 창작물을 가리킵니다. 그러므로 일반적으로는 회화, 서예, 도안, 조각 등과 함께 실용성을 띠는 공예나 응용미술 등을 포함하는 개념이지요.[17] 별도로 "물품에 동일한 형상으로 복제될 수 있는 미술저작물로서 그 이용된 물품과 구분되어 독자성을 인정할 수 있는 것을 말하며 디자인 등을 포함"하는 개념을 가리켜 응용미술저작물이라고 합니다. 그러므로 대량 생산되는 실용품에 복제된 디자인의 경우에도 저작물성을 갖춘 경우 보호받을 수 있습니다.

---

17) 우리나라처럼 미술저작물과 함께 음악저작물을 별개로 규정할 경우에는 미술저작물을 'work of art'라고 하며, 음악저작물을 포함하는 개념으로 규정하는 나라에서는 이를 'artistic work'라고 하기도 하는데, 이럴 때에는 '예술저작물'이라는 표현이 적당하다.

5. 건축저작물

건축저작물(建築著作物, work of architecture)은 실제의 건축물은 물론 건축을 위한 모형 또는 설계도서를 모두 포함하는 개념입니다. 건축물이라고 하면 일반적으로 가옥·빌딩·교회·사찰·기념비·탑·문루·교량·정원 등 인위적으로 건조·축성된 인간의 생활환경을 말하며, 그중에서도 특히 학·예술적으로 독창성이 있다고 인정되는 것을 건축저작물이라고 하지요. 따라서 주변에서 흔히 볼 수 있는 건물이나 교량 따위는 건축저작물이라고 할 수 없고, 특별히 예술성이 인정되는 경우에만 건축저작물에 포함됩니다.

6. 사진저작물

사진저작물(寫眞著作物, photographic work)은 빛이나 방사선에 감응하는 표면 위에 구현된 실물의 영상을 말하며, 그것이 대상의 구성, 선택 또는 포착 방법 등에 있어서 독창성이 인정되는 경우에 저작권 보호의 대상이 됩니다. 하지만 어떤 사진을 놓고 그것의 저작물성, 즉 독창성이나 창작성을 판단하는 것은 쉬운 일이 아닙니다. 사진의 창작과정에서 투입된 저작자의 지적 활동 여부를 완성된 사진의 외견만으로는 판단하기가 어렵기 때문이지요. 다만, 일반적으로 미술저작물처럼 감상의 대상이 될 수 없는, 단순한 물체의 복제에 불과하거나 실용적인 증명용 사진인 경우에는 저작물성을 인정하기 어렵겠습니다.

7. 영상저작물

영상저작물(映像著作物, cinematographic work)은 적당한 감광성 물질에 연속적으로 담아 '움직이는 영상(motion pictures)'으로 보여 줄 수 있는, 대체로 소리를 수반한 일련의 영상을 말합니다. 가장 고전적인 형태로는 자막에 영사(映寫)할 수 있는 영화가 있지요. 하지만 비디오테이프 같은 다른 종류의 시청각 저작물도 영화와 같은 것으로 규정하는 것이 통례이기 때문에 영상저작물이라는 넓은 의미의 용어를 사용하고 있습니다. 물론 실연에 의해 영상으로 고정되기 이전의 시나리오는 어문저작물이 될 수 있으며, 감독과 배우를 포함한 실연자들은 저작인접권자로서 보호되고, 저작권법상 특례조항에 의해 영상저작물의 실질적인 저작권자는 대개의 경우 영상제작자가 됩니다.

8. 도형저작물

도형저작물(圖形著作物)은 각종 지도 또는 도표, 설계도, 약도 등과 같이 평면적인 것과 모형처럼 입체적인 것, 그리고 그와 유사한 것들을 포함하는 개념입니다. 그런데 도형저작물은 미술저작물 또는 건축저작물과 양면성을 띠는 경우가 많아서 명확히 구분짓기가 애매하다는 특성이 있습니다. 예를 들면 지도의 경우 그것이 미술적인 표현방법, 즉 만화기법으로 표현되었을 때는 미술저작물로도 볼 수 있고, 설계도 또는 모형이 건축물의 건축을 위한 것이라면 건축저작물로 볼 수 있다는 것입니다. 한편 복제의 개념에 있어서 설계도 또는 모형에 의한 건축물의 시공은 복제로 볼 수 있지만, 설계도 또는 모형에 의한 실물의 제작, 즉 자동차나 기계부품 따위를 제작하는 것은 복제에 해당하지 않습니다. 그러므로 도형저작물의 복제란 산업재산권에서와는 달리 설계도 또는 모형을 그대로 복사하거나 모방하는 것에만 효력이 미치는 것으로 해석됩니다.

9. 컴퓨터프로그램저작물

첨단기술에 의한 새로운 저작물 형태인 컴퓨터프로그램은 컴퓨터 소프트웨어(software)라는 용어와 같은 의미로 쓰입니다. 과거에는 별도의 컴퓨터프로그램보호법으로 보호받았지만, 지금은 저작권법에 흡수되어 일반적인 저작물과 마찬가지로 보호되고 있습니다.

| 알아둡시다 |

〈표 1〉 저작물의 분류

분 류	종 류	복제물 형태	비 고
어문저작물	시(현대시, 시조, 동시), 소설, 수필(에세이, 기행문, 서간문, 일기, 콩트), 교양물, 평론, 논문, 학습물(교과서, 참고서, 시험문제), 기사, 칼럼, 연설(강연, 설교, 설법), 희곡, 시나리오, 시놉시스, 트리트먼트, 각본, TV대본, 라디오대본, 가사, 사용설명서, 브로셔, 기획안 등	인쇄물, 책, 디스켓, CD 등	
음악저작물	대중가요, 순수음악, 국악, 동요, 가곡, 오페라, 관현악, 기악, 종교음악, 주제가 등	Tape, CD 등	작사–어문 작곡–음악 편곡–2차적 작사·작곡– 음악
연극저작물	무용, 발레, 무언극, 뮤지컬, 오페라, 마당극, 인형극, 즉흥극, 창극 등	비디오테이프, CD, DVD 등	
미술저작물	회화(서양화, 동양화), 서예, 조소(조각, 소조), 판화, 모자이크, 공예, 응용미술(디자인, 삽화, 캐릭터, 도안, 그래픽), 만화, 로고, 포스트, 그림동화, 캐리커처, 십자수 도안 등	인쇄물, 사진, 디스켓, CD 등	
건축저작물	건축물, 건축설계도, 건축물 모형	설계도서, CD 등	
사진저작물	일반, 누드, 풍경, 인물, 광고 등	사진, CD 등	
영상저작물	극영화, 애니메이션, 방송프로그램, 기록필름, 광고, 게임 영상, 뮤직비디오, 교육용 동영상 등	비디오테이프, CD, DVD 등	
도형저작물	(특수목적)지도, 도표, 설계도(건축설계도 제외), 모형, 지구의, 약도 등	인쇄물, 책, 디스켓, CD 등	
편집저작물	사전, 홈페이지, 문학전집, 시집, 신문, 잡지, 악보집, 논문집, 백과사전, 교육교재, 카탈로그, 단어집, 문제집, 설문지, 인명부, 전단, 데이터베이스 등	인쇄물, 책, 디스켓, CD 등	
2차적저작물	원저작물을 번역·편곡·변형·각색·영상제작 그 밖의 방법으로 작성한 창작물	위 복제물 중 해당 유형	

〈참고〉 저작물 분류표
* 출처 : 저작권법 시행규칙 * 그 밖에도 컴퓨터프로그램저작물이 있음.

창작성이란 건 또 뭐야?

동갑내기로 한 동네에서 성별이 다른 건 생각하기도 전부터 매일 어울려 놀다 시피 한 하모니 양, 정바로 군, 그리고 원만해 군. 사춘기를 훌쩍 지나 대학생이 된 요즘까지도 세 사람은 우정을 자랑해 왔는데, 최근 바로와 만해 두 사람 사이에 이상한 기류가 흐르기 시작했다.

부쩍 여성스러워진 모니 양을 사이에 두고 바로와 만해 사이에 긴장감 혹은 어색한 기운이 맴도는 것이었다. 세 사람이 함께 있는 것보다는 모니 양과 단 둘이 있는 시간을 더 즐기게 된 것도 바로와 만해 두 사람에게 생긴 변화였다. 이런 분위기를 아는지 모르는지 모니 양은 둘 중 누구든 부르기만 하면 쪼르르 달려 나가곤 했다.

그날도 모니는 학교에서 돌아오는 길에 서점에서 바로를 만나 교재를 사고, 저녁때는 만해의 전화를 받고 나가 동네 카페에서 커피를 마시고 돌아왔다. 거실에 계시던 아버지께서 들어오는 모니를 불러 앉히고 한마디 하신다.

"너도 이제 대학생인데, 허구한 날 두 녀석들과 어울려 다닐 거냐? 괜찮은 남자친구를 찾아보든지 아니면 그 둘 중 하나만 사귀든지……. 동네사람들이 나만 보면 뭐라는지 알기나 하냐?"

틀린 말씀도 아니고 동네 토박이인 아버지로서는 딸이 남들 입에 오르내리는게 더 신경 쓰이시겠다 싶어 죄송스럽기도 하고 이런저런 생각에 잠이 오지 않았다. 친구라는 말을 떠올리면 누가 먼저랄 것 없이 바로와 만해가 동시에 생각이 났다. 모니는 뒤죽박죽 엉킨 머릿속을 풀기라도 하듯 펼쳐 놓은 낙서장에 두 친구의 얼굴을 그리고 있었다.

"쯧쯧, 둘 다 놓치기 싫다는 거냐? 이래 가지고 저작권이나 인정받을 수 있을지 모르겠다. 창작성이 없잖아, 창작성이."

어느새 등 뒤에 와 있던 아버지께서 모니가 그린 얼굴 그림을 들여다보시고는 혀를 차며 방을 나갔다. 심기가 편치 않으신 건 알겠지만 무슨 말씀을 하신 건지. 저작권은 그렇다 치고 '창작성'이라니?

∽

응답하라!

저작권이 부여되는 저작물로 인정되기 위해서는 인간의 사상 또는 감정을 표현한 창작물이어야 합니다. 먼저 인간의 사상과 감정을 나타낸 것이 아닌, 다시 말해 동물이 본능적인 행동으로 만든 것이거나 자연 현상에 불과한 것은 저작물이 아니며, 기계에 의해 자동적으로 만들어진 것도 저작물이라고 할 수 없습니다.

둘째, 저작물에 창작성이 있어야 합니다. 저작권의 핵심은 바로 이 '창작성'에 있습니다. 다만, 어느 정도 창작성이 있어야 하는지 일률적으로 말하기는 쉽지가 않습니다. 여기서 말하는 창작성은 특허나 실용신안 같은 산업재산권에서 말하는 진보성이나 고도의 예술성과는 다른 것으로 "단순히 남의 것을 베끼거나 모방하지 않는 정도"의 창작성을 말합니다. 이는 매우 낮은 수준의 창작성, 곧 최소한의 창작성을 뜻하는 것으로, 유명 화가의 그림이나 유명 작가의 소설이 아니라 초등학생이 그린 그림이나 일기도 창작성이 있다면 저작물로 인정된다는 뜻이기도 합니다.

셋째, 저작물이 외부로 표현되어야 합니다. 표현되지 않고 머릿속에만 있는 것, 생각으로만 떠도는 것은 저작물로 보호받지 못한다는 뜻입니다. 아울러 표현된 것만 보호 대상이 될 수 있으므로 그 속에 흐르는 사상이나 아이디어는 보호하지 않습니다. 하지만 이러한 표현과 아이디어를 구분하는 것은 매우 어려운 일이기도 하지요.

아이디어를 보호하지 않는다는 측면에서 예를 들어 보면, 기계를 만드는 방법에 대해 서술되어 있는 논문을 이용하여 누군가 기계를 만들었다면 이러한 행위는 논문의 복제, 즉 표현을 베낀 것이 아니므로 저작권 침해라고 할 수 없습니다.

한편, 창작성과 관련하여 우리 법원에서는 완전한 의미의 독창성을 말하는 것이 아니라 저작물에 저작자 나름대로의 정신적 노력에 따른 결과로서 특성이 있고, 다른 저작자의 작품과 구별할 수 있을 정도면 충분하다는 취지의 판시를 한 바 있습니다(대법원 1995.11.14. 선고, 94도2238 판결). 다만, 건축저작물처럼 기능적 성격을 가진 저작물일 경우 고도의 창작성을 요구하는 경우가 있습니다. 예를 들어, 아파트 평면도의 경우 그 저작물이 담고 있는 기술적 사상을 보호하는 것이 아니라 창작성 있는 표현을 보호하는 것이므로, 아파트의 평면도가 작성자에 따라 다소 차이가 있다고 하더라도 창작성을 인정하지 않습니다(대법원 2007.8.24. 선고, 2007도4848 판결).

아울러 창작성은 다른 사람보다 먼저 만들어야 한다는 의미에서의 신규성과도 구별됩니다. 따라서 다른 사람이 먼저 창작한 저작물이라고 해도 그것에 의거하지 않고 별도로 창작했다면 저작물로서의 창작성을 충족한 것이 됩니다. 그렇다 보니 이론적으로는 같은 저작물이 다른 저작자에 의해 여러 개 창작될 수도 있습니다.

저작권법에서는 저작물로서 인정되지만 보호받지 못하는 저작물에 대해 다음과 같이 규정하고 있습니다.

저작권법 제7조 (보호받지 못하는 저작물) 다음 각 호의 어느 하나에 해당하는 것은 이 법에 의한 보호를 받지 못한다.

1. 헌법·법률·조약·명령·조례 및 규칙

2. 국가 또는 지방자치단체의 고시·공고·훈령 그 밖에 이와 유사한 것

3. 법원의 판결·결정·명령 및 심판이나 행정심판절차 그 밖에 이와 유사한 절차에 의한 의결·결정 등

4. 국가 또는 지방자치단체가 작성한 것으로서 제1호 내지 제3호에 규정된 것의 편집물 또는 번역물

5. 사실의 전달에 불과한 시사보도

| 생각해봅시다 |

태국의 어떤 코끼리는 그림을 그린다고 합니다. 그 코끼리가 그린 그림이 비싼 값에 팔리기도 한다는데요. 조련사가 옆에서 붓에 물감을 찍어 주면 코끼리가 코로 붓을 쥐고는 그림을 그리는데, 추상화는 물론 구상화까지 그리는 게 가능하다고 합니다. 물론 훈련에 의해 그려진 것임에 틀림없지만, 어쨌든 붓을 쥐고 그림을 그린 건 코끼리입니다. 이렇게 그린 그림에도 저작권이 있을까요?

코끼리의 행위는 본능적인 겁니다. 인간처럼 창의성을 바탕으로 자신의 느낌을 표현하는 것이 아니라는 말이지요. 곧 "인간의 사상 또는 감정의 표현"이라고 볼 수 없다는 점에서 저작권을 부여할 수는 없는 노릇이지요. 다만, 조련사 등 코끼리 소유자가 해당 그림에 대

한 소유권을 주장하여 판매 등의 방법으로 이용할 수는 있겠습니다.

출처:http://sportsworldi.segye.com/Articles/LeisureLife/Article.asp?aid=20100620002763

'공동저작물'을 아시나요?

"하모니, 정바로, 원만해 군! 모두 앞으로 나오도록!"

세 사람이 함께 수강하는 교양과목 시간에 느닷없이 교수님께서 세 사람을 한 꺼번에 불러내셨다.

"제군들이 서로 친한 건 잘 알고 있지만 그렇다고 과제물까지 비슷해서야 쓰나. 하나만 놓고 보면 보고서 내용이 매우 출중하다는 점은 인정하네만, 세 개를 놓고 보면 서로 비슷비슷해서 실망이 컸다네. 누가 누구의 과제를 베낀 건지는 모르겠지만, 세 사람 모두 과제 점수를 줄 수 없으니 그렇게 알도록."

순간 세 사람은 누가 먼저랄 것도 없이 '아차!' 싶었다. 함께 자료 수집을 하고 각자 조사한 정보를 아낌없이 교류하는 바람에 생긴 일이었다. 심지어 각자 작성한 부분까지 파일을 주고받으며 잘못된 부분은 없는지 검토하다 보니 결국 세 사람의 보고서는 유사하게 작성되고 말았던 것이다.

"억울합니다. 저흰 서로 정보를 교류하면서 잘못된 곳이 없는지 확인하는 등 협동 과정을 거쳤을 뿐입니다. 엄연히 세 사람 모두의 노력이 들어 있는 결과물입니다. 다시 한 번 살펴봐 주십시오."

모니와 바로가 어쩔 줄을 몰라 넋을 놓고 있을 때 먼저 정신을 차린 만해가 힘차게 항변하였다. 교수님은 그제야 일그러진 표정을 누그러뜨리며 이렇게 말씀하셨다.

"그렇다면 이 보고서는 세 사람의 공동저작물이란 말인가?"

공동저작물? 교수님의 표정이 긍정적으로 보여 세 명은 일단은 안도했지만 이건 또 어떤 시추에이션인가, 점수도 세 사람에게 공동으로 주시겠다는 뜻인지?

수업이 끝나자마자 세 사람은 도서관으로 달려가 공동저작물이 무언지 알아보기 시작했다.

∾

응답하라!

하나의 저작물에는 그것을 작성한 사람이 하나인 경우—단독저작의 형태—가 대부분이지만 경우에 따라서 저작자가 여러 사람인 경우도 있습니다. 이럴 때 '공저'라는 표현을 쓰는데, 여기서 말하는 공동저작물(joint work, work of joint authorship)이란 단순히 저작자가 여러 명이라는 의미로 쓰인 것이 아니라는 점에 주의해야 합니다.

하나의 저작물을 작성한 저작자의 유형에 따라 흔히 '저(著)' 또는 '지음', '역(譯)' 또는 '옮김', '편저(編著)' 또는 '엮음' 등의 단어가 따라붙게 되지요. 여기서는 순수한 창작인가, 아니면 다른 언어로 옮긴 것인가, 또는 다른 사람이 작성한 여러 편의 저작물 중에서 가려 뽑아 그것을 엮어 새로운 저작물을 작성했는가 하는 점을 기준으로 한 것이지만, 그렇게 해서 만들어진 저작물이라고 하더라도 만약에 저작자가 한 명이 아닌 두 명 이상이라면 저작자의 표시가 달라질 수밖에 없습니다. '공저(共著)' 또는 '공역(共譯)', '공편(共編)' 등이 그것인데, 이런 경우의 저작물을 일단 공동저작물이라고 할 수 있겠지요.

그런데 저작자가 두 사람 이상인 저작물이라고 하더라도 그 성질을 살펴보면 사뭇 다른 점을 발견할 수 있습니다. 어떤 경우에는 여러 사람이 같이 창작했지만 각각의 저작자가 각자 창작한 부분을 분명하게 알 수 있는가 하면, 어떤 경우에는 하나의 저작물 속에서 누가 어디까지 창작하고 어디부터 손대지 않은 것인지 알 수가 없을 수도 있다는 말입니다. 따라서 저작권을 행사함에 있어서 앞의 경우인가 뒤의 경우인가에 따라 권리의 주체를 파악하기 어려운 경우가 생길 수 있겠지요. 저작권법에서 말하는 '공동저작물'이란 바로 두 사람 이상이 작성한 저작물이면서 각자가 이바지한 부분을 밝혀내기 어려운 저작물을 말하며, 각자의 이바지한 부분이 명확한 것은 결합저작물(結合著作物)의 형태로 보아 각자가 이바지한 부분에 대한 단독저작물로 파악해도 권리를 행사함에 있어서는 별 문제가 없습니다.

결국 여러 사람이 작성한 저작물이라 할지라도 각자가 이바지한 부분을 분리할 수 있을 때에는 공동저작물이라고 할 수 없습니다. 예컨대, 글과 그림이 어울려 하나의 책으로 만들어졌을 경우, 글과 그림을 따로 분리해서 사용해도 무방하다면 글의 저작자와 그림을 그린 사람을 단독저작자와 마찬가지로 취급해도 무방하겠지요.[18] 아울러 노래의 경우에도 작곡자와 작사자가 다르다면 작곡 부분과 작사 부분은 같이 실연될 수도 있지만 경음악, 또는 가사집으로 별도 이용이 가능하다면 공동저작물이라고 할 수 없습니다. 그런 경우에는 각자의 이바지한 부분에 대한 저작권이 별도로 주어지는 것이지요. 그러므로 공동저작물이란 저작자가 두 사람 이상이면서 그들의 저작 부분을 분리할 수 없는 저작물을 뜻합니다. 물론 둘 이상의 법인이나 단체가 공동으로 저작에 참여하는 형태도 가능합니다.

---

18) 1987년 이전 저작권법에서는 '합저작(合著作)'이라는 개념을 내세워 저작자가 여러 명이면서 하나의 저작물로 볼 수 있는 것이면 그것이 분리하여 이용할 수 있는 것이라도 합저작에 포함시켰지만, 이후의 저작권법에서는 그런 경우에 공동저작물이 아닌 개개의 저작물이 우연하게 집합된 결합저작물로 보고 있다.

⊙ 공동저작물의 저작인격권은 어떻게 행사할까요?

현행 저작권법에서는 공동저작물의 저작인격권 행사에 대해 먼저 "공동저작물의 저작인격
권은 저작자 전원의 합의에 의하지 아니하고는 이를 행사할 수 없다. 이 경우 각 저작자는
신의에 반하여 합의의 성립을 방해할 수 없다"고 규정합니다. 권리의 주체가 한 사람이 아
닌 여러 사람이기 때문에 어느 한 사람이 일방적으로 행사할 수 없다는 것이지요. 그런데
합의라고 해서 무조건적인 것이 아니라 통념상 합리적인 방향으로의 합의에 따라 다수결
이면 가능하다는 뜻에서 신의(信義)에 반하여 합의의 성립을 방해할 수 없음을 밝히고 있습
니다.

예컨대, 공동저작물을 책으로 출판함에 있어서 비교적 좋은 조건을 제시한 출판사가 있는
데도 저작자 중의 한 사람이 자기와 이해관계에 있는 특정의 다른 출판사를 고집함으로써
공표권에 대한 전원의 합의가 이루어질 수 없는 경우에는 그 사람의 방해에도 불구하고 다
른 저작자들의 합의만으로 공표권 행사가 가능하다는 취지입니다.

다음으로는 "공동저작물의 저작자는 그들 중에서 저작인격권을 대표하여 행사할 수 있는
자를 정할 수 있다"고 합니다. 저작자가 여럿이다 보니 합의를 거치는 단계가 복잡해질 수
도 있으므로 공동저작자 전원이 합의해서 대표로 저작인격권을 행사할 대표자를 둘 수 있
다고 규정한 것이지요.

끝으로, "권리를 대표하여 행사하는 자의 대표권에 가하여진 제한이 있을 때 그 제한은 선
의의 제3자에게 대항할 수 없다"고 합니다. 즉, 공동저작자 전원의 합의에 따라 선임된 대
표자가 행사한 대표권이 저작자들 내부의 제한에 위배되었다고 하더라도 계약 상대방이
선의(善意)의 피해를 당하게 해서는 안 된다는 점을 밝히고 있는 것이지요.

예컨대, 공동저작자끼리 인세(印稅)로 출판물 정가의 10% 이상이면 이의를 갖지 않기로 합
의하고 대표자에게 모든 계약사항을 위임했는데, 나중에 계약서에는 인세가 8%로 기재되

어 있는 것을 발견했다면 그 계약은 무효인가 아닌가의 문제가 생기게 됩니다. 이 경우에 상대방인 출판권자가 저작자들끼리 인세 10% 이상이어야 한다고 합의한 내용을 모르는 상태에서 대표자만을 믿고 계약을 맺었다면 저작자들끼리의 내부합의와는 상관없이 계약 상대방을 선의로 해석해서 그 계약은 유효합니다. 하지만 만일 그러한 내부의 합의 사실을 알고서도 대표자를 설득하거나 매수한 끝에 맺어진 계약이라면 그 계약은 악의(惡意)에 의한 것으로 보아 무효가 됩니다. 물론 저작자 내부에 가해진 제한으로서의 합의 내용을 계약 상대방이 알고 있었느냐 모르고 있었느냐를 입증해야 하는 부담은 별개의 문제입니다.

⊙ 공동저작물의 저작재산권은 어떻게 행사할까요?

현행 저작권법에서는 공동저작물의 저작재산권 행사에 대해 먼저 "공동저작물의 저작재산권은 그 저작재산권자 전원의 합의에 의하지 아니하고는 이를 행사할 수 없으며, 다른 저작재산권자의 동의가 없으면 그 지분을 양도하거나 질권의 목적으로 할 수 없다. 이 경우 각 저작재산권자는 신의에 반하여 합의의 성립을 방해하거나 동의를 거부할 수 없다"고 규정합니다.

여기서 '합의'란 권리자인 자신의 일방적인 의사표시에 의해 일정한 법률효과가 생기게 하는 것을 뜻하며, '동의'란 다른 사람의 행위에 대해 긍정적인 의사표시를 함으로써 다른 사람의 행위에 법률효과가 생기게 하는 것을 뜻하므로 그 취지는 공동저작물의 저작인격권에 관한 규정의 내용과 같습니다. 각 저작재산권자는 신의에 반하여 합의의 성립을 방해하거나 동의를 거부할 수 없다고 한 것도 마찬가지이지요.

다음으로 "공동저작물의 이용에 따른 이익은 공동저작자 간에 특약이 없는 때에는 그 저작물의 창작에 이바지한 정도에 따라 각자에게 배분된다. 이 경우 각자의 이바지한 정도가 명확하지 아니한 때에는 균등한 것으로 추정한다"고 규정합니다. 이는 공동저작물의 이용에 따른 이익의 배분에 관한 규정으로, 공동저작자 사이에 특별한 약속이 없다면 우선은 그 저작물의 창작에 이바지한 정도에 따라 배분된다는 뜻이지요. 따라서 특약이 있다면 그에 따라야 함은 물론입니다. 하지만 특약도 없고, 각자가 저작물의 창작에 기여한 정도를 가려내기도 어려운 경우의 공동저작물의 저작재산권은 균등하게 나누어 배분될 수밖에 없습니다. 예컨대, 어떤 공동저작물의 저작재산권자로 A, B, C의 세 사람이 있다고 하지요. 그런데 이 세 사람이 저작재산권의 지분에 관해 A에게는 50%, B에게는 30%, 그리고 C에게는 20%를 각각 인정하기로 서로 약정했다면 그에 따라 저작재산권의 행사로 생기는 이익이 배분되는 것입니다.

그런데 그러한 약정사항이 없고 또 저작물의 성격상 누가 얼마만큼 그 저작물에 기여했는지도 밝혀내기가 어려운 경우에는 세 사람 모두에게 각각 3분의 1씩의 지분이 있는 것으로 추정해서 이익을 골고루 배분할 수밖에 없다는 뜻입니다. 하지만 그러한 균등배분에 불만이 있는 저작자는 자신이 이바지한 정도를 증명함으로써 배분비율을 번복할 수도 있습니다. 결국 공동저작물의 이익을 배분하는 가장 합리적인 방법은 저작재산권자들끼리 균등하게 나누는 것이 아닐까 싶습니다.

또 "공동저작물의 저작재산권자는 그 공동저작물에 대한 자신의 지분을 포기할 수 있으며, 포기하거나 상속인 없이 사망한 경우에 그 지분은 다른 저작재산권자에게 그 지분의 비율에 따라 배분된다"고 합니다. 우선 저작재산권은 배타권이므로 당연히 그 권리를 스스로 포기할 수도 있습니다. 그리고 저작재산권자가 그 권리를 계승할 만한 사람이 하나도 없는 상태에서 아무런 유언도 남기지 않고 사망할 수도 있겠지요. 만일 단독저작물의 경우라면 그 권리가 국가에 귀속되어 자유이용이 가능할 수도 있겠지만, 공동저작물의 경우에는 저작재산권의 보호기간이 최후로 사망한 저작재산권자를 기준으로 하기 때문에 완전히 소멸한 것으로 볼 수가 없습니다. 따라서 공동저작물의 저작재산권자인 한 사람이 자신의 지분을 포기하거나 상속인 없이 사망한 경우에는 그 사람의 지분은 다른 저작재산권자가 가진 지분의 비율에 따라 배분된다고 규정한 것이지요. 예컨대, 세 사람이 공동저작자인 저작물에 있어서 전체의 50%를 지분으로 갖고 있는 저작재산권자가 상속인 없이 사망한 경우 나머지 두 사람의 지분이 각각 30%, 20%라면 이후 두 사람의 지분은 각각 60%와 40%로 상향됩니다.

그 밖의 사항은 공동저작물의 저작인격권 행사와 마찬가지로 적용됩니다.

첫째, 공동저작물의 저작자는 그들 중에서 저작재산권을 대표하여 행사할 수 있는 자를 정할 수 있습니다.

둘째, 위의 규정에 의해 선임된 대표자의 대표권에 가해진 제한이 있을 때 그 제한은 선의의 제3자에게 대항할 수 없습니다.

'업무상저작물'의 저작권은 누구에게 있을까?

학보사 기자로 활동하고 있는 정보통 군. 어느 날 다른 학교 학보사 기자인 고등학교 동창으로부터 원고 청탁을 받았다. 이래저래 바쁜 나머지 새 원고를 쓰지 못한 정보통은 얼마 전 자신이 취재해서 게재했던 기사 원고를 약간 수정해서 건네주었다. 그런데 얼마 지나지 않아 편집장 선배로부터 호출을 받고 달려간 정보통 군. 편집장 선배의 불호령에 넋을 잃을 정도로 당황스러운 순간을 겪어야 했다.

"정보통 기자. 너 이 정도밖에 안 돼? 우리 학보에 실었던 기사를 거의 그대로 다른 학교 학보에 주다니. 도덕적으로도 문제지만 아무리 네가 쓴 기사라고 하더라도 저작권은 우리 학교에 있는 거 몰라? 이건 엄연히 업무상저작물이라고. 넌 우리 학보사의 저작권을 침해한 거야. 알겠니?"

'내가 취재하고 내가 쓴 원고인데 업무상저작물이라고? 업무상저작물이 뭐야?'

속으론 이러저러한 의문이 꼬리를 물고 이어졌지만, 평소엔 점잖기만 하던 편집장 선배가 처음으로 저렇게 화를 내는 것을 보면 뭔가 크게 잘못된 것이 틀림없다 싶어 정보통은 잠자코 있을 수밖에 없었다.

"어떻게 된 일인지 내일까지 경위서 써 오고, 업무상저작물에 대해 공부하고 보고서 형식으로 작성해 와. 제대로 못 해오면 당장 잘라버릴 테니까! 알았어?"

그렇게 하겠다며 내쫓기듯 학보사를 나온 정보통은 학교 도서관으로 달려가 관련 문헌을 뒤지기 시작했다.

~

응답하라!

예전 저작권법에서 '단체명의저작물'이라고 했던 것을 2007년 전부개정 저작권법에서는 '업무상저작물'로 변경하고, 그것의 뜻을 "법인·단체 그 밖의 사용자의 기획하에 법인 등의 업무에 종사하는 자가 업무상 작성하는 저작물"이라고 했습니다. 비록 개인이 작성한 저작물이라고 할지라도 법인이나 단체 등에 종사하는 사람이 업무상 작성하는 등 일정 요건을 갖추었다면 그가 속한 법인이나 단체가 저작자로서 권리의 주체가 된다는 점을 규정하고 있는 것이지요.

실제로 어떠한 저작물이든지 개인의 창작활동이 없다면 절대 만들어질 수 없습니다. 그러나 경우에 따라서는 저작물을 작성한 개인이 아닌 그가 속한 법인이나 단체의 명의로 공표되는 저작물이 많은 것이 현실입니다. 따라서 개인이 작성한 저작물이라고 할지라도 일정 요건을 갖추었다면 그가 속한 법인이나 단체 또는 개인인 사용자(使用者)가 저작자로 인정될 수 있습니다. 하지만 이러한 업무상저작물이 되기 위해서는 적어도 몇 가지 요건을 충족해야 합니다.

첫째, 법인 등의 사용자가 저작물의 작성에 있어서 기획(企劃)을 해야 합니다. 기획이란 어떤 저작물을 작성할 것인가에 대한 구체적인 계획을 세우는 일이라고 할 수 있는데, 대개는 그 법인 등의 직무에 종사하는 사람들이 아이디어의 창출에서부터 진행되는 모든 과정을 수행하는 경우가 많으므로, 그러한 저작물을 어떠한 방법으로 언제까지 작성할 것인가를 사용자가 최종적으로 판단하는 것이라고 생각할 수 있겠습니다.

둘째, 저작물 작성자는 반드시 그 법인 등에 종사하는 사람, 즉 종업원이어야 합니다. 그러므로 고용관계에 있지 않은 외부의 사람에게 위탁하여 작성한 저작물은 업무상저작물이 될 수 없습니다.

셋째, 종업원이 업무상 작성한 저작물이어야 합니다. 왜냐하면 법인 등에 소속된 종업원이라고 할지라도 그 사람이 업무와는 관계없는 시간과 장소에서 얼마든지 저작물을 작성할 수 있기 때문이지요. 잡지 또는 신문이나 방송에 종사하는 기자가 기사를 쓰거나 일반 회사의 홍보실에 근무하는 사람이 제품 안내문안을 작성하는 것은 곧 업무상 행위라고 할 수 있지만, 누군가가 퇴근 후에 집에서 소설을 썼다면 그것은 그 개인의 저작물이 된다는 뜻입니다.

넷째, 저작물이 법인 등의 명의로 공표되는 저작물이어야 합니다. 과거의 저작권법에서는 "법인 등의 명의로 공표된 것"이라고 한정함으로써 "공표되지 않은 저작물"에 대해서는 누구의 저작물인지 의문이 생길 수 있었으나 비록 미공표 상태에 있더라도 공표를 예정하고 있다면 이것의 저작자를 법인 등으로 보는 것이 법적 안정성을 지킬 수 있다는 점에서 "공표된"을 "공표되는"으로 변경한 것입니다. 또 이전 저작권법에서는 "다만, 기명저작물의 경우에는 그러하지 아니하다"고 단서를 두어 저작물에 근로자의 성명이 표시된 경우 법인 등이 아닌 종업원을 저작자로 의제하고 있었으나 실제로 이와 같이 적용되는 사례가 거의 없으며, 오히려 법인 등이 저작물에 근로자의 이름을 넣어 주려는 배려마저 차단하는 역효과가 있습니다. 그러므로 이러한 단서규정을 삭제함으로써 법인 등에 종사하는 자가 업무상 작성하는 저작물은 기명저작물이라고 하더라도 특약 등이 없는 한 법인 등을 저작자로 본다고 규정한 것이지요.

다섯째, 법인 등의 사용자와 저작물 작성자인 종업원 사이의 계약이나 근무규칙 등에 있어서 다른 약정이 없어야 합니다. 단체의 명의로 공표하더라도 저작권은 작성자인 종업원이 갖는다거나 일정 기간이 경과하면 종업원에게 저작권이 귀속된다거나 하는 특약(特約)이 있다면 그대로 따라야 한다는 것이지요. 따라서 업무상저작물로서의 모든 요건을 갖춘 경우라도 그것에 따른 별도의 정함이 있다면 업무상저작물이 될 수 없는 경우도 있다고 하겠습니다.

앞의 예에서 학보사 기자인 정보통 군이 작성한 기사는 과연 업무상저작물이라고 할 수 있을까요? 그것은 학생으로서의 정보통 군을 과연 학보사 종업원이라고 볼 수 있느냐의 여부에 따라 달라질 문제입니다. 다 함께 생각해 보도록 하지요.

저작재산권을 제한하는 이유는 무엇일까?

"또 어디서 연락 오는 거 아냐?"

자라 보고 놀란 가슴 솥뚜껑 보고 놀란다는 격으로, 막식이는 요즘 행여라도 또 저작권 침해로 걸릴까 봐 자신의 이름이 적힌 우편물이라도 오면 덜컥 겁부터 냈다. 그렇다고 저작권을 존중하거나 보호해야만 한다는 정의감까지 품은 것은 아니었다. 일단 쓰고 보자는 태도는 여전해서 인터넷을 뒤지다 보기 좋은 것들을 휴대전화 카메라로 열심히 찍어서 여기저기 친구들에게 보내고는 했다. 그러던 어느 날, 친구에게서 반가운 문자가 왔다.

"그동안 모아 놓은 MP3파일, 내가 인심 쓴다!"

친구가 보내 준 첨부파일에는 정말 많은 노래가 들어 있었고, 막식이는 그걸 몽땅 자기 MP3 단말기에 내려받아 열심히 듣기 시작했다. 처음엔 아무렇지도 않았는데, 듣다 보니 뭔가 잘못된 듯 불안해졌다. 안 되겠다 싶어 막식은 바로를 찾아갔다.

"이런 경우에도 저작권 침해가 될 수 있냐?"

그런데 바로의 대답은 의외였다.

"그런 걸 '사적이용을 위한 복제'라고 하는데, 저작재산권 제한 규정에 따라 너 혼자 듣는 건 아무런 문제가 되지 않아. 하지만 그걸 네 블로그에 올려놓으면 절대 안 돼. 알았지?"

아무런 문제도 없다니 다행이긴 했지만, '저작재산권의 제한'이라니? 막식이는 자신을 타이르듯 하는 바로의 태도가 조금은 못마땅했지만 내색하지 않으려 애쓰면서 '저작권은 뭐가 그리 복잡한 거야!'라고 투덜거렸다.

저작권자의 재산적 권리를 보호하기 위해 마련된 제도적 장치로서 저작권법에서는 저작재산권에 대해 여러 가지로 규정하고 있습니다. 하지만 저작권법을 제정한 목적이 저작자의 권리와 이에 인접하는 권리를 보호하는 것은 물론 저작물의 공정한 이용을 도모함으로써 문화 및 관련 산업의 향상발전에 이바지하는 데 있으므로 공공성 또한 무시할 수 없겠지요.

저작재산권은 물권과 같은 소유권에 속하는 배타적인 지배권이므로 법에 따라 보호되는 저작물은 그 보호기간이 지나지 않은 이상 저작재산권자의 허락 없이 함부로 이용할 수 없는 것이 원칙이지만, 저작권 역시 다른 사권(私權)과 마찬가지로 일정 부분에 있어서는 공익적인 차원의 제한이 불가피할 수밖에 없습니다. 저작권법에서는 이러한 저작자의 개인적 이익과 사회의 공공적 이익을 조화시키기 위해 일정한 범위 안에서 저작재산권의 제한, 즉 저작물의 자유이용을 허용하고 있습니다. 그러므로 저작권법에서 규정하고 있는 저작재산권의 제한 사유에 해당되는 경우에는 법이 정하는 조건에 따라 저작재산권자의 허락 없이도 저작물을 자유롭게 이용할 수 있습니다.

이와 같은 취지에 따라 현행 저작권법에서는 다음과 같이 모두 18개 조에 걸쳐 저작재산권에 가해지는 제한의 유형들을 규정하고 있습니다.

제23조 재판절차 등에서의 복제
제24조 정치적 연설 등의 이용
제24조의2 공공저작물의 자유이용
제25조 학교교육 목적 등에의 이용
제26조 시사보도를 위한 이용

제27조 시사적인 기사 및 논설의 복제 등

제28조 공표된 저작물의 인용

제29조 영리를 목적으로 하지 아니하는 공연·방송

제30조 사적 이용을 위한 복제

제31조 도서관 등에서의 복제 등

제32조 시험문제로서의 복제

제33조 시각장애인 등을 위한 복제 등

제33조의2 청각장애인 등을 위한 복제 등

제34조 방송사업자의 일시적 녹음·녹화

제35조 미술저작물 등의 전시 또는 복제

제35조의2 저작물 이용과정에서의 일시적 복제

제35조의3 저작물의 공정한 이용

제36조 번역 등에 의한 이용

다만, 컴퓨터프로그램의 경우에는 제23조 재판절차 등에서의 복제, 제25조 학교교육 목적 등에의 이용, 제30조 사적 이용을 위한 복제, 제32조 시험문제로서의 복제 등을 적용하지 않는다는 점에 주의해야 합니다.

이와 같이 저작재산권을 제한하는 경우는 다음과 같습니다.

첫째, 저작물 이용의 성질에 비추어 보아 저작재산권이 미치는 것으로 해석해서는 타당하지 않은 것.

둘째, 공익적인 측면에서 저작재산권을 제한할 필요가 있다고 인정되는 것.

셋째, 다른 권리와의 형평을 위해 저작재산권을 제한할 필요가 있는 것.

넷째, 사회적 관행처럼 이미 행해지고 있으며, 저작재산권을 제한해도 저작재산권자의 경제적 이익을 부당하게 해치지 않는다고 인정되는 것.

이처럼 제한하는 이유에 약간의 차이가 있기는 하지만 결국에는 저작물이 문화적 소산이므로 이를 공정하게 이용할 수 있도록 배려한다는 취지에서 비롯된 규정이라고 하겠습니다.

한편, 저작재산권의 제한 사항은 어디까지나 재산적인 권리에만 미칠 뿐, 공표권·성명표시권·동일성유지권으로 요약되는 저작인격권에까지 미치는 것은 절대 아닙니다. 따라서 저작재산권의 제한규정에 해당하는 이용이라 하더라도 이용자들은 "공표된 저작물"을 대상으로 삼아야 하며, 저작물에 표시되어 있는 저작자의 실명 혹은 이명을 반드시 명시해 주어야 하고, 나아가 허용된 범위를 벗어나서 내용을 함부로 변형시켜서는 안 됩니다.

위에서 막식이처럼 저작물을 이용하는 행위에 대해 현행 저작권법에서는 '사적이용(private use)을 위한 복제'라고 합니다. 곧 "공표된 저작물을 영리를 목적으로 하지 아니하고 개인적으로 이용하거나 가정 및 이에 준하는 한정된 범위 안에서 이용하는 경우에는 그 이용자는 이를 복제할 수 있다. 다만, 공중의 사용에 제공하기 위해 설치된 복사기기에 의한 복제는 그러하지 아니하다"고 규정하고 있는 것이지요.

이는 영리 추구를 위한 대량복제의 결과가 저작재산권자의 이익을 해치는 행위로 나타나는 것과는 달리, 개인 또는 가정에 준하는 소규모의 인원이 폐쇄된 공간 안에서 이용하는 데 불과하므로 저작재산권을 심각하게 침해한다거나 저작물이 부당하게 대외적으로 널리 유통되는 것과는 근본적으로 다르다는 점을 감안한 것입니다. 예컨대, 복제 방법으로는 복사기를 이용해서 저작물을 복사하거나 오디오테이프 혹은 비디오테이프, CD 등을 이용해서 저작물을 녹음 또는 녹화하는 것을 들 수 있는데, 그 목적이 복제물을 가지고 공부하거나 악보를 복사해서 그것을 보고 노래를 부르거나 음악을 녹음한 후 그것을 반복재생 방식으로 감상하는 등 학습이나 취미 또는 단순한 오락의 차원이어야 합니다.

또, 여기서 "가정 및 이에 준하는 한정된 범위"라고 한 것은 이용하는 사람이 단독의 개인은 아니지만 가정처럼 개인적 결합 관계로 모인 소규모 인원으로서 폐쇄적으로 이용하기 위해 복제하는 것을 말합니다. 그러므로 소규모라도 회사 같은 곳에서 내부적으로 사용하기 위해 복제하는 것은 이에 해당하지 않는 것으로 판단됩니다. 다만, 공중의 사용에 제공하기 위해 설치된 복사기기에 의한 복제는 해당되지 않는다는 단서조항에 주의할 필요가 있습니다.

사실 '사적이용을 위한 복제' 허용규정은 저작물의 일반적 이용과 충돌하지 않고 저작자의 경제적 이익을 해칠 우려가 없다고 인정되는, 한정된 범위 내에서 저작권자의 허락을 받지 않도록 한 것이었지요. 그러나 대학가의 복사점 등에서 복제업자에게 복제를 위탁하거나 무인복사기 등에서 저작물을 복사하는 것은 복사기의 설치 자체가 영리를 목적으로 한 것이므로 당연히 저작자의 허락을 받아야 한다는 의견이 우세했습니다. 이에 따라 2000년도 개정법에서 공중용 복사기에 의한 복제를 사적 복제의 범위에서 제외함으로써 출판물 불법복제로 인한 저작자 및 출판사의 권리를 최대한 보호하고자 한 것으로 보입니다. 하지만 복사업자들이 개별적으로 복사 행위를 할 때마다 저작자의 허락을 받는 것은 현실적으로 매우 어려운 일입니다. 따라서 미국이나 일본 등의 예를 따라 이용자가 간단한 수속을 밟음으로써 저작물 복사를 할 수 있도록 저작권을 집중관리하는 복사권집중관리기구의 설립이 필요하다는 판단 아래 저작권자 및 출판권자 단체가 연합하여 '한국복사전송권관리센터'[19]를 창립한 바 있습니다.

이처럼 사적이용을 위한 복제에 해당하는 경우에는 그 저작물을 번역·편곡 또는 개작의 방법으로 이용할 수 있으며, 이 경우에는 출처를 명시할 의무는 없습니다.

I 알아둡시다 I

⊙ 출처를 명시하지 않아도 되는 경우

저작재산권의 제한 규정에 따라 저작물을 이용하는 경우에도 그 출처를 정확하게 명시해야 하지만, 다음과 같은 경우에는 출처를 명시하지 않아도 됩니다.

첫째, 저작권법 제26조에 따라 시사보도를 위하여 이용하는 경우

둘째, 제29조에 따라 영리를 목적으로 하지 아니하는 공연·방송에 이용하는 경우

셋째, 제30조에 따라 사적 이용을 위한 복제에 이용하는 경우

넷째, 제31조에 따라 도서관 등에서의 복제 등에 이용하는 경우

다섯째, 제32조에 따라 각종 시험문제로서의 복제에 이용하는 경우

여섯째, 제34조에 따라 방송사업자의 일시적 녹음·녹화에 이용하는 경우

일곱째, 제35조의2에 따라 저작물 이용과정에서의 일시적 복제에 이용하는 경우

---

19) 2000년 7월 1일부터 업무를 개시한 '한국복사전송권관리센터'는 저작자 및 출판권자의 권리를 신탁받아 이용자와의 계약을 통해 저작권법에서 면책하고 있는 범위 이외의 저작물 이용이 합법적으로 이루어지도록 집중 관리하는 업무를 수행하고 있으며, 2007년에는 그 명칭을 '한국복사전송권협회'로, 2012년 12월에는 '한국복제전송저작권협회'로 바꾼 바 있다.

합법적인 저작물 이용방법으로서의 이용허락과 저작재산권 양도

"저작물을 합법적으로 이용할 수 있는 방법에는 이용허락을 얻는 것과 저작재산권을 양도받는 방법이 있습니다."

교양과목 〈표절과 저작권〉 발표 시간. '저작권'을 주제로 발표를 하는 바로 군의 어조에 힘이 실리고 있었다.

"그렇다면 구체적으로 이용허락과 저작재산권 양도의 효력에 대해 알기 쉽게 설명해 보게나."

교수님의 주문에 우쭐해진 바로는 답변을 이어나갔다.

"우선 이용허락은 말 그대로 어떤 조건이나 범위를 정해 놓고 그렇게 이용할 수 있는 권리를 획득하는 것이고, 저작재산권 양도는 저작권법에서 정하고 있는 저작재산권 일체를 넘겨받는 것입니다. 그러니까……."

미처 답변이 끝나기도 전에 다시 교수님의 질문이 터져 나왔다.

"단순이용허락과 독점이용허락, 그리고 배타적 이용허락에 대해 설명할 수 있겠나?"

순간 바로는 말문이 막히고 말았다. 어디선가 본 것 같기는 한데 거기까지는 미처 정리하지 못했던 것이다. 우물쭈물하고 있는 사이 다시 교수님의 보충질문이 보태지고 있었다.

"이용허락뿐만 아니라 저작재산권 양도 또한 가분성에 입각해서 시간적·공간적 제한을 둘 수 있는데, 그것에 대해서는 어떤 설명이 가능할지 말해 보게."

이 무슨 귀신 씨나락 까먹는 소리란 말인가. 나름대로 열심히 준비했건만 지금 나오는 질문은 도대체 무슨 소린지 알아들을 수조차 없었다. 이내 꼬리를 내린 바로는 멍하니 교탁만 내려다보고 있었다.

∽

응답하라!

앞서 살핀 것처럼 기본적으로 저작재산권 보호기간이 소멸된 저작물은 이용허락 내지 저작재산권 양도 같은 절차가 전혀 필요 없습니다. 하지만 현재 보호 대상인 저작물을 이용하는 경우에는 그것이 저작재산권의 제한 규정에 해당하지 않는 한 이용허락을 얻거나 저작재산권을 양도받아야만 합법적인 저작물 이용이 되는 것이지요. 여기서는 저작물의 이용허락과 저작재산권의 양도에 대해 살펴보겠습니다.

1. 저작물의 이용허락

저작물의 이용에 관한 배타적 권리(exclusive right)는 당연히 저작재산권자에게 있습니다. 그러므로 저작재산권자는 자신의 저작물을 제3자에게 양도할 수 있을 뿐만 아니라 일정한 방법으로 저작물의 이용허락(license)을 할 수도 있습니다. 저작재산권자는 자신의 저작물을 스스로 이용할 수 있을 뿐만 아니라, 경우에 따라서는 다른 사람에게 이용을 허락하고 적당한 대가를 받음으로써 재산적 이익을 추구할 수 있다는 뜻이지요. 그러므로 저작재산권자로부터 허락을 얻지 않고 어떤 방법으로든지 저작물을 이용하는 것은 위법이 됩니다.

그런데 정당하게 이용허락을 받은 이용자가 획득하는 권리의 성질에 주의할 필요가 있습니다. 저작재산권자가 저작물에 관하여 갖는 권리는 배타적 권리, 즉 누구를 상대로 하든지 행사할 수 있는 권리이지만, 이용허락을 받은 사람이 갖는 권리는 이용에 따르는 채권적 권리라는 점 때문입니다. 따라서 저작물의 이용에 대한 배타적 권리를 가진 저작재산권자는 같은 이용방법으로 여러 사람에게 이용허락을 할 수 있으며, 이용자는 이에 대해 이의를 제기할 수 없습니다.

일반적으로 이용허락의 유형에는 크게 세 가지가 있습니다.

첫째, '단순이용허락'이 있는데, 이 경우에는 이용허락을 받은 사람은 저작재산권자가 다른 사람에게 같은 이용방법이나 조건으로 이용허락을 해도 아무런 이의를 제기할 수 없습니다.

둘째, '독점이용허락'이 있는데, 이 경우 역시 특정의 이용자에게만 이용허락을 하고 다른 사람에게는 이용을 허락하지 않겠다는 채권과 채무의 관계를 맺은 것에 불과하므로, 저작재산권자가 다른 사람에게 독점이용에 대한 허락을 했다면 저작재산권자에게 채무 불이행에 따른 계약 위반을 추궁할 수 있을 뿐, 제3의 이용자를 상대로 한 제재를 가할 수 있는 것은 아닙니다.

셋째는 '배타적 이용허락'이 있는데, 이 경우는 저작권법에 있어서 배타적 발행권 및 출판권의 설정이 대표적인 것으로, 배타적 이용을 전제로 한 계약이 이루어졌다면 이용자는 제3의 이용자에 대해서도 권리의 침해를 주장할 수 있겠습니다.

하지만 여기서 말하는 '이용허락'이란 첫째와 둘째의 경우만을 뜻하는 것으로 해석됩니다.

또 저작재산권자로부터 이용허락을 얻은 이용자라고 하더라도 "허락받은 이용방법 및 조건의 범위" 안에서만 그 저작물을 이용할 수 있습니다. 여기서 "허락받은 이용방법"이란 복사·인쇄·녹음·녹화·공연·방송·전송·디지털음성송신, 그리고 전시 등과 같은 이용형태는 물론 이용부수·이용횟수·이용시간·이용장소 등을 포함한 구체적인 이용방법을 모두 가리킵니다. 그리고 "허락받은 조건"이란 저작물을 이용하는 대가로서 얼마의 금액을 언제까지 지급하기로 한다든가, 별도의 특약을 하는 것 등이라고 할 수 있습니다. 예컨대, 어떤 사람이 연극의 상연을 위한 목적으로 어느 저작물에 대한 이용을 허락받았는데 연극이 아닌 책으로 꾸며서 출판의 방법으로 이용했다면 그것 역시 위법이 된다는 뜻입니다. 또한 저작물을 1년 동안만 이용하기로 계약을 맺었다면 1년이 지난 후에는 이용할 수 없으며, 모든 권리는 다시 원래의 저작권자에게로 귀속되는 것이지요.

아울러 저작물을 일정한 용도에 의한 이용허락을 통해 이용에 관한 정당한 권리를 얻은 사람이라도 저작재산권자의 동의가 없이 제3자에게 이를 양도할 수 없습니다. 여기서 이용자가 얻은 권리란 곧 "허락받은 이용방법과 조건의 범위 안에서 그 저작물을 이용할 수 있는 권리"를 말하기 때문이지요. 예컨대, 어느 때로부터 3년 동안 출판에 의한 방법으로 저작물을 이용하기로 한 이용자가 1년이 지난 후에 다른 출판업자에게 저작물의 출판에 의한 이용권을 양도할 때에는 반드시 저작재산권자의 허락이 있어야 하며 그렇지 않을 때에는 역시 위법이 된다는 뜻입니다.

2. 저작재산권의 양도

저작권자는 자신의 저작재산권을 다른 사람에게 "전부 또는 일부" 양도(讓渡)할 수 있습니다. 일반적으로 물권에 있어서의 소유권인 경우에는 전부가 아닌 일부를 양도한다는 것은 생각하기 어렵습니다. 예컨대, 어떤 집을 소유하고 있는 사람이 그 집을 전세의 방법으로 다른 사람에게 임대하고 나서 또 그 집의 소유권을 다른 사람에게 양도할 수는 없는 노릇이지요. 일반적인 소유권에서는 유체물로서의 소유물과 소유권을 분리할 수 없다는 뜻이기도 합니다. 그러나 저작재산권은 다릅니다. 저작재산권 자체를 전부 양도하는 경우에는 소유권과 별 차이가 없지만, 일부를 양도할 수 있다는 점에서는 저작재산권만의 특성을 엿볼 수 있기 때문이지요.

우선 저작재산권의 경우에는 저작물을 이용하는 방법에 따라 그 권리 또한 분리하여 행사할 수 있는 여지가 매우 많다는 점을 생각해 볼 필요가 있습니다. 저작재산권으로서의 복제권·공연권·공중송신권·전시권·배포권·대여권·2차적저작물작성권 등이 각각 별개의 재산적 권리이므로, 이용형태에 따라 권리를 분할하여 양도할 수 있는 것은 당연한 일입니다.

그뿐 아니라 경우에 따라서는 그러한 별개의 재산적 권리조차도 쪼갤 수가 있습니다. 복제권 하나만 살펴보더라도, 저작재산권자는 인쇄의 방법으로 저작물을 복제하려는 출판사업자와 녹음의 방법으로 저작물을 복제하려는 음반사업자, 또는 녹화의 방법으로 저작물을 복제하려는 영상사업자 등에게 복제권을 각각 별도로 양도할 수 있습니다. 어떤 방법으로 복제하느냐에 따라 같은 복제권이라도 완전한 별개의 권리로 쪼개질 수 있는 가분적(可分的)인 특성을 지닌 것이 바로 저작재산권인 셈입니다. 또한 저작재산권자는 하나의 저작물에 대해 종이책의 형태로 출판사에 출판권을 부여하는 동시에 신설된 공중송신권, 배타적발행권을 발휘하여 또 다른 업체 혹은 개인에게 '전자책(e-Book)'을 만들도록 허락할 수도 있겠습니다.

다음으로는 2차적저작물작성권과 관련한 재산권의 분할을 생각할 수 있습니다. 예컨대, 어떤 장편소설의 저작자가 있다면, 그는 그것을 원작으로 번역하는 것은 물론 각색하여 공연에 이용하거나 영상 제작에 이용하려는 사람들에게 각각 별도로 그 부분에 대한 권리를 양도할 수 있다는 뜻입니다. 그뿐만 아니라 같은 공연이라도 공연의 주체가 달라진다면 그들에게도 별도의 권리를 양도할 수 있습니다.

또 다음으로 시간적·공간적 제한에 의한 저작재산권의 분할 및 양도를 생각할 수도 있습니다. 먼저 시간적인 측면에서 예를 든다면, 저작재산권자는 자신의 권리를 다른 사람에게 양도함에 있어서 언제부터 언제까지, 즉 '3년' 또는 '5년'이라는 기간을 정할 수 있는데, 그런 경우에 정해진 시간이 지나면 저작재산권은 자동적으로 원래의 권리자에게 돌아옵니다. 따라서 실질적으로는 '3년' 또는 '5년' 동안의 배타적 이용허락과 같습니다.

그 밖에 공간적 측면에서 예를 든다면, 번역에 의해 저작물을 출판함에 있어서 그것을 '한국 내에서만' 또는 '일본 내에서만' 하는 식으로 제한하여 양도할 수 있는데, 그런 경우에는 배포권의 성질에 비추어 보더라도 지역이 바뀔 때마다 각각 별개의 권리가 작용할 수 있습니다. 다만, 그러한 지역적 제한이 국내에서도 가능한지, 즉 '강원도' 또는 '서울특별시' 하는 식으로까지 분할할 수 있는 것인지는 분명하지 않습니다.

Ⅰ 알아둡시다 Ⅰ

⊙ 저작재산권 양도 시 주의할 점

저작권법에서는 저작재산권을 전부 양도하는 경우라고 하더라도 특약이 없을 때에는 2차적저작물을 작성할 권리까지 포함된 것으로 볼 수 없다고 규정하고 있습니다. 저작재산권 전부를 양도하는 계약을 체결함에 있어서 "2차적저작물을 작성할 권리까지도 포함한 전부를 양도한다"는 양도자의 의사가 명백히 나타나 있지 않는 한 2차적저작물작성권은 포함되지 않고 양도하는 사람에게 유보되어 있다는 뜻이지요. 이는 저작재산권자의 이익을 보호함에 있어서 매우 합리적인 규정입니다. 왜냐하면 저작재산권을 양도해야 하는 상황이라면 대개 저작재산권자의 입장이 매우 절박한 경우가 많을 것이며, 그렇다면 저작재산권을 양도받으려는 측의 일방적인 요구가 많이 반영된 내용으로 계약이 체결되는 상황을 우려하지 않을 수 없기 때문이지요.

예컨대, 어느 소설가가 경제적으로 몹시 궁핍한 상황일 때, 누군가 그가 써 놓은 어떤 작품의 저작재산권 전부를 양도할 경우 상당액의 금전을 주겠다고 제안한다면 그 소설가는 앞뒤를 잴 겨를 없이 계약을 체결할 가능성이 높습니다. 그랬을 때 저작재산권의 전부에 2차적저작물작성권까지도 포함된다면 이후 그 작품의 가치가 매우 높아질 경우에도 소설가는 작품에 대한 아무런 재산적 권리를 행사할 수 없게 됩니다.

경제적으로 약자의 입장에서 저작재산권을 양도하는 저작재산권자를 보호해야 할 필요성이 있는 것이지요. 그러므로 일방적이 아닌 대등한 상황에서의 양도계약으로서 저작재산권자가 2차적저작물작성권이 포함되었음을 잘 알고 있거나 금전적 대가가 그것에 대해서까지 포함하는 것으로 여겨질 정도의 금액이라면 이러한 추정규정은 적용되지 않습니다. 단지 '저작재산권의 전부' 또는 '일체의 재산적 권리'라는 표현만으로 양도계약이 이루어졌을 때 문제가 된다는 점에 주의할 필요가 있겠습니다.

저작인접권? 이건 또 뭐야?

"우와, 조회 수가 엄청난걸. 이러다 나도 스타 되는 거 아냐?"

막식이는 요즈음 UCC(User Created Contents)를 만드는 재미에 푹 빠져 있었다. 특히 개그맨 등 유명 연예인들을 직접 흉내 내는 개인기 동영상을 만들어 인터넷에 올리고는 네티즌들의 다양한 반응을 확인하는 게 거의 일과가 되다시피 했다.

자신의 개인기 동영상만을 그냥 올리는 것이 아니라 흉내 대상인 방송 화면을 함께 띄워서 비교하며 볼 수 있도록 만들었는데, 그런대로 반응이 괜찮았다. 긍정적 반응에 은근 들뜬 막식이, 친구들에게 자랑이 하고 싶어 UCC가 올려져 있는 사이트 주소와 함께 문자를 날렸다.

"모니, 바로, 만해, 보통! 너희들도 한번 다녀가라. 어솨여!"

그런데 얼마 지나지 않아 바로로부터 답신이 왔다.

"막식이 임마, 너 저작인접권을 침해하고 있잖아. 빨리 내려. 큰일 나기 전에!"

'이건 또 뭔 개 풀 뜯어먹는 소리람.'

막식이는 기가 막혔다. '저작권에 대해서 얼마 전 바로에게 일장 연설을 들었던 터였는데 저작인접권은 또 뭔가?' 싶었던 것이다.

"저작인접권이 뭔데? 나도 이제 저작권이 뭔지는 알거든! 내가 겁먹는 게 재밌나 본데 안 속는다, 요놈아!"

바로에게 전화를 걸어 냅다 소리를 지르고는 끊어버렸다.

하지만 바로는 다시 답장 문자를 보내 막식이를 공포의 도가니로 몰아넣었다.

"1년 이하의 징역 또는 1천만 원 이하의 벌금! 저작권만 있는 게 아냐. 저작인접권이란 것도 있거든. 넌 그걸 침해한 거야, 바보야!"

∾

저작인접권(著作隣接權)은 말 그대로 "저작권에 준하는 권리"를 말합니다. 그런데 권리의 성질로 보아 재산적인 권리인 동시에 배타적인 권리이기는 하지만, 저작권에서처럼 인격적인 권리는 주어지지 않습니다.

우리 저작권법에서는 실연자, 음반제작자 그리고 방송사업자에게 저작인접권을 부여하고 있는데, 이들은 저작물의 직접적인 창작자는 아니지만 그것을 해석하고 전파함으로써 문화발전에 이바지하는 공로가 크므로 그러한 행위에 일종의 정신적 창작성을 인정하여 저작권에 인접하는 배타적 권리를 인정한 것이지요. 특히 저작물의 복제 및 전파수단이 급속도로 발전함에 따라 이들이 입는 경제적 타격도 무시할 수 없는 정도에 이르렀기 때문에 이를 조정한다는 측면에서 저작인접권에 관해서는 국내뿐만 아니라 국제적으로도 관심이 커지고 있습니다.

1. 실연

실연(實演)이란 저작물을 연기·무용·연주·가창·연술 그 밖의 예능적 방법으로 표현하는 것을 말하며, 저작물이 아닌 것을 이와 유사한 방법으로 표현하는 것을 포함하는 개념입니다. 이 가운데 국적주의 원칙에 따라 우리 국민이 행한 실연은 저작인접권으로 보호됩니다. 국적주의란 일반적인 저작권 보호의 기준인 행위지주의와는 다른 것으로, 우리나라 국민이 행한 실연은 국내에서 이루어진 것뿐만 아니라 외국에서 이루어진 것도 보호의 대상이 된다는 뜻입니다. 따라서 우리 국민에 속하는 자연인은 물론 우리나라 법률에 의해 설립된 법인이나 우리나라 안에 주된 사무소가 있는 외국법인의 실연은 보호되지만, 우리나라 안에서 행해진 실연이라도 그것이 외국인에 의해 행해졌다면 우리 저작권법에 따른 저작인접권 보호의 대상이 되지 않습니다.

또 우리나라가 가입 또는 체결한 조약에 따라 보호되는 실연 역시 저작인접권의 보호 대상입니다. 아울러 우리 저작권법에 의해 저작인접권으로 보호되는 음반에 고정된 실연, 우리나라가 보호해야 할 외국 음반에 수록된 외국인의 실연, 우리 저작권법에 의해 보호되는 방송으로 송신된 실연 등도 저작인접권 보호의 대상이 됩니다.

2. 음반

먼저 국적주의 원칙에 따라 우리나라 국민이 음반제작자인 음반(音盤)은 저작인접권으로 보호됩니다. 또한 우리 법률에 의해 설립된 법인이나 우리나라 안에 주된 사무소가 있는 외국법인을 음반제작자로 하는 음반도 저작인접권으로 보호됩니다. 음을 맨 처음 고정한 곳이 우리나라인 음반 역시 보호 대상인데, 이는 국적주의와는 달리 고정지주의에 따른 것으로, 최초의 녹음을 행한 곳이 우리나라이면 그 음반제작자가 외국인이라도 보호한다는 뜻입니다.

아울러 우리나라가 가입 또는 체결한 조약에 따라 보호되는 음반으로서 체약국 내에서 최초로 고정된 음반도 저작인접권의 대상입니다. 우리나라가 가입 또는 체결한 조약은 제네바음반협약뿐이므로 이 협약에 따라 보호되는 외국 음반은 국내 저작권법에 의해 저작인접권으로 보호됩니다. 그런데 음반협약에서는 국적주의를 원칙으로 하기 때문에 우리로서는 음반협약 체약국의 국민을 음반제작자로 하는 외국 음반만을 보호하면 됩니다.

3. 방송

음반에서와 마찬가지로 방송사업자가 우리나라 국민인 경우, 그가 행하는 방송은 저작인접권으로 보호됩니다. 그리고 방송사업자의 국적과는 관계없이 그 방송이 우리나라 안에 있는 방송설비로써 행해진다면 그 방송 역시 저작인접권의 보호 대상입니다. 그 밖에 우리나라가 가입 또는 체결한 조약에 따라 보호되는 방송이면서 효력이 미치는 나라의 방송사업자가 그 나라 안에 있는 방송설비로 행하는 방송 역시 국내법에 따라 저작인접권으로 보호받을 수 있습니다.

한편, 이 같은 저작인접권의 권리 주체인 실연자·음반제작자·방송사업자에게 부여된 권리는 저작자에게 주어진 저작권과는 별개의 권리이므로 저작권을 행사함에 있어서 저작인접권에 의해 방해를 받지 않습니다. 결국 실연 및 음반·방송을 이용하려면 반드시 저작물이 필요하고, 저작물을 이용하기 위해 저작권자의 허락을 구할 경우, 저작인접권자에 의해 그 허락이 좌우되는 것이 아닙니다. 반대로 저작인접권자의 허락이 필요한 경우에는 저작권자의 허락 유무와는 관계가 없는 것이지요.

예컨대, '갑'이라는 가수가 '을'이라는 음반회사에서 음반 취입을 했는데, '병'이라는 방송사에서 그 음반에 수록된 가요를 방송하고 그 방송을 녹음했다면 저작인접권자인 갑·을·병 등의 권리가 작용하는 것은 당연하지만 그 이전에 음반에 수록된 가요의 작사자와 작곡자의 권리인 저작권 또한 당연히 작용하게 됩니다.

4. 실연자의 권리

저작권법이 보호하는 '실연'은 그 대상이 저작물인가 아닌가에 관계없이 이를 연기 그 밖의 예능적 방법으로 표현하는 것으로 제한됩니다. 따라서 각종 구기

종목과 같은 스포츠 활동은 실연이라고 할 수 없습니다. 하지만 같은 스포츠 영역에 속하는 것이라 하더라도 리듬체조, 피겨스케이팅, 싱크로나이즈드 스위밍 등은 실연에 해당할 수도 있어 판단하기가 쉽지 않습니다. 나아가 보호받을 수 없는 저작물 또는 저작물이 아닌 것을 예능적 방법으로 표현하는 것도 실연으로서 보호 대상이 됩니다. 단순히 새소리 등 자연의 소리를 흉내 내는 것도 실연으로 볼 수 있으며, 보호기간이 만료된 저작물이나 예로부터 민간에 전승되어 내려오는 것을 예능적 방법으로 표현하는 것도 저작권법상 실연이 됩니다. 또 저작물을 실연하는 경우 저작권자의 허락을 받았느냐의 여부는 실연 그 자체의 보호에는 영향을 미치지 않습니다. 단지 저작권 침해에 대한 책임이 따를 뿐이지요.

한편, 2007년 전부개정 저작권법에서는 실연자에게도 인격권으로서의 성명표시권과 동일성유지권을 부여하고 있습니다. 이는 실연이 우리 주변에서 빈번하게 이루어지고 또 여러 분야에서 많이 이용됨에 따라 실연의 주체가 누구인지를 밝힐 필요가 있고(성명표시권), 실연은 실연자의 인격의 반영이라는 측면이 강하므로 자신의 실연 내용과 형식이 변형되지 않게 유지할 권리(동일성유지권)가 필요하다[20]는 판단에 따른 것입니다. 아울러 재산권으로는 복제권과 함께 배포권, 판매용 음반에 대한 대여권, 실연방송권, 전송권, 판매용 음반의 방송 및 디지털음성송신에 대한 보상청구권 등이 부여됩니다.

(1) 성명표시권

실연자는 그의 실연 또는 실연의 복제물에 그의 성명을 표시할 권리를 가집니다. 이때의 성명이란 호적상 실제 이름인 실명이든 예명 같은 이명이든 실연

---

20) 실연에 대한 동일성유지권 훼손 사례로는 최신 디지털 기기를 사용하여 인위적으로 가수의 실연(노래) 중 일부분의 음 높낮이를 변형시키는 경우를 들 수 있다.

자가 마음대로 정하는 것이므로 어떤 식의 표시라도 관계없습니다. 따라서 이용자는 실연을 이용함에 있어 실연자가 표시한 성명을 그대로 표시해야만 합니다. 하지만 이러한 성명표시권을 실연자들이 완전하게 행사할 경우 나타나는 부작용을 고려해서[21] 실연의 성질이나 그 이용의 목적 및 형태 등에 비추어 부득이하다고 인정되는 경우에는 실연자의 성명을 표시하지 않아도 되도록 단서 조항을 추가하고 있습니다.

(2) 동일성유지권

실연자에게는 그가 하는 실연의 내용과 형식의 동일성을 유지할 권리가 주어지므로 이용자는 이러한 실연의 내용과 형식을 유지하면서 이용해야 합니다. 다만, 이 경우에도 실연의 성질이나 그 이용의 목적 등에 있어 부득이한 때에는 동일성이 유지되지 않아도 되도록 단서 조항을 추가하고 있습니다.[22]

한편, 저작권에서와 마찬가지로 인격권은 그 인격의 주체와 분리하여 존재할 수 없는 것이므로 실연자의 일신에 전속되며 양도할 수 없게 하고 사망과 함께 소멸하도록 규정하고 있습니다. 또한 저작자의 인격권과 마찬가지로 실연자 역시 인격권을 침해한 자에 대해 손해배상에 갈음하거나, 손해배상과 함께 명예회복을 위해 필요한 조치를 청구할 수 있습니다. 다만, 저작자 사망 후의 인격권 보호와 관련해서 "명예를 훼손하는 방법으로 저작인격권을 침해해서는 안 된다"는 취지의 규정을 두고 있는 것과는 달리 실연자의 인격권에 대해서는

---

21) 대하 사극 형태의 드라마를 예로 들면, 실연자들의 성명표시권을 완전하게 존중할 경우 드라마 매회의 엔딩크레디트에 수많은 보조출연자까지 모두 표시해야 한다는 문제가 발생한다. 이 때문에 청각 실연자 외에 시각 실연자(배우 등)에게까지 성명표시권과 동일성유지권을 부여해야 할지에 대한 논란이 있었지만 단서와 같은 제한규정을 둘 경우 별다른 문제가 없을 것이라는 데 관계자들이 의견 일치를 보아 시청각 실연자 모두에게 같은 권리를 인정하게 되었다.

22) 예를 들어, 방송용 실연의 경우 편집과정을 거쳐 실연의 내용이 바뀔 수도 있음을 감안한 것.

이러한 규정이 없어서 논란의 여지가 있는 것으로 보입니다.[23]

(3) 복제권

실연자는 자신의 실연을 복제할 권리를 가집니다. 복제란 "인쇄·사진촬영·복사·녹음·그 밖의 방법에 의해 유형물에 고정하거나 유형물로 다시 제작하는 것"을 뜻하므로 실연자는 자신의 실연을 고정하는 것과 이렇게 고정된 실연을 복제하는 것을 허락할 권리를 모두 가지게 됩니다. 이러한 복제에는 직접적 복제뿐만 아니라 간접 복제도 포함됩니다. 예를 들어, 실연을 담고 있는 음반을 직접 복제하는 것뿐만 아니라 그 음반을 이용해서 방송된 라디오나 텔레비전 프로그램을 녹음하는 경우, 또는 인터넷을 통해 송신된 것을 복제하는 경우에도 실연자의 복제권이 미치는 것이지요. 하지만 실연자의 복제권은 실연의 창작성이 인정되어서 저작권으로 보호되지 않는 한 다른 저작인접권에서와 마찬가지로 '모방'에는 적용되지 않습니다. 다른 실연자가 아무리 똑같이 그의 실연을 흉내 낸다고 해도 흉내 내는 것 자체에는 권리가 미치지 않습니다. 곧 자신의 고정된 실연을 그대로 또는 변형하는 방법으로 복제하는 것에 대해서만 복제권이 미친다는 점에서, 저작권자의 복제권에서 모방이 권리의 침해가 될 수 있는 것과는 차이가 있습니다. 따라서 저작인접권의 침해에 있어서는 모방 여부는 검토 대상이 되지 않습니다.

따라서 막식이의 경우 특정 연예인을 흉내 낸 것 자체는 문제가 되지 않지만, 특정 연예인의 방송 장면을 그대로 올려놓아 자기 공연과 비교할 수 있도록 해 놓았기 때문에 문제가 되는 것이지요.

---

23) 그 밖에 저작자와 달리 실연자에게는 공표권을 부여하지 않았다는 점도 주목됨. 이는 실연자에게 공표권을 부여하는 경우 자칫 저작물의 이용을 지나치게 제약할 수 있다는 우려 등을 고려한 결과로 판단된다.

(4) 배포권

실연자는 또한 자신의 실연을 배포할 권리를 가집니다. 다만, 저작권의 경우와 마찬가지로 최초판매원칙에 따라 실연의 복제물이 실연자의 허락을 받아 판매 등의 방법으로 거래에 제공된 경우에는 별도의 배포권이 적용되지 않도록 규정하고 있습니다.

(5) 대여권

실연자는 배포권에서 규정하고 있는 최초판매원칙에도 불구하고 자신의 실연이 녹음된 판매용 음반을 영리 목적으로 대여(rental)할 권리를 가집니다. 음반의 경우에도 일단 판매의 방법으로 거래에 제공된 경우에는 그 배포권이 소진되는 것은 당연한 일이지요. 하지만 음반을 단지 듣기 위해서가 아니라 이를 복사하기 위해서 이용자의 대여 행위가 빈번해짐으로써 음반 판매의 위축이 가속화되자 저작권자의 통제가 필요하다는 판단에 따라 최초판매원칙의 예외로서 대여권이 인정되었으며, 음반에 대해 권리가 있는 실연자에게도 대여권을 인정하게 된 겁니다. 한편, 이 권리는 영리를 목적으로 하는 대여에만 적용되므로 도서관 등에서 무료로 대여하는 경우[24]에는 적용되지 않습니다.

(6) 공연권

실연자에게는 또한 공연권이 주어집니다. 곧 그 실연이 방송되는 실연인 경우를 제외하고 실연자는 그의 고정되지 않은 실연을 공연할 권리를 갖게 되는 것이지요. 저작인접권에 관한 국제협약에서는 실연자에게 '공중전달권'을 부여하도록 규정하고 있는데, 저작인접권 분야에서 '공중전달'이란 "실연이 행해

---

24) 이를 영리 목적의 대여와 구별하여 '대출'이라고 한다.

지고 있는 장소 이외의 공중에게 방송 이외의 방법으로 이를 송신하는 것"을 가리킵니다. 여기에는 유선방송과 함께 확성기나 대형 화면을 통한 전달 방식이 있는데, 우리 저작권법상 유선방송은 '방송'에 해당하므로 실연자에게 방송권이 미치지 않는 경우에 대한 통제권을 부여하기 위해 그의 고정되지 않은 실연에 대해 공연권을 부여한 것이지요.[25] 따라서 디지털음성송신 방식으로 고정되지 않은 실연을 공중에게 송신하는 것도 방송과 마찬가지로 실연자의 공연권이 미치지 않는 것으로 해석됩니다.

(7) 방송권

실연자는 그의 실연을 방송할 권리를 가지는데, 다만 실연자의 허락을 받아 녹음된 실연은 제외됩니다. 실연자의 허락을 받아 녹음된 실연을 방송하는 경우에는 실연자가 이미 방송을 전제로 녹음에 동의했다는 점에서 방송권이 미치지 않습니다.

(8) 전송권

실연자에게는 또한 전송권이 주어집니다. 전송이란 "공중송신 중 공중의 구성원이 개별적으로 선택한 시간과 장소에서 접근할 수 있도록 저작물 등을 이용에 제공하는 것을 말하며, 그에 따라 이루어지는 송신을 포함"하는 개념이지요. 따라서 실연자는 자신의 실연을 공중의 구성원이 개별적으로 선택한 시간과 장소에서 접근할 수 있도록 이용에 제공하는 것을 허락할 권리를 가집니다. 구체적으로 실연자는 자신의 고정된 실연을 인터넷 등을 통해 제공하는 주

---

25) 예를 들어 대형 실내공연장에서 이루어지는 유명 가수의 라이브 공연을 미처 입장하지 못한 사람들을 위해 공연장 밖에 있는 멀티비전을 통해 보여 주는 경우, 종전에는 이를 통제할 규정이 없었으나 이 조항을 들어 가수(실연자)가 직접 자신의 권리를 주장할 수 있게 되었다.

문형 서비스에 대해 저작자 및 음반제작자와 마찬가지로 통제권을 갖게 되는 것이지요.

그 밖에 실연자는 판매용 음반의 방송사용에 대한 보상청구권과 함께 디지털음성송신사업자에 대한 보상청구권 및 판매용 음반을 사용하여 공연하는 자에 대한 보상청구권을 갖습니다. 공동실연의 경우에는 권리 행사에 있어 공동 저작물의 취지를 대부분 반영하고 있습니다. 한편, 음반의 경우와는 달리 시청각 실연의 경우에는 영상저작물에 관한 특례가 적용되므로 영상제작자와 영상저작물의 제작에 협력할 것을 약정한 실연자의 그 영상저작물에 관한 권리는 특약이 없는 한 영상제작자에게 양도된 것으로 추정합니다.

5. 음반제작자의 권리

음반이란 "음이 유형물에 고정된 것을 말하며, 음이 영상과 함께 고정된 것은 제외하는 개념"이지요. 여기서 '음'이란 음성과 음향을 모두 가리키며 그러한 음의 표현물을 포함합니다. 따라서 저작권법에서 말하는 '음반'이란 일반적으로 음이 고정된 유형물로서의 콤팩트디스크(CD)나 롱플레잉(LP) 레코드판 등의 매체가 아니라 이에 수록된 저작물로서의 콘텐츠를 가리킵니다.[26] 따라서 MP3나 OGG[27] 등 일정한 포맷으로 디지털화한 파일들도 음반에 해당합니다. 한편, 저작권법상 음반이란 반드시 그 고정된 내용이 음악이거나 그 밖에 다른 저작물일 필요는 없습니다. 새소리, 물소리 등 자연에서 나는 소리이거나 즉흥적으로 낭송되는 시를 녹음한 것도 음반이 될 수 있으니까요. 다만, 음이 영상

---

26) 음반이 일상적으로 매체를 의미하는 용어로 사용되기 때문에 오해를 방지하기 위해 이러한 콘텐츠를 '음원'이라고 부르기도 한다.

27) '오그 보비스(Ogg Vorbis)'를 줄여 이르는 말로 디지털 음악파일의 하나. 엠피쓰리(MP3) 파일이 1998년 이후 유료화 되면서 이에 반대한 크리스토퍼 몽고메리(Christopher Montgomery)가 만들어 냈다.

과 함께 고정된 것은 영상저작물로 분류되므로 음반에서 제외됩니다. 따라서 뮤직비디오의 경우 비록 그것이 음반을 주요 내용으로 하고 있지만 음반이 아니라 영상저작물로 취급됩니다.

음을 최초로 마스터 테이프에 고정하는 것을 가리켜 '음반제작'이라고 하며, 마스터 테이프를 제작하는 등 맨 처음 녹음한 사람이 곧 음반제작자가 되는데, 음을 음반에 고정하는 것을 전체적으로 기획하고 책임을 지는 사람을 말합니다. 단순히 녹음에 참여한 녹음기술자를 가리키는 것이 아니라 녹음 전반을 주도하고 그에 따른 책임을 지는 사람을 말하는 것이지요.[28] 음반제작자의 권리에는 복제권, 배포권, 대여권, 전송권, 방송사용에 대한 보상청구권, 디지털 음성송신에 대한 보상청구권 및 판매용 음반을 사용하여 공연하는 자에 대한 보상청구권 등이 있습니다.

(1) 복제권

음반제작자는 그의 음반을 복제할 권리를 가집니다. 이러한 음반제작자의 복제권은 실연자의 복제권과 마찬가지로 직접 복제뿐만 아니라 간접 복제에도 미치지만, 그것의 모방에는 미치지 않는다는 한계를 지닙니다. 곧 다른 음반제작자가 같은 음반을 제작해도 기존의 음반을 사용하지 않고 새로 녹음해서 제작한다면 음반제작자의 복제권이 미칠 수 없는 것이지요. 다만, 음반에 포함된 음이 그 순서나 음질 등에 있어 변경된다 하더라도 최소한 그 음이 복제된다면 음반제작자의 복제권이 미치게 되므로 드라마나 영화에 영상제작자가 직접 녹음한 것이 아닌 기존의 음반에 수록된 음악을 사용하는 경우 당연히 음반제작

---

28) 음반제작자란 음반사와도 다른 개념이다. 음반사는 음반제작자가 제작한 마스터 테이프를 활용해 이를 CD 등으로 대량복제하여 이를 유통시킨 주체로서 음반을 발행한 곳에 해당한다. 따라서 음반사는 저작권법에서 말하는 음반제작자가 아니며 저작권법에 의해 저작인접권으로 보호되는 대상 또한 아니다.

자의 권리 주장이 가능합니다. 그 밖에 공연과 방송의 경우에도 성격상 음반의 복제가 이루어지지만 저작권법이 유형물에 의한 복제로 한정하고 있으므로 이러한 경우에는 음반제작자의 복제권이 미치지 않습니다. 다만, 방송과 디지털 음성송신의 경우에는 보상청구권의 대상이 됩니다.

(2) 배포권

음반제작자는 그의 음반을 배포할 권리를 가집니다. 이러한 배포권에 따라 불법 복제나 수입이 누구에 의해 이루어졌는가에 관계없이 음반제작자는 자신의 허락 없이 이루어지는 음반의 배포를 금지시킬 수 있습니다. 다만, 최초판매원칙이 적용되므로 음반의 복제물이 음반제작자의 허락을 받아 판매 등의 방법으로 거래에 제공된 경우에는 저작자 또는 실연자의 배포권과 마찬가지로 음반제작자의 배포권 또한 소진된다는 점에 주의해야 합니다.

(3) 대여권

음반제작자는 판매용 음반을 영리를 목적으로 대여할 권리를 가집니다. 곧 음반제작자는 최초판매원칙에도 불구하고 자신의 판매용 음반이 영리 목적으로 대여되는 경우에 이를 허락할 권리를 가진다는 뜻이지요.

(4) 전송권

음반제작자는 그의 음반을 전송할 권리를 가집니다. 음반제작자는 자신의 음반을 공중의 구성원이 개별적으로 선택한 시간과 장소에서 접근할 수 있도록 이용에 제공하는 것을 허락할 권리를 가지게 되는 것이지요. 이로써 음반제작자는 자신의 음반을 인터넷 등을 통해 제공하는 주문형 서비스에 대해 저작자 및 실연자와 마찬가지로 권리를 행사할 수 있게 됩니다.

그 밖에 음반제작자는 판매용 음반의 방송사용에 대해 보상청구권을 가지며, 외국인 음반제작자에 대해서는 상호주의 원칙이 적용됩니다. 이때 방송사업자는 판매용 음반을 방송하는 경우에 개별 음반제작자로부터 일일이 허락을 받을 필요 없이 일괄하여 지정 단체에 보상금을 지불하면 되는데, 현재 음반제작자의 보상청구 업무를 수행하도록 지정된 단체로는 (사)한국음원제작자협회가 있습니다. 또한 음반제작자는 음반을 사용하여 송신하는 디지털음성송신사업자, 판매용 음반을 사용하여 공연하는 자에 보상청구권을 행사할 수 있습니다. 음반을 사용한 웹캐스팅을 지칭하는 디지털음성송신에 있어 사업자는 그 보상금을 음반제작자에게 지급해야 하는 것입니다. 다만, 외국인의 음반을 디지털음성송신하는 경우에는 상호주의 원칙을 적용하지 않고 있으므로 실연자와 마찬가지로 외국인 음반제작자에게는 내국민대우의 원칙이 적용됩니다.

6. 방송사업자의 권리

방송이란 "공중송신 중 공중이 동시에 수신하게 할 목적으로 음·영상 또는 음과 영상 등을 송신하는 것"을 말하며, 방송사업자란 "방송을 업으로 하는 자"를 가리킵니다. 이러한 방송은 공중이 동시에 수신하게 할 목적으로 송신한다는 점에서 공중의 구성원이 개별적으로 선택한 시간과 장소에서 수신할 수 있도록 이용에 제공하는 전송과 구별됩니다. 또 방송 내용이 반드시 저작물일 필요가 없으므로 뉴스보도, 스포츠 중계 등도 방송으로서 보호의 대상이 됩니다. 방송사업자는 이러한 방송을 업으로 삼은 사람을 말하므로 단순히 방송신호만을 송신하는 사업자는 저작권법에서 규정하고 있는 방송사업자가 아닙니다. 저작권법에서는 방송사업자에게 주어지는 권리로서 복제권과 동시중계방송권을 인정하고 있습니다.

(1) 복제권

방송사업자는 그의 방송을 복제할 권리를 가집니다. 일반적으로 방송사업자는 방송 프로그램을 직접 제작하는 경우가 많은데 이 경우에 방송사업자는 저작인접권뿐만 아니라 그 방송 프로그램의 저작자로서 저작권도 아울러 가지게 됩니다. 프로그램을 제작한 데에 따른 저작권자로서의 지위와는 달리 방송사업자에게 부여된 저작인접권자로서의 지위는 방송사업자가 그 방송 프로그램을 방송한 데 대한 보상의 성격이 짙습니다.

대체로 방송 프로그램은 저작물, 실연, 음반 등 여러 가지 권리의 속성이 포함되므로 이러한 권리들이 모두 중첩적으로 적용될 수밖에 없지만, 여기에 방송사업자도 자신이 방송을 한 데 대한 권리를 갖게 되는 것이지요. 따라서 방송사업자는 자신의 방송을 녹음, 녹화, 사진촬영, 그 밖에 이와 유사한 방법으로 고정하거나 이렇게 고정된 방송을 복제할 수 있는 권리를 갖게 됩니다. 곧 라디오의 방송 내용을 오디오테이프에 녹음하거나 텔레비전에 나오는 화면을 사진으로 촬영 또는 비디오테이프에 녹화해서 판매하는 것은 방송사업자의 복제권을 침해하는 행위가 된다는 뜻입니다.

한편, 음 또는 영상 자체는 같은 것이라도 그것이 방송사를 달리하여 방송된다면 그 방송을 송신한 방송사들에게 독립적인 저작인접권이 주어진다는 점, 만일 실연이 녹음된 음반을 사용해서 방송하는 것을 녹음하는 경우에는 실연자의 복제권 및 음반제작자의 복제권, 그리고 방송사업자의 복제권 등 세 가지의 권리가 동시에 작용할 수도 있겠습니다.

(2) 동시중계방송권

방송사업자는 또한 그의 방송을 동시중계방송할 권리를 가집니다. 다른 시간대에 이루어지는 재방송은 복제권을 적용해도 무방하므로 동시적인 재방송,

즉 동시중계방송에 방송사업자의 권리가 작용한다는 것이지요. 여기서 동시중계방송이란 어떤 방송사업자가 행하는 방송을 다른 방송사업자가 수신하여 동시에 중계하는 재방송 형태를 말하므로, 동시중계방송권이란 자기 방송사에서 행하는 방송에 대해 다른 방송사업자가 동시중계방송을 할 수 있도록 허락하거나 허락 없이 행하는 동시중계방송을 금지시킬 수 있는 권리를 말합니다. 이러한 동시중계방송권을 방송사업자가 행사할 기회는 거의 없었는데, 지방마다 민간방송사가 많이 설립됨에 따라 이 권리의 행사가 부쩍 늘어나고 있습니다.

예컨대, 예전 같으면 한국방송(KBS)이나 문화방송(MBC)이 서울 및 지방에 각각 별도의 방송시설을 갖추어 놓고 있음에도 법률적으로는 하나의 방송사업자에 의한 것이거나 별도의 내부계약에 의해 동시중계방송이 가능하도록 되어 있었는데, 수도권을 겨냥한 민간방송사로 설립된 서울방송(SBS)의 경우에는 지방에 네트워크 없이 수도권 위주의 방송만을 하고 있으므로 지방 민영방송들을 상대로 동시중계방송권을 행사할 수 있게 되었기 때문이지요. 그 밖에 많은 케이블 방송사가 등장하여 유선방송사업자와 무선방송사업자 사이에 동시중계방송을 둘러싼 논의가 활발해지고 있습니다.

| 알아둡시다 |

⊙ **저작인접권의 보호기간**

현행 저작권법에서 규정하고 있는 저작인접권의 효력 발생시기와 보호기간을 살펴보면, 먼저 보호기간은 인격권에는 미치지 않으므로 저작인접권자에게 주어지는 재산적 권리에만 효력 발생시기에 대한 규정이 적용된다는 점에 주의해야 합니다. 곧 저작권의 발생에 대한 원칙이 저작인접권에도 그대로 적용되므로 어떠한 절차나 형식의 이행에 따른 요건이 필요 없이 저작인접권의 대상이 되는 행위 자체가 있는 때로부터 저작인접권은 발생합니다. 그리하여 실연의 경우에는 그 실연을 한 때부터, 음반의 경우에는 그 음을 맨 처음 음반에 고정한 때부터, 방송의 경우에는 그 방송을 한 때부터 각각 저작인접권이 발생하게 되는 것이지요.

저작인접권의 보호기간 역시 저작권 보호기간의 기산원칙과 마찬가지로 그러한 행위가 있었던 때의 다음 해부터 시작해서 70년간(방송의 경우에는 50년간) 존속합니다. 다만, 이 같은 저작인접권 보호기간에 관한 규정은 유예조항에 따라 2013년 8월 1일부터 시행됩니다.

첫째, 실연의 경우에는 그 실연을 한 때부터 저작인접권이 발생하며 보호기간은 다음 해부터 기산하여 70년간 존속합니다.

둘째, 음반의 경우에는 그 음을 맨 처음 그 음반에 고정한 때부터 저작인접권이 발생하며 보호기간은 그 음반을 발행한 때의 다음 해부터 기산하여 70년간 존속합니다. 다만, 음을 음반에 맨 처음 고정한 때의 다음 해부터 기산하여 50년이 경과한 때까지 음반을 발행하지 않은 경우에는 음을 음반에 맨 처음 고정한 때부터 기산합니다.

셋째, 방송의 경우에는 그 방송을 한 때부터 저작인접권이 발생하며 보호기간은 다음 해부터 기산하여 50년간 존속합니다. 이러한 방송의 보호기간에 있어서는 특정 방송사의 방송시설을 이용한 소리 또는 영상을 보호하는 것이기 때문에 같은 내용의 방송이 각기 다른 방송사에서 시기를 달리하여 방송되었다면 각각의 방송사에 따라 보호기간이 달라질 수 있습니다. 따라서 저작재산권으로서의 공중송신권 중 방송에 관한 권리가 저작자 사망 후 70년이 지나 만료된 경우라도 그 저작물을 방송에 이용한 방송사업자가 있다면 그 방송사업자의 저작인접권은 새로이 보호 대상이 됩니다.

'Copyright'를 '저작권'이라고 번역한 사연

어느 일요일 오후, 바로의 가족은 모처럼 모두가 한가로운 시간을 보내고 있었다. 매사에 박식하기로만 따지면 누구에게도 뒤지지 않을 바로 군이지만 가끔 동생의 깐깐한 질문을 받으면 쩔쩔맬 때가 있다. 이번에도 바로는 고등학교에 다니는 동생의 질문에 속수무책이었다.

"형, 형이 지난번에 가르쳐 준 '저작권'이란 말은 영어 'copyright'를 번역한 말이라고 했는데, 아무리 생각해 봐도 모르겠어."

고개를 갸우뚱거리며 도무지 알 수 없다는 표정으로 동생이 질문을 해왔을 때, 바로는 주춤거릴 수밖에 없었다. 그때 어머니께서 끼어들었다.

"맞아. copy는 베낀다는 뜻이고, right는 권리를 뜻하니까 제대로 번역하면 '복제권'이라고 해야 옳거든. 그런데 누가 언제부터 '저작권'이라고 했을까?"

옆에서 지켜보시던 바로의 아버지는 당황한 표정이 역력한 바로의 표정을 읽고는 제대로 걸려들었다는 듯 빙그레 웃으셨다.

"으응, 그건 말이야……"

말문이 막힌 바로는 저작권에 관한 한 모르는 게 없는 것처럼 아는 척하더니 기본적인 것도 모르냐며 빈정대는 동생에게 대꾸도 하는 둥 마는 둥 얼른 컴퓨터 앞에 앉았다. 왜 그런 걸 미리 생각하지 못했을까 싶어 스스로를 나무라면서 인터넷을 뒤져 보았지만, 그렇게 많은 정보가 떠다니는 인터넷에서도 속 시원한 해답은 구할 수 없었다.

하는 수 없이 바로 군은 저작권 연구자로 저술 활동이 활발한 여러 대학의 교수님들께 조언을 구하는 메일을 보내보기로 했다. '누군가 답변을 줄 것인가?' 혹시나 하고 보냈던 메일의 답장을 받고서야 궁금증이 해소되었다.

෴

응답하라! ▐▐

저작권 보호의식이 맨 처음 싹튼 유럽은 시대적으로 필사본(筆寫本) 시대로부터 인쇄업자 및 출판업자의 이익이 중시된 초기 인쇄사회로, 이어서 서적 발행 및 출판에 대하여 국왕이나 영주의 비호 아래 특권을 인정받았던 출판특허 시대, 출판소유권설을 도입한 시대, 저작자의 권리에 초점을 맞추는 정신적 소유권설 시대, 나아가 무체재산권설이나 저작자 인격권설이 대두된 시대를 거쳐 오늘날의 보편적인 저작권 제도가 정착된 시대로 발전해 왔습니다.

하지만 초기에는 저작자의 개인적 권리인 저작권은 중시되지 않았지요. 필사본 시대에는 손이 많이 가는 필사노동 자체가 원저작자의 정신적 창작에 대한 노고를 무시한 채 이루어졌으며, 또한 그 필사의 대상이 된 것은 대부분 고전이나 성서였으므로 그 저작자의 권리 보호가 문제 되는 일은 없었을 겁니다. 15세기 중엽 구텐베르크의 인쇄기가 발명되었을 때에도 인쇄 대상은 고전이나 성서였으므로 저작자의 정신적 활동에까지 관심이 미치지는 못한 시대가 여전히 이어졌을 가능성이 높습니다. 그러나 인쇄 시스템 확립은 수작업을 기계작업으로 전환시키는 비약적 발전을 이루어, 이른바 대량복제 시스템을 구축하기에 이르렀지요.

애초에 인쇄술의 발명은 르네상스의 개화기와 일치하였고 그 당시 높아진 고대에 대한 관심은 고전 출판을 촉진시켰는데, 이것이 유럽 전역에 퍼진 인쇄 기술과 결합하게 됩니다. 거기서 발생한 것이 출판물 판매량에 따른 인쇄출판업자의 위험 부담이 커질 수밖에 없다는 점, 고전의 원본 발견 및 정리 등에 따르는 노력에 대한 대가를 담보하는 문제였습니다. 이에 인쇄출판업자의 이익을 보호하기 위해 국왕이나 영주가 인쇄출판의 특권을 보장하는 출판특허제도가 탄생했고, 이는 인쇄출판업자의 이익을 지키는 것에만 그치지 않고 국왕 또는 영주로 하여금 서적 등에 대한 검열제도를 연계하게 만들었던 것이지요.

이러한 출판특허와 검열의 연계는 유럽 각국에서 나타났는데, 프랑스에서는 검열제도가 종교개혁운동에 대비하여 일찍이 도입되었고, 종교전쟁 후 국왕의 특허를 얻은 조합원이 출판업에 종사하는 파리의 서적상회 조합에게 위탁되면서 조합에 의한 검열을 거친 출판허가와 출판특권은 밀접하게 연계됩니다. 지방의 인쇄출판업자들은 파리 서적상회 조합이 가진 특권에 불만을 품었고, 양자 간의 다툼 끝에 파리 서적상회 조합은 그들의 출판 독점은 왕이 부여하는 출판특권보다도 오히려 원래 저작자가 저작물에 대하여 갖는 정신적 소유권의 양도에 의한 것이라는 주장을 내세웠습니다. 이는 곧 인쇄출판업자 스스로가 저작자의 저작물에 대한 원천적인 권리를 인정하는 것이나 다름없었으므로 1789년 프랑스 혁명에 의해 국왕의 권위가 소실된 뒤에는 저작자의 권리만이 온전히 남게 되었던 것이지요.

영국에서도 이와 비슷한 양상이었는데 그 결과 서적상조합이 국회에 낸 청원을 계기로 제정된—세계 최초의 저작권법으로 알려져 있는—1709년 앤(Anne)여왕법이라는 열매를 맺게 됩니다. 저작자의 권리가 내포한 성질을 둘러싸고 정신적 소유권설, 무체재산권설, 저작자 인격권설 등이 비로소 논의되기 시작한 것이지요.

그러나 저작자의 권리 보호를 천명한 저작권법의 제정이 유럽 각국에서 빠르게 확산된 것은 아니었습니다. 스위스는 1883년에야 최초로 문학적 또는 미술적 소유권에 관한 연방법을 제정하였고, 헝가리 최초 저작권법의 제정은 1884년에야 이루어졌으니까요. 또 터키에서는 1882년 당시 정부에서 부여하는 특권제도가 아직 남아 있었습니다. 저작권법을 가진 나라에서도 나라마다 그 내용은 각양각색이었는데, 이는 외국 저작자에 대한 보호 측면에서 잘 드러납니다. 프랑스는 1852년도 법률에서 외국인 저작자에게 프랑스 국외에서 발행한 저작물에 대해서도 자국 저작물과 동일한 보호를 받도록 하고 있지만 이것은 매우 예외적인 사례로, 스페인, 그리스, 노르웨이, 포르투갈은 원칙적으로 외국 국적의 저작물은 그 저작물을 스페인, 그리스, 노르웨이나 포르투갈 영토 내에서 발행하더라도 보호 대상에 포함하지 않았습니다.

자국 저작자가 외국에서 저작물을 발행했을 때의 취급도 제멋대로였습니다. 독일과 스웨덴에서는 자국 저작자가 그 저작물을 외국에서 발행하더라도 보호한 반면에 오스트리아, 영국, 이탈리아, 네덜란드는 자국민이 타국에서 저작물을 발행하면 내국민이 받을 수 있는 보호를 해 주지 않았습니다. 또 저작권 보호를 위한 절차를 밟는 것이 요구되었는데 주된 절차로는 공식 등록부 기재, 혹은 권한 있는 관청에 납본 등 나라마다 다른 절차를 요구했다고 합니다.

이처럼 저작권은 많은 나라에서 불안정한 보호를 받고 있었고, 규정 또한 다양한 방식으로 적용되고 있었기 때문에 일반적인 국제조약의 체결을 바라는 움직임이 생겨났습니다. 특정 국가끼리의 조약 체결 사례도 있었지만, 그 효력이 당사국 사이에만 미쳤기 때문에 일반적 국제조약의 체결이 요구되었던 것이지요.

일반적인 국제조약을 체결하여 저작자를 국제적·통일적으로 보호하기 위해 최초로 활동을 벌인 것은 당시 문호이자 정치가였던 '빅토르 위고'를 명예 회장으로 삼아 1878년 만국박람회 중 파리에 설립된 '국제문예협회'였습니다. 이 협회는 준비 작업을 거쳐 일반적 조약 체결을 위한 회의 장소로, 앞서 설립된 공업소유권 동맹의 상설 사무국과 이미 우편 또는 전신의 연합사무국이 자리 잡은 스위스의 베른을 지정하여 스위스 정부에 이러한 취지를 통보하게 됩니다. 그 결과 스위스 정부는 1884년 독일, 프랑스, 영국 등이 모이는 각국 외교

회의를 소집하였고, 1885년 제2회 베른회의를 거쳐 1886년 '베른협약'[29]이 10개국이 모인 가운데 조인됨으로써 1887년 12월에 발효됩니다. 베른협약은 모든 국가를 대상으로 개방되어 체결국 모든 국민에게 내국민 대우를 부여하며, 국제 관계에서 항상 문제로 인식되었던 번역권은 저작권에 귀속됨을 명확하게 밝히는 등 매우 진보적인 내용을 담고 있었습니다.

이러한 베른협약은 1896년 파리회의에서 개정되는데, 동양에서는 최초로 일본이 1899년 7월 15일 베른협약 파리개정 규정에 가입하고 그해 구저작권법을 제정하여 이후 1970년 말까지 시행하였습니다. 구저작권법은 당시로서는 선진 외국 저작권법에 뒤지지 않는 면모를 갖추고 있었으나 그것은 베른협약을 기초로 했기 때문이었지요. 당시에 이미 존재하고 있던 판권조례, 각본악곡조례나 사진판권조례에 따라 저작물을 보호하더라도 그 대상은 문서, 도화, 사진 등의 제한적 범위에 그쳤고, 외국인 저작물의 보호는 인정하지 않았습니다. 이처럼 미숙한 저작권 법제도와 저작권 사상의 성취는커녕 저작권이란 단어를 아는 사람도 극소수였던 토대에서 어떻게 그처럼 진보적인 저작권법을 제정할 수 있었을까요.

그 배경에는 이른바 안세이 불평등조약(安政の不平等條約)이 있습니다. 1853년, 미국 페리(Matthew C. Perry) 제독은 4척의 배를 이끌고 일본 우라가(浦賀)에 입항하면서 도쿠가와 막부에 대해 개항을 요구합니다. 갑작스런 개항 요구에 대해 당시 일본을 통치하던 막부(幕府)[30]는 안세이(安政) 5년(1858) 미

---

29) 베른협약(Berne Convention)의 원래 명칭은 International Convention for the Protection of Literary and Artistic Works. '문학적 및 예술적 저작물 보호를 위한 국제협약' 또는 '만국저작권보호동맹조약'으로도 불린다.

30) 12세기에서 19세기까지 쇼군(將軍)을 중심으로 한 일본의 무사 정권을 지칭하는 말. 초기에는 군사지휘본부라는 의미였으나 군사령관인 쇼군이 실질적인 국가의 통치자가 되고 그의 본부가 정치, 행정, 경제권을 장악하게 되면서 정부라는 뜻으로도 쓰이기 시작했으며, 19세기 후반 메이지유신으로 인해 사라졌다. 일본의 역사에는 크게 세 개의 막부(가마쿠라 막부, 무로마치 막부, 도쿠가와 막부)가 있었다.

국, 네덜란드, 러시아, 영국, 프랑스와 이른바 '안세이 불평등조약'을 맺고 요코하마, 나가사키, 하코다테, 미토 등지에 외국인 거류지를 설치하게 됩니다. 이에 영사재판(領事裁判) 외에 행정 및 경찰권을 외국인이 장악하고 영구차지권(永代借地權)을 취득하는 사례가 생김으로써 필연적으로 식민지적 성격을 가지는 지역이 일본 각지에 발생하게 되었지요. 이처럼 불평등조약으로 인한 문제점을 해결하는 일은 결국 메이지 정부의 최대 과제로 남기에 이르렀습니다.

메이지 정부는 불평등조약을 바로잡기 위한 전제로써 근대적 법치국가의 형태를 다지기 위해 1889년 대일본제국헌법을 시작으로 1898년 민법, 이어서 상법의 제정을 통해 근대법전 정비를 서둘렀고, 그 일환으로 저작권법도 1899년에 제정하게 됩니다. 불평등조약을 시정하기 위한 첫 걸음으로 1894년 런던에서 영일통상항해조약(英日通常航海條約)이 조인되었는데, 그 내용 중에 "일본정부는 일본 국내에 대한 영국영사재판권 폐지에 앞서 공업소유권 및 저작권의 보호에 관한 만국동맹조약에 가입할 것을 약속한다"는 규정이 들어 있었기 때문에 이를 이행하기 위해 베른협약에 가입했고, 이를 계기로 미국, 러시아, 독일 순으로 통상조약을 체결해 나갔습니다.

결국 일본에 있어 저작권법의 제정, 베른협약 가입 등 근대적 저작권 법제의 구축은 일본 정부 또는 일본인 스스로의 노력으로 저작권 사상이 무르익어 이루어진 결과라기보다는 외세의 개입에 이끌려가는 과정에서 만들어진 결과라는 성격이 강했던 것이지요.

한편, 일본 역사에 있어 막부 말기부터 메이지 시대에 걸쳐 일본인들에게 저작권 보호의 당위성을 맨 처음 호소한 사람은 후쿠자와 유키치(福澤諭吉)로 알려져 있습니다. 그는 막부 말기에 미국으로 건너가 그 문물과 법 제도를 접한 뒤에 인간의 노동은 존중받아야만 한다는 것을 바탕 이념으로 그 저작 및 실천 활동을 통해서 무체재산이 존중받아야 하는 이유를 설파해 온, 일본 저작권 역사상 반드시 주목해야 하는 인물입니다.

후쿠자와 유키치는 초기작 『서양사정외편(西洋事情外編)』(1868년) 제3권에서 「사유(私有) 책을 논한다」라는 제목으로, "사유에는 두 종류가 있어, 하나를 이전(移轉)이라 하고, 하나를 유전(遺傳)이라고 한다"고 서술하고 있습니다. 여기서 이전이란 동산(動産)을, 유전이란 부동산을 의미하지만 이 문장에 이어서 "사유의 종류에는 또한 한층 아름다움을 다하여 번영하는 비밀스러운 것이 있는데, 즉 발명면허, 장판(藏版)면허 등이 그것이다. …… 책을 저술하고 그림이나 도안을 제작하는 사람도 그것을 그 사람의 장서로 만들고, 개인의 이익을 얻기 위한 면허를 받아 사유재산으로 만든다. 그것을 장판면허(카피라이트)라고 부른다"고 하면서, 여기서 '장판면허'란 "저술가가 홀로 그 책을 판목(版木)으로 제작하여 전매 이익을 얻는 것"이라고 정의하고 있습니다.

그런데 후쿠자와 유키치는 메이지 6년(1873)에 이르게 되면 카피라이트 (copyright)라는 말을 '출판권' 혹은 줄여서 '판권'이라 번역하는 것이 낫다고 여기고 판권이라는 단어를 제창하게 됩니다. 그 결과 1875년 출판조례에는 법조문상 저작자, 번역자의 권리를 '판권'이라고 한다는 점이 분명하게 규정되어 있으며, 그 후 일본에서 더 이상 판권이라는 말이 법률용어로 사용되지 않게 된 이후에도 일반에 널리 퍼져 사용되었을 뿐만 아니라, 오늘날에도 쉽게 들을 수 있을 만큼 흔한 단어가 된 것이지요.

한편, '저작권(著作權)'이란 용어를 맨 처음 사용한 사람은 일본 구저작권법의 입안자로 알려진 미즈노 렌타로(水野鍊太郎, 1868~1949)라는 설이 있습니다. 하지만 구라다 요시히로(倉田喜弘)의 『저작권 사화(著作權史話)』(1983년)라는 책에 따르면, 1883년 9월 10일부터 스위스 베른에서 개최된 국제문예협회에서 발의한 베른협약 초안과 의사록을 스위스 정부가 세계 각국에 송부하면서 대표의원의 파견을 요청하게 됩니다. 이와 관련하여 스위스 정부는 1884년 3월

26일, 일본 정부의 외무대신, 문부대신, 내무대신, 그리고 농상무대신 앞으로 그 의견을 조회하는 공문을 보내왔으며, 이때 같은 해 5월 16일자로 회신한 농상무성 답변서에 "이 나라에는 아직 미술상의 저작권을 보호하는 법"이 없기 때문에 스위스 정부에서 제안한 '문학 및 미술의 저작권보호동맹(베른협약)'에 가맹하는 것은 '사절(謝絶)'할 수밖에 없다는 표현이 나온다고 합니다. 여기서 '저작권'이란 말이 처음 사용되었다는 것이지요. 이후 저작권 관련 국제회의에 일본 대표로 참석하는 사람들의 보고서에서 자연스럽게 '저작권'이란 용어가 사용된 것이지, 미즈노 렌타로가 처음 만들어 낸 말은 아니라는 반론인 셈입니다.

아울러 신문 보도기사에도 1887년에 이미 '저작권'이란 말이 사용된 것으로 나타납니다. 1887년(메이지 20) 4월 19일자 ≪메사마시 신문≫에 "문학 및 기예상 저작권 보호조약 확정회의"라는 제목으로 "베른회의에 위원으로서 참가한 외무성 서기관 쿠로가와 세이치로 씨가 이번 회의의 의결보고서를 이노우에 외무대신에게 송달했기 때문에 현재 번역 중이다"라는 내용의 기사가 실렸던 겁니다.

이러한 여러 가지 정황을 토대로 살펴볼 때 '저작권'이란 용어는 어느 특정인이 창안한 것이라기보다는 관계자들의 회의 과정에서 누군가에 의해 제안된 것이 자연스럽게 쓰인 결과일 것으로 추정됩니다. 나아가 1887년에 제정된 판권조례, 1893년에 제정된 판권법 등의 용례와 맞물려 혼용되었을 가능성이 높으며, 1903년 10월에 조인된 일본과 청나라 사이의 '추가통상항해조약'에서 일본어의 '판권'이 중국어로는 '인서지권(印書之權)'으로 번역됨으로써 이때는 '저작권'이라기보다는 '출판권'을 뜻했던 것으로 보입니다.

'카피레프트'란 무엇인가?

친한 친구이면서도 만나기만 하면 티격태격하는 바로와 만해. 요즘 두 사람을 생각하다 보면 모니 양에게는 '카피라이트'와 '카피레프트'라는 상반된 듯한 단어가 떠올랐다. 어느 날, 때마침 세 사람이 학교 근처 커피전문점에 모였을 때 먼저 모니가 입을 열었다.

"요즘 인터넷상에서 저작권 보호에 반대하는 사람들의 메시지를 보면 '카피레프트(copyleft)'라는 단어가 심심찮게 나오고 있거든. 실제로 이를 옹호하는 사람들의 주장이 매우 많은 사람들의 호응을 얻고 있는 것처럼 보이는데, 너희들 '카피레프트'에 대해 아는 게 있니?"

바로는 뜬금없이 웬 '카피레프트'를 들먹이느냐는 듯이 시큰둥한 표정이었지만, 이내 만해를 돌아보며 말문을 열었다.

"맞아. 최근에 인터넷을 통한 음악파일의 다운로드 행위가 원천 봉쇄되면서 저작권 무용론(無用論)을 펼치는 주장이 많이 제기되고, 그때마다 어김없이 등장하는 단어가 바로 '카피레프트'일 거야. 하지만 이를 잘못 알고 있는 사람들도 많은 것 같아."

만해 역시 흥미로운 주제라는 듯이 자세를 곧추세우며 똑바로 앉더니 바로의 말에 맞장구를 쳤다.

"사람들은 마치 카피라이트와 카피레프트가 상반된 개념인 걸로 알고 있는데, 사실은 그게 아니거든. 카피레프트의 진정한 의미에 대해 살펴보고 나면, 사실은 둘의 관계가 매우 밀접하다는 걸 알게 될 텐데 말이야."

모니는 의기투합하는 두 사람을 보고 자기 생각이 맞아떨어졌다는 사실을 기뻐

하며, 카피레프트의 참뜻을 새기기 시작했다.

◌

인터넷의 발달과 함께 손쉽게 유통되기 시작한 음악파일 이전에 원래 컴퓨터 소프트웨어는 단순하고 경제적 가치가 적었기 때문에 일괄판매(bundling) 정책에 따라 하드웨어에 딸려 다니는 서비스 정도로만 생각되었습니다. 그러나 소프트웨어 기술이 발전하고 그 재산가치가 부각되자 소프트웨어는 점차 독립 상품으로 인식되기 시작합니다. 또한 IBM이 1969년 6월 하드웨어인 컴퓨터와 소프트웨어를 분리 판매하는 이른바 가격분리(unbundling) 정책을 채택한 이래 소프트웨어의 법적 보호는 당연한 것으로 받아들여지기 시작했습니다.

한편, 소프트웨어에 대한 공유의식의 형성에 앞장선 주역은 바로 해커(hacker)[31]들이었지요. 특히 1960~1970년대에 걸쳐 미국 대학에서는 분방한 발상을 매력으로 여기는 수많은 해커들이 생겨나게 됩니다. MIT대학 인공지능 연구소는 해커의 본산지로서 '정보의 완전한 개방과 공유'라는 불문율의 문화를 만들어 냈습니다. 그들의 윤리강령은 "컴퓨터에 대한 접근은 누구에 의해서도 방해받아서는 안 되며 완전한 자유를 보장받아야 한다"는 것이었지요.

이 시기의 대표적인 해커 중의 한 사람이 바로 리처드 스톨먼(Richard M. Stallman)입니다. 1984년 1월 스톨먼은, 고용저작물(works made for hire) 규정에 따라 소프트웨어에 대한 저작권이 대학에 귀속되다 보니 자유 소프트웨어를

---

31) MIT대학에서 처음 등장한 해커 집단이 바로 'Tech Model Railroad Club'인데, 이들은 작업 과정 자체에서 느껴지는 순수한 즐거움 이외에 어떠한 건설적인 목표도 갖지 않는 프로젝트나 그에 따른 결과물을 '해크(hack)'라는 은어로 불렀고 가장 뛰어난 구성원들을 '해커'라고 불렀다. 그 칭호는 자부심이 담겨 있거나 부러움을 살 만한 것이었다. 따라서 사적인 목적으로 안전장치를 부수고 남의 컴퓨터에 침입해 정보를 훔치는 파괴자는 해커와 구별해서 '크래커(cracker)'라고 부른다.

만들 수 없다는 점을 고민한 끝에 MIT대학 연구원직을 사임하고 소프트웨어 본래의 생산과 유통 방식인 공유 정신으로 되돌아가고자 '자유 소프트웨어 (free software)' 운동을 제창합니다. 그는 기존의 운영체제인 유닉스와 호환되는 GNU 소프트웨어를 만들기 시작했는데, GNU라는 이름은 MIT의 해커들이 프로그램 이름을 지을 때 사용하던 재귀적 약어(recursive acronym)의 습관을 반영한 것으로 'GNU is Not Unix' 즉 'GNU는 유닉스가 아니다'는 의미가 되도록 처음부터 의도적으로 조합해서 만든 것이지요. 이어 스톨먼은 1985년 유명한 'GNU 선언문'을 발표했고, 자유 소프트웨어의 개발을 위해 면세 혜택을 주는 '자유소프트웨어재단(FSF, Free Software Foundation)'을 설립했습니다. 이 재단은 사용자의 기금을 받아 자유 소프트웨어의 개발을 지원하고 그 성과물인 프로그램을 배포할 목적으로 만들어진 조직이었지요.

이러한 GNU 프로젝트는 운영체제의 개발에만 국한되는 것이 아니라 모든 부문의 소프트웨어에 자유 소프트웨어를 제공하는 것을 목표로 합니다. 자유 소프트웨어란 누구에게나 이용과 복제, 배포가 자유롭고 특히 소스 코드에 대한 접근을 통해 수정과 재배포가 자유로운 소프트웨어를 말합니다. 여기서 자유(free)라는 말은 금전적인 의미에서의 '무료'가 아니라 '구속되지 않는다'는 관점에서의 자유입니다.

이러한 관점에서 자유 소프트웨어인 GNU 소프트웨어의 법적인 성격이 자유로운 수정과 배포 과정을 거치면서 '사적 재산으로 보호되는 소프트웨어 (proprietary software)'로 변질되는 것을 막을 수 있는 법적 기준이 필요하게 됩니다. 그래서 자유소프트웨어재단은 1989년 'GNU 일반공개 라이선스(GPL, GNU General Public License)'를 발표해, 모든 사용자에게 이러한 자유를 실질적으로 보장할 수 있는 법적 기준으로 삼았습니다.

결국 GPL은 저작권을 전제로 하고 있지만 저작권의 본래 취지를 반대로 이용해서 소프트웨어를 사적인 재산권의 대상으로 삼는 대신에 자유롭게 이용·복제·배포·수정될 수 있는 수단으로 삼은 것이지요. 즉, 일반적으로 프로그램 개발자들이 저작권을 이용해서 재산적 권리를 취득하는 것과 마찬가지로 자유 소프트웨어의 개발자들은 저작권을 이용해서 프로그램의 공유화를 가능하게 한 겁니다. 그래서 '저작권(copyright)'을 기반으로 하면서도 이를 역이용, 프로그램의 공유를 보장하려는 움직임을 가리켜 '카피레프트(copyleft)'라고 부르게 된 것이지요.

따라서 카피레프트의 조건에 따라 배포된 프로그램에 어떠한 수정이 이루어지거나 다른 프로그램이 결합되더라도 결과물로서의 소프트웨어에는 카피레프트가 적용됩니다. 그럼에도 많은 사람들이 저작권을 기반으로 한 '저작권 공유(copyleft)' 운동을 단순한 '저작권 반대(copy-luddite)' 운동 차원으로 이해함으로써 본래 의미를 왜곡하고 있는 것이지요.

| 생각해봅시다 |

⊙ 카피레프트를 아시나요?[32]

저작권은 영어로 '카피라이트(copyright)'이고 반대말은 '카피레프트(copyleft)'입니다.

국내 IT 업계에서 컴퓨터 소프트웨어(SW)와 음악, 영화 등 저작물의 불법 복제가 심각한 상황입니다. 이 와중에 저작권에 반대한다니 뜬금없는 소리처럼 들리겠지만 카피레프트는 지적 창작물의 경우, 인류 공동의 유산이기 때문에 모두가 자유롭게 사용해야 한다는 의미입니다.

실제 인류에게 저작권이란 개념이 생긴 것은 비교적 최근의 일입니다. 인류의 역사를 바꾼

---

32) 기사 출처 : 〈아시아투데이〉 [양정우의 인터넷세상] 기사입력 [2011-05-09 11:08]
   (http://www.asiatoday.co.kr/news/view.asp?seq=478539)

위대한 지식들은 저작권이 없는 것이 대부분입니다. 우리는 수학과 과학을 공부하고 사용하면서 누구에게도 저작권료를 지불하지 않습니다.

카피레프트는 1984년 미국의 리처드 스톨먼이 SW 상업화에 반대하면서 시작됐습니다. SW 저작권을 허용하면 독점화가 진행될 것이고, 이에 정보를 얻는 격차가 벌어지게 되면 지금보다 빈부격차가 더 심각해질 것이라는 주장입니다. 또 SW 복사는 다른 제품을 생산할 때와 달리 재료비 등 별도의 비용이 없다는 점도 이들의 주장을 뒷받침합니다.

카피레프트의 이념과 일치하는 대표적인 SW는 마이크로소프트의 윈도와 경쟁 중인 '리눅스'가 있습니다. 국내에서도 안철수연구소의 'V3 Lite'나 이스트소프트의 '알툴즈'같이 프리웨어로 제공하는 상품이 존재합니다.

카피레프트의 주장이 조금은 타당하게 들리시나요?

하지만 카피레프트에 반대하는 주장도 만만치 않습니다. 반대 측의 가장 큰 근거는 동기 부여입니다. 만일 저작권으로 창작자의 권리를 보장하지 않는다면 아무도 더 나은 창작물을 만들기 위해 애쓰지 않을 것입니다.

현재 한국의 SW 불법 복제율은 41%입니다. 국내 하드웨어 산업이 글로벌 경쟁력을 갖춘 반면 국내 SW 산업이 맥을 못 추는 이유 중의 하나입니다. 지난달 4일엔 사무용소프트웨어연합이 불법 복제율을 10%만 낮추어도 GDP가 3조원 이상 상승할 것이라고 밝힌 바 있습니다.

불법 복제 근절은 우리나라가 IT 선진국이 되기 위한 선결 과제입니다.

그렇지만 글로벌 SW 업체와 장차 글로벌 기업으로 성장할 국내 SW 업체들이 카피레프트가 외치는 목소리를 기억해 주길 바랍니다.

현재 정품 SW는 일반인이 사기에도 벅찬 가격입니다. 꼭 필요한 기능만 들어간 저렴한 제품도 다양하게 출시해 정품 구입을 유도하고, 정보 소외 계층에게 자사의 SW를 활용할 수 있는 폭넓은 기회를 주는 것은 어떨까요?　　　　　　　　　　[아시아투데이=양정우 기자]

일상생활 편

제2장

우리 가족은 영화광

화목하기로 따지면 그 누구네에게도 뒤지지 않을 자신이 있는 모니 양의 가족이 함께 즐기는 취미는 인터넷 공유 사이트를 통해 영화를 다운로드한 다음 거실 벽면을 가득 채우고 있는 멀티비전을 통해 다 같이 감상하는 일이다.

그러던 어느 날, 모니 양에게 경찰서에서 한 통의 편지가 도착했다. "저작권법 위반으로 고소당했으니 경찰서로 나와 달라"는 내용이었다. 얼마나 놀랐던지 모니 양은 머릿속이 하얘지고 가슴이 쿵쾅거려 우편물을 손에 든 채 꼼짝도 못하고 서 있었다. '경찰서', '고소' 같은 단어들이 눈앞을 맴돌 뿐이었다.

겨우 정신을 차린 후 담당 경찰관에게 전화를 걸어본 다음에야 얼마 전 모니 양이 어느 공유 프로그램 사이트에 가입한 뒤 영화 한 편을 올렸던 것이 문제가 되어 영화사로부터 고소를 당했다는 사실을 알게 되었다. 모니 양은 줄곧 누군가 올린 영화를 내려받아 이용하기만 하는 것이 미안해서 다른 사이트를 통해 다운로드한 영화 파일을 올렸던 것인데, 그것이 문제가 되리라고는 전혀 예상하지 못했었다. 그리고 얼마 지나지 않아 영화사로부터 "합의금 100만 원을 입금하면 고소를 취하하겠다"는 제안을 받았다.

모니 양은 정말 잘못한 것일까? 잘못했다면 무엇을 어떻게 잘못한 것일까?

∾

응답하라!

인터넷 등 디지털 기술을 활용한 전송 행위가 일반화되면서 전송을 둘러싼 저작권 침해 문제가 급증하고 있습니다. 이러한 전송과 관련한 불법 행위의 구체적인 내용을 살펴보면 다음과 같습니다.

첫째, 음악 파일 등을 웹사이트·미니홈페이지·카페·블로그 등에 올리는 경우
둘째, 음악 파일 등을 포털사이트나 웹사이트의 게시판·자료실·방명록 등에 올리는 경우
셋째, 음악 파일을 특정 가입자만 접근할 수 있는 폐쇄적인 웹사이트·미니홈페이지·카페·블로그 등에 공유 목적으로 올리는 경우
넷째, 여러 경로를 통해 수집한 음악 파일이나 저작물을 다른 사람들과 공유할 목적으로 웹하드에 저장하거나 내려받는 경우
다섯째, 다른 사용자와 공유할 목적으로 P2P 프로그램을 통해 음악 파일이나 저작물을 올리거나 내려받는 경우
여섯째, 음반 매장에서 적법하게 구입한 CD를 디지털 파일로 변환하여 홈페이지·미니홈페이지·카페·블로그, 각종 게시판이나 자료실 등에 올리는 경우

그 밖에 MP3 파일이 아닌 다른 파일(asf, wma, avi, wav 등)로 변환하여 웹사이트 등에 올리는 경우로, 음악 파일의 확장자명이 무엇이든 상관없이 음악 파일을 웹사이트 등에 무단으로 올리는 행위는 불법 행위에 해당합니다. 하지만 기본적으로 보호기간이 끝난 음악저작물은 누구나 자유롭게 이용할 수 있습니다.

먼저 현재 1986년 12월 30일 이전 발행 또는 공연된 음반으로서 개인이 권리자인 경우, 음악저작권자(작사·작곡자), 실연자 및 음반제작자가 1956년 12월 31일 이전에 모두 사망한 때에는 해당 음반은 자유롭게 이용할 수 있습니다.

다음으로, 1987년 6월 30일 이전에 발행 또는 공연된 음반으로서 단체나 법인이 저작자인 음반의 경우, 발행 또는 공연한 때로부터 30년이 지난 때에는 누구나 자유롭게 이용할 수 있습니다. 다만, 이 경우에 음악저작권자, 실연자 및

음반제작자 중 개인이 저작자로 표시되어 있는 때에는 그 개인이 사망한 때로부터 50년이 지나야 자유롭게 이용할 수 있으므로 주의해야 합니다.

또 1987년 7월 1일에서 1994년 6월 30일 사이에 고정된 음반의 경우 그 음반에 대한 실연자와 음반제작자의 권리는 음반이 고정된 때로부터 20년이 지났으면 보호기간이 끝납니다. 다만, 이 경우에도 해당 음반에 수록된 음악저작물에 대한 작사·작곡자의 권리는 당해 작사·작곡자가 사망한 후 50년이 지나야 소멸되므로 이 부분 역시 주의해야 합니다.

끝으로, 1994년 7월 1일 이후에 고정된 음반의 경우 그 음반에 대한 실연자(가수, 연주자 등)와 음반제작자의 권리는 해당 음반이 고정된 지 50년이 지난 때에 보호기간이 끝나게 됩니다. 다만, 이 경우에도 그 음반에 수록된 음악저작물에 대한 작사·작곡자의 권리는 그 작사·작곡자가 사망한 후 50년이 지나야 소멸된다는 점을 잊어서는 안 되겠지요.

한편, 외국저작물 또는 외국음반을 웹사이트·미니홈페이지·카페·블로그 등에 무단으로 올리는 것도 불법 행위입니다. 우리나라는 국내에 상시 거주하는 외국인 또는 우리나라가 가입한 국제조약의 가입국 국민이 만든 저작물 또는 음반 등에 대해 내국민의 저작물 또는 음반 등과 같은 수준으로 보호할 법적 의무가 있기 때문이지요. 이런 것을 가리켜 '내국민대우의 원칙'이라고 합니다.

또, 다른 웹사이트에 있는 음악 파일 등을 개인 홈페이지나 카페 등에 링크한 때에도 불법 행위가 될 수 있습니다. 예를 들어, 프레임(frame) 기법에 의한 링크를 한 때에는 저작권을 침해한 것과 유사한 불법 행위가 됩니다. 우리 법원은 저작권자의 허락 없이 전자지도를 프레임 기법으로 링크시킨 것과 관련하여 "프레임 링크 행위는 저작권자의 허락 없이 자신의 컴퓨터 서버에 복제하여 이를 자신의 인터넷 홈페이지 이용자들에게 전송한 행위와 마찬가지이기 때문에 위법 행위에 해당한다"고 판시(서울지법, 2001.12.7. 선고, 2000가합54067 판결)

한 바 있습니다. 즉, 미니홈페이지·카페 또는 블로그 등을 방문하는 순간이나 특정 자료를 여는 순간, 또는 특정 자료를 클릭하는 순간 음악이 저장된 사이트로 이동함이 없이 방문한 미니홈페이지·카페·블로그 또는 기타 링크를 건 사이트나 웹페이지에서 음악을 들을 수 있도록 한 링크 기법도 프레임 링크와 같은 효과를 가지는 것으로 볼 수 있다는 뜻이지요.

그 밖에 딥링크(deep link, 해당 자료에 직접 링크하는 것)는 그 사이트의 영업적 이익을 해친 경우에 불법 행위가 될 수 있다는 것이 다수의 견해입니다. 하지만 다른 웹사이트를 단순링크(사용자가 클릭하면 링크된 사이트로 완전히 이동되는 것)하는 것은 불법 행위가 아닙니다. 다만, 대상 사이트가 불법 복제물을 수록하고 있다는 사실을 알면서 단순링크하는 것은 불법 행위를 조장한 것이 되므로 주의해야 합니다.

| 이렇게 합시다 |

① 정품 콘텐츠를 구입해서 이용합시다!

② P2P, 웹하드 등에서 영화, 게임, 음악 등의 파일을 주고받지 맙시다!

③ P2P 사이트에 내 PC에 내장되어 있는 영화, 게임, 음악 등의 파일이 게시되어 공유되고 있지는 않은지 수시로 확인하고, 만일 게시되어 있다면 공유가 되지 않도록 삭제합시다!

④ 영화, 음악, 게임, 소설, 만화 등을 게시판(블로그, 미니홈피)에 게시하지 맙시다!

⑤ 게임의 불법 서버(프리서버)를 구축하지도 말고 이용하지도 맙시다!

⑥ 자신의 블로그, 홈페이지에서 음악을 듣고 싶다면 배경음악(BGM)의 음원을 반드시 구입합시다!

⑦ 보호기간이 끝나지 않은 다른 사람의 글이나 사진 등을 이용할 때에는 먼저 저작재산권자의 허락을 받읍시다!.

⑧ 저작재산권자의 별도 허락 없이 무료로 자유롭게 저작물을 이용하고 싶다면 '자유이용

사이트'(freeuse.copyright.or.kr)를 이용합시다!

⑨ 내가 창작한 저작물, 내가 제작한 UCC를 보호하려면 '저작권 이용허락표시제도(CCL)'

(creativecommons.or.kr)를 이용합시다!

⑩ 개인이나 학교의 블로그, 홈페이지 게시판 등에 문제집이나 참고서의 자료를 복제(스캔)

하여 게시하지 않도록 합시다!

⑪ 다음과 같은 사이트를 방문하여 올바른 저작물 이용 방법에 대해 수시로 확인하려고 노

력합시다!

－한국저작권위원회: http://www.copyright.or.kr

－청소년저작권교실: http://1318.copyright.or.kr

－한국저작권위원회 어린이 홈페이지: http://kids.copyright.or.kr

화려한 블로그의 정체

정보통 군의 블로그는 단연 돋보인다. 조만간 자기 분야에서 파워 블로거가 되고야 말겠다는 듯 매일 블로그를 단장하는 일에 정성을 쏟고 있다. 친구들도 정보통 군의 블로그를 수시로 방문하고 감탄하는 메시지를 남기곤 한다. 특정 분야에 관한 깊이 있는 지식이나 구체적인 사건에 대한 날카로운 비평 혹은 단상이 담겼다기보다는 주로 관련 정보들을 총망라하여 파노라마식으로 보여 주는 방식으로 운영되는 게 특색이었다.

이를테면, 새로운 스마트폰이 출시되면 이를 제대로 사용하는 방법이 수많은 이용자들의 블로그와 링크되면서 소개된다거나, 유튜브(www.youtube.com) 등 공유 사이트에 올라 있는 관련 자료들을 재빠르게 소개하는 식이었다.

방문자들이 늘어나자 우쭐해진 정보통 군, 뭔가 새로운 걸 서비스해야겠다고 생각한 끝에 블로그 방문자들에게 근사한 음악을 선사하기로 하고는 음원을 물색하기 시작했다. 그렇게 해서 결정된 음악은 정보통 군이 평소에 즐겨 들었던 차이코프스키의 발레음악 '백조의 호수'였다. 음원은 위대한 지휘자 '헤르베르트 폰 카라얀'이 지휘봉을 잡고, 베를린 필하모닉 오케스트라가 연주한 곡으로, 어느 음반회사에서 발매한 CD에서 뽑아낸 것이었다. 마침내 '백조의 호수' 음원을 자기 블로그에 탑재한 정보통 군. 누구든지 정보통의 블로그에 접속하는 순간 자동으로 음악이 흘러나오게 하자 더 많은 친구들이 "고상한 음악까지 좋아할 줄은 몰랐다"며 아우성이었다. 신이 절로 난 정보통 군의 어깨는 날이 갈수록 으쓱해져만 갔다.

그러던 어느 날, 학교에서 만난 친구 바로 군이 걱정스럽다는 듯한 얼굴로 말을 건넸다.

"정보통, 네 블로그에 올린 음악, 그거 저작권 침해 아니냐? 허락은 받고 올린 거야?"

정보통은 바로가 클래식 음악을 몰라도 너무 모른다 싶어 기가 막혔다. 차이코프스키가 어느 때 사람인데 저작권 운운하는 건지…….

"그건 차이코프스키라는 사람이 작곡한 '백조의 호수'란 건데, 작곡가 차이코프스키는 러시아 사람으로 1840년에 태어나서 1893년에 세상을 떠났거든. 그러니까 저작권이 소멸되었단 말이지. 그 정도는 알아보고 올린 것 아니겠냐?"

하지만 바로 군은 고개를 갸우뚱거리며 의아한 표정을 감추지 않았다. 과연 정보통의 말대로 음악 '백조의 호수'에 대해서 저작권 침해 문제는 전혀 없는 것일까?

∾

응답하라!

저작권법 제1조에 보면 "이 법은 저작자의 권리와 이에 인접하는 권리를 보호하고 저작물의 공정한 이용을 도모함으로써 문화 및 관련 산업의 향상발전에 이바지함을 목적으로 한다"고 규정하고 있습니다. 여기서 주목해야 할 표현으로 '저작자의 권리' 그리고 '이에 인접하는 권리'라는 게 있지요. '저작자의 권리'란, 말 그대로 저작권, 즉 '저작인격권'과 '저작재산권'을 가리키는 말입니다. 그렇다면 '이에 인접하는 권리'란 무엇일까요?

앞서 살핀 것처럼 현행 저작권법에서는 이른바 '저작인접권'에 대해 다루고 있습니다. 저작인접권은 직접적인 '저작권'이 아닌 '저작권에 준하는 권리'를 말합니다. 그런데 권리의 성질로 보아 재산권인 동시에 배타권이기는 하지만 직접 창작한 사람에게 부여하는 권리가 아니라는 점에서 저작권과는 본질적으로 다르다는 점에 주의해야 합니다.

우리 저작권법에서는 실연자·음반제작자·방송사업자에게 저작인접권을 부여하고 있는데, 이들은 저작물의 직접적인 창작자는 아니지만 그것을 해석하고 전파함으로써 저작물의 가치를 키웠을 뿐만 아니라 문화발전에 이바지하는 공로가 크므로, 그러한 행위에 일종의 정신적 창작성을 인정하여 저작권에 인접하는 배타적 권리를 부여한 것이지요.

그렇다면 지휘자 '헤르베르트 폰 카라얀'을 비롯한 오케스트라 연주자들은 엄연한 '실연자'로서 저작인접권자가 됩니다. 참고로 카라얀은 1989년에 세상을 떠났습니다.

다음으로 '음반'이란, "음이 유형물에 고정된 것을 말하며, 음이 영상과 함께 고정된 것은 제외하는 개념"으로 음이 고정된 유형물로서의 콤팩트디스크(CD)나 롱플레잉(LP) 레코드판 등의 매체가 아니라 이에 수록된 저작물로서의 콘텐츠를 가리킵니다. 음반이 일상적으로 매체를 의미하는 용어로 사용되기 때문에 오해를 방지하기 위해 이러한 콘텐츠를 '음원'이라고 부르기도 하지요. 따라서 MP3 등 일정한 포맷으로 디지털화한 파일들도 음반에 해당합니다.

한편, 저작권법상 음반이란 반드시 그 고정된 내용이 음악이거나 그 밖에 다른 저작물일 필요는 없습니다. 새소리, 물소리 등 자연에서 나는 소리이거나 즉흥적으로 낭송되는 시를 녹음한 것도 음반이 될 수 있으니까요. 다만, 음이 영상과 함께 고정된 것은 영상저작물로 분류되므로 음반에서 제외됩니다. 따라서 뮤직비디오의 경우 비록 그것이 음반을 주요 내용으로 하고 있지만 음반이 아니라 영상저작물로 취급된다는 점에 주의할 필요가 있습니다.

그렇다면 카라얀이 지휘하는 베를린 필하모닉 오케스트라의 연주 실황을 음반에 담은 사람이 곧 '음반제작자'가 되므로 그에게도 또한 '저작인접권'이 주어지게 되겠네요. 정보통 군이 어떤 음반에서 음원을 가져왔는지는 모르지만 이런 점까지 고려하지 않았다면 저작인접권 침해로부터 자유로울 수 없을 겁니다.

마지막으로, 방송사업자의 권리에는 재산권으로서의 복제권과 동시중계방송권이 있습니다. 국제적으로는 무선통신에 의한 것만을 방송으로 보고 있지만 우리의 경우에는 유선통신에 의한 송신, 즉 유선방송도 방송의 개념에 포함시키고 있다는 점에 유의해야 합니다.

이러한 저작인접권의 보호기간은 실연의 경우에는 그 실연을 한 때, 음반의 경우에는 그 음을 맨 처음 음반에 고정한 때, 방송의 경우에는 그 방송을 한 때부터 발생하며, 인격권을 제외하고 다음 해부터 기산하여 50년간 존속합니다. 실연, 음반, 방송을 실무와 연관시켜 분류해 보면 다음 표와 같습니다.

〈표 2〉 실연, 음반, 방송 분류표

분 류	종 류	복제물 형태
실연	가창, 연주, 반주, 연기, 음성연기(더빙, 해설 포함), 무용, 지휘 등	CD, DVD, Tape, 비디오테이프 등
음반	대중음반, 클래식음반, 국악음반, 동화, 어학 교재 등	CD, DVD, Tape 등
방송	라디오 방송물, TV 방송물 등	CD, DVD, Tape, 비디오테이프 등

* 출처: 저작권법시행규칙 저작인접권 등록신청서(별지 제7호 서식)

I 알아둡시다 I

⊙ 실연자와 음반제작자에게 부여된 전송권의 내용

현행 저작권법은 실연자와 음반제작자에게 전송권을 부여하고 있습니다. 전송권이란 인터넷 등 정보통신망을 통해 사용자들이 수신하거나 접근해서 이용할 수 있도록 저작물 또는 음반 등을 송신하거나 이용에 제공할 수 있는 배타적 권리를 말합니다. 다시 말하면, 실연자와 음반제작자는 그들의 실연 또는 음반에 대해 자신들만이 인터넷망 등을 통해 송신할 수 있다는 것을 뜻합니다. 따라서 일반 사용자들이 음반을 인터넷 등을 통해 송신하고자 할 때에는 실연자나 음반제작자로부터 사전 허락을 받아야 합니다. 이와 같이 사전 허락을 받아야 하기 때문에 "먼저 이용한 후에 나중에 허락을 받겠다"거나 "나중에 사용료를 지급하면 되겠지"라고 생각하는 것은 금물입니다. 이때는 이미 실연자와 음반제작자의 전송권을 침해한 후가 되기 때문에 법적 책임을 피할 수 없기 때문이지요.

한편, 실연자와 음반제작자 같은 저작인접권자가 아닌 저작권자(음악·소설·시·연극·미술·사진·영상 등 저작물의 저작권자)에게는 전송과 방송을 포함한 공중송신권이 주어졌으므로 각종 저작물들을 인터넷을 통해 송신하고자 할 때 저작권자로부터 반드시 전송허락을 받아야만 한다는 사실을 반드시 기억해야 합니다.

◉ 음악 파일의 합법적인 이용 절차

음악 파일을 합법적으로 이용하기 위해서는 저작권자, 실연자, 음반제작자 등 관련 권리자 모두의 허락을 받아야 합니다. 다만, 권리자들이 자신들의 권리를 저작권위탁관리단체에게 신탁한 경우에는 신탁관리단체의 허락을 받아야 합니다. 음악저작물과 관련이 있는 신탁관리단체로는 한국음악저작권협회(1988), 한국음악실연자연합회(2000), 한국음원제작자협회(2003) 등이 있습니다.

만화광 바로 군의 고민

바로 군은 틈만 나면 만화대여점으로 달려간다. 그만큼 만화책을 열렬히 좋아한다는 뜻이다. 언제부턴가 인터넷에 연재되거나 탑재된 만화들이 늘어나면서 오프라인으로 영업하는 만화대여점이 많이 줄어들긴 했지만, 바로 군은 구수한 책향과 더불어 손끝을 간질이는 만화책 특유의 질감을 못 잊어 만화대여점을 찾곤 한다. 그런데 문득 저작권을 둘러싼 의문이 슬며시 고개를 드는 게 아닌가. 여기저기서 저작권 침해 운운하면서 난리도 아닌데, 만화대여점은 고객들한테서 버젓이 대여료를 받아가며 영업을 하는 행위가 이상했던 것이다. 이처럼 만화대여점에서 만화책을 빌려 주고 영리를 취하는 행위는 과연 정당한가, 아니면 저작권 침해인가?

∾

응답하라!

저작물의 원작품 또는 복제물이 저작재산권으로서의 배포권자로부터 허락을 받아 판매의 방법으로 거래할 수 있게 되었다면 이후의 거래 단계에서는 일일이 배포권자의 허락 없이도 배포할 수 있습니다. 미술저작물 등의 원작품 또는 인쇄의 방법으로 복제하여 출판한 저작물 등을 판매의 방법으로 거래해도 좋다는 내용의 계약이 저작재산권자와 이용자 사이에 성사되었다면 이용자는 그것을 판매함에 있어 거래의 단계가 바뀔 때마다 저작재산권자로부터 배포의 허락을 얻지 않아도 된다는 뜻이지요.

이는 흔히 어떤 소비재가 소비자들의 손에 닿기까지 여러 유통 단계를 거치는 것처럼 저작물의 원작품이나 그 복제물도 최종의 구입자에게 이르기까지 여러 단계를 거칠 수 있음을 인정한 것으로 보입니다. 예를 들어, 책과 같은 출판물의 유통 단계를 보면, 최초의 저작물 이용자인 출판권자로부터 서적 도매상으로, 도매상에서 소매상인 일반 서점으로, 일반 서점에서 독자에 이르기까지 유통 단계가 분화되어 있는데, 단계마다 배포에 따른 허락을 받아야 한다면 본래의 이용 목적에 비추어 보아 비합리적이라고 할 수 있겠지요. 따라서 처음에 배포권자의 허락을 받아 판매의 방법으로 거래에 제공된 저작물의 원작품이나 복제물에 대해서는 그 후의 재배포 행위에 배포권이 미치지 않는다는 점을 분명하게 밝힐 필요가 있습니다.

한편, 배포권자의 허락 아래 구매자들에게 팔 목적으로 거래에 제공되는 저작물의 원작품 또는 그 복제물을 판매하는 것이 아니라 일정의 대여료를 받고 빌려 주는 사람이 있다면 그가 배포권자가 아닌 한 그러한 권리가 정당한가 하는 문제가 대두됩니다. 현행 저작권법에서는 모든 저작물의 원작품 또는 그 복제물의 대여에 관한 허락을 문제 삼기는 어렵다고 보고, 판매용 음반 및 컴퓨터프로그램에 한해서 배포권자에게 허락을 얻은 다음에 영리를 목적으로 하는 대여를 할 수 있도록 이른바 대여허락(rental license)을 규정하고 있습니다. 판매용 음반이나 컴퓨터프로그램을 배포하되 판매에 의한 배포가 아닌 대여에 의한 방식으로 영리를 추구할 경우에는 판매용 음반이나 컴퓨터프로그램의 판매율이 현저하게 떨어짐으로써 배포권자의 이익이 침해될 수 있다고 보고, 영리를 목적으로 하는 대여에는 배포권자의 대여권(rental right)이 작용한다는 점을 밝힌 것이지요. 곧 영리를 추구할 목적으로 판매용 음반이나 컴퓨터프로그램을 대여하는 사람은 저작재산권자로부터 대여에 대한 허락을 얻어야만 하며, 저작재산권자에게는 그러한 대여를 허락할 권리가 있다는 뜻으로 이해하면 되겠습니다.

여기서 배포권과 대여권의 관계를 살펴볼 필요가 있겠네요. 배포의 개념에는 대여가 포함되지만 배포권에는 대여권이 포함되지 않습니다. 외국의 입법례를 보더라도 배포권을 제한한 복제물의 대여업이 성행함으로써 저작재산권자의 경제적 이익에 손실을 가져올 수 있으므로 이를 보상할 목적으로 대여권을 신설한 경우가 많았습니다. 따라서 대여권은 저작재산권자의 기본적 권리인 복제권·공연권·공중송신권·전시권·배포권 등과 같은 독립적인 권리라기보다는, 거래의 안전을 위해 배포권을 제한함에 있어 저작재산권자에게 예상하지 못한 손실을 끼칠 우려가 있으므로 배포권 제한의 예외로서 부수적으로 인정한 권리라고 할 수 있겠습니다.

이상과 같은 논의의 연장선상에서 도서 및 잡지 등에 대한 대여권 인정 논의가 계속되고 있지만 아직 이렇다 할 결과는 없는 형편입니다. 그런데 만화나 무협소설 등은 그 저자나 출판권자가 애초에 만화방 같은 대여점 형태의 업소에서 이용될 것이라는 전제 아래 작업을 하고, 또 대여허락을 내용으로 하는 계약서를 주고받는 관계로 저작권 침해 문제는 발생하지 않는 것으로 알려져 있답니다. 따라서 만화대여점에서 빌려주는 책은 만화대여점이 저자나 출판사와 이미 합의한 상태에서 영업을 하고 있을 가능성이 높다는 점에서 저작권을 침해했다고 곧바로 단정하기는 어렵겠습니다.

영화배우가 된 하모니 양에게는 어떤 권리가 있을까?

"감사합니다. 정말 고맙습니다. 열심히 하겠습니다!"

〈동갑내기 골려먹기〉라는 작품으로 유명한 영화감독의 새 작품에 비중 있는 조연으로 출연하게 되었다는 연락을 받은 모니 양은 이게 꿈인가 생시인가 싶었다. 우연히 조연배우를 구한다는 영화사의 공개모집 사이트를 발견하고, 큰 욕심 없이 응모했는데, 덜컥 합격했다는 게 아닌가.

"축하해, 모니야. 근데 출연료는 얼마나 되니?"

바로와 만해는 누가 먼저랄 것도 없이 자기 일인 양 축하해 주었다. 그러면서도 가장 궁금한 건 출연료였던 모양이다.

"아직 몰라. 정식으로 계약서에 사인한 것도 아닌데 뭐. 그까짓 출연료가 문제냐. 내가 영화배우가 된다는 게 중요하지."

그렇게 대답을 하면서도 모니는 불현듯 출연료뿐만 아니라 영화가 개봉되면 자기에게 어떤 권리가 있는지 궁금해졌다.

"나중에 영화가 완성되고 나면 나한테는 어떤 권리가 생기는 걸까? 혹시 너희는 아니?"

바로와 만해는 모니의 질문을 받고 잠시 생각에 잠겼다. 이윽고 만해가 먼저 말문을 열었다.

"자세히는 모르지만 저작권법에 '영상저작물에 관한 특례'라는 게 있던데. 그 규정을 살펴보면 알 수 있지 않을까?"

바로도 거들었다.

"그래 맞다! 그 조항에 따르면 영상을 제작한 사람에게 모든 권리가 귀속된다고 한 것 같아. 그러니까 너한테 별도의 권리는 없을 거야."

순간 모니는 두 사람이 자신의 권리를 박탈하기라도 한 것처럼 발끈했다.

"뭐~? 나한테는 아무런 권리가 없다고? 뭐 그런 말도 안 되는 규정이 있냐? 너희들이 잘못 알고 있는 거겠지."

하지만 정말 그렇다면? 모니는 미심쩍은 표정을 풀지 못한 채 저작권법을 뒤지기 시작했다.

현행 저작권법에서는 '영상저작물에 관한 특례'에 대해 규정하고 있습니다. 이는 영상저작물의 특성 때문인데, 영상저작물이란 "연속적인 영상이 수록된 창작물로서 그 영상을 기계 또는 전자장치에 의하여 재생하여 볼 수 있거나 보고 들을 수 있는 것"으로 영화나 비디오테이프에 수록된 것이 대표적이지요. 이는 또한 어문저작물이나 음악저작물 또는 미술저작물 등의 다른 저작물을 이용하는 것은 물론 영상제작자를 비롯한 감독·프로듀서·촬영기사·아트디렉터·연기자 등의 실연자들이 공동으로 참여함으로써 이루어지는 종합저작물입니다.

이렇게 하나의 영상저작물에는 다수의 권리자가 복잡하게 얽혀 있는 까닭에 이를 이용하려는 사람에게는 이용허락과 관련해서 매우 복잡한 문제가 발생할 수 있는 겁니다. 물론 영상저작물의 창작에 관여한 권리자들의 권리 행사에도 많은 어려움이 뒤따릅니다. 따라서 이러한 문제점들을 감안하여 영상저작물의 이용과 영상저작물에 관여한 각종 권리자들의 권리를 합리적으로 조화시키려는 노력이 필요한데, 저작권법에서 규정한 '영상저작물에 관한 특례'는 바로 그런 취지를 반영한 것이지요.

먼저, 저작재산권자가 저작물의 영상화를 다른 사람에게 허락한 경우에 특약이 없는 때에는 다음의 권리를 포함하여 허락한 것으로 추정합니다.

첫째, 영상저작물을 제작하기 위하여 저작물을 각색하는 것

둘째, 공개상영을 목적으로 한 영상저작물을 공개상영하는 것

셋째, 방송을 목적으로 한 영상저작물을 방송하는 것

넷째, 전송을 목적으로 한 영상저작물을 전송하는 것

다섯째, 영상저작물을 그 본래의 목적으로 복제·배포하는 것

여섯째, 영상저작물의 번역물을 그 영상저작물과 같은 방법으로 이용하는 것

여기서 "저작물의 영상화를 다른 사람에게 허락한 경우"란 소설이나 각본 등의 어문저작물을 영상저작물로 제작하려는 사람에게 그 이용을 허락한 경우가 대표적입니다. 이는 저작재산권의 일종인 2차적저작물작성권에 해당하는데, 2차적저작물이란 원저작물을 번역·편곡·변형·각색·영상제작 그 밖의 방법으로 작성한 창작물을 말하므로 이중 영상제작에 해당하는 2차적저작물작성권을 영상제작자에게 행사하는 것이 됩니다. 이렇게 해서 작성된 영상저작물은 2차적저작물로서 그것을 제작한 사람은 원저작권과는 별도의 새로운 저작권을 갖게 됩니다. 하지만 2차적저작물에 대한 저작권의 행사가 원저작권에 우선하는 것은 아니므로 영상저작물의 이용편의를 위해 영상제작자에게 일정한 권리를 부여한 것일 뿐이지요.

첫째, 영상화의 허락에는 원저작물을 각색하는 권리가 포함됩니다. 여기서는 어문저작물을 원저작물로 하는 경우에서의 각색만 규정하고 있지만 넓은 의미에서는 각색을 "영상화에 알맞도록 개작하는 것"이라고 보아 영상화 허락을 얻은 음악저작물이나 미술저작물을 영상제작에 적합한 형태로 편곡하거나 변

형하는 것도 포함된다는 주장도 있습니다. 따라서 직접 영상제작에 이용할 수 없는 저작물을 영상화의 기본적인 과정인 각색 또는 변형을 하려면 일단 영상제작에 따른 허락만 얻으면 되는 것으로 해석할 수 있습니다. 또한 이러한 각색은 어디까지나 영상제작을 위한 목적 때문에 허락된 것이므로 각색 그 자체를 별도의 2차적저작물에 대한 작성으로 보아 영상화와는 다른 새로운 저작권을 주장하는 것은 있을 수 없는 일입니다. 그리고 저작물을 각색함에 있어서 주의할 점은 원저작물의 본질적인 창작성을 발휘하는 방향으로 이루어져야지 그렇지 않고 원저작물을 본질적으로 변경시키거나 훼손하여 원저작자의 명예를 실추시킨다면 오히려 저작인격권의 침해요인이 되며, 여기서 말하는 각색에 해당되지 않습니다.

둘째, 영상화의 허락에는 특약이 없는 한 제작된 영상저작물의 공개상영에 대한 허락도 포함됩니다. 여기서 '공개상영'이란 극장 또는 강당 같은 공개된 장소에서 공중에게 영상저작물을 관람할 수 있도록 하는 것을 말하며, 이는 또한 공연에 해당되어 저작재산권의 일종인 공연권의 대상이 되는 것이지요. 따라서 공개상영이 필수적인 영상저작물에 있어서 공연권에 따른 허락 문제가 대두되므로 이를 영상화의 허락에 포함한 것입니다.

셋째, 저작재산권자가 방송을 목적으로 하는 영상저작물에 대해 자신의 저작물을 영상화하도록 허락한 경우에는 특약이 없는 한 제작된 영상저작물을 방송하는 것까지 허락한 것으로 봅니다. 이는 방송권이 복제권·배포권·공연권과 함께 별도의 권리이므로 이용에 따른 충돌을 없애기 위한 것이지요. 다만, "방송을 목적으로 한"이라고 규정하고 있으므로 당초의 목적이 방송이 아닌 경우에는 이 규정이 적용되지 않습니다.

넷째, 전송을 목적으로 한 영상저작물을 전송하는 것 또한 영상화의 허락에 포함됩니다. 오늘날 인터넷을 통해 유통되면서 각광을 받고 있는 것으로 이용자가 직접 창작한 동영상 콘텐츠, 즉 UCC(User Created Contents)의 경우가 대표적인 전송 목적의 영상저작물인데, 만약 저작재산권자가 다른 사람에게 인터넷 유통을 위한 영상저작물의 영상화에 동의했다면 해당 영상저작물은 완성과 동시에 별도의 허락이 없어도 전송할 수 있는 것이지요.

다섯째, 저작재산권자로부터 영상화의 허락이 있었다면 특약이 없는 한 제작된 영상저작물을 복제 및 배포하는 권리도 함께 영상제작자에게 허락된 것으로 봅니다. 복제권 또는 배포권은 2차적저작물작성권과 함께 별도의 권리이며, 일반적으로 2차적저작물의 작성이 허락되었더라도 복제권이나 배포권이 함께 허락된 것으로 보지 않습니다. 따라서 2차적저작물에 대한 복제 및 배포는 원저작물의 복제 및 배포와 마찬가지로 원저작물의 저작재산권자가 그 권리를 행사할 수 있습니다. 그러므로 저작권법에서는 저작물의 영상화를 허락함에 있어서 특약이 없는 한 저작재산권자의 권리 행사가 영상저작물의 복제 및 배포에는 미칠 수 없도록 하여 영상저작물의 원활한 유통을 보장하고 있습니다.

여섯째, 특약이 없는 한 영상화의 허락에는 제작된 영상저작물을 당초의 이용방법에 따라 번역해서 이용하는 권리도 포함됩니다. 이는 영상저작물의 수입 또는 수출에 있어서 외국어를 우리말로 또는 우리말을 외국어로 번역하여 영상저작물에 더빙하거나 자막으로 처리할 수 있음을 감안한 것이지요. 아울러 각색에 있어서와 마찬가지로 여기서의 번역 또한 영상저작물의 이용편의를 위해 허락되는 것이므로 영상제작자는 영상제작과는 별도로 번역에 따른 2차적저작권을 주장할 수 없습니다.

한편, 저작재산권자가 그의 저작물에 대한 영상화를 영상제작자에게 허락한 경우에는 특약이 없는 한 허락한 날로부터 5년이 지나야만 그 저작물의 영상화를 다른 영상제작자에게 허락할 수 있습니다. 따라서 저작재산권자의 입장에서는 특약을 하지 않는 한 영상화의 허락을 한 날로부터 5년 동안은 그 저작물에 관한 영상화의 허락권을 행사할 수 없다는 것이며, 영상제작자의 입장에서는 특별한 약정이 없더라도 5년의 기간 동안에는 영상저작물의 이용에 관해 독점적이고 배타적인 권리를 얻게 된다는 것이지요. 이는 저작재산권자보다는 영상제작자의 입장을 더 고려한 규정으로, 영상저작물의 제작에 많은 자본이 투입되는 점을 감안해서 투입자본의 회수에 유리하도록 일정 기간 독점권을 인정해야 한다는 취지에서 비롯되었다고 해석할 수 있겠습니다. 아울러 일반적인 저작물의 이용허락에 있어서는 저작재산권자와 이용자가 단순이용허락인지 독점이용허락인지 협의해서 계약사항으로 명시해야 하지만, 저작물의 영상화에 있어서는 특약이 없는 한 영상제작자에게 독점권이 부여된다는 점에 주의해야 합니다.

그렇다면 좀 더 구체적으로 영상저작물에 대한 권리는 어떻게 행사되는 걸까요?

먼저 영상제작에 협력한 사람들의 권리 중에서 영상저작물의 이용권과 저작인접권은 영상제작자에게 양도된 것으로 봅니다. 하나의 영상저작물이 만들어지기까지는 많은 분야에서 많은 사람들이 서로 협력해야 하므로 권리 관계가 복잡해질 수밖에 없습니다. 영상제작에 이용되는 저작물의 저작재산권자뿐만 아니라 통칭 '실연자'로 불리는 감독이나 프로듀서, 촬영 및 미술이나 편집에 관여하는 사람, 조명 및 소품담당, 그리고 주연배우나 조연 및 엑스트라 등 연기에 참여하는 사람들까지 많은 이들이 영상제작에 관여하게 되지요. 만일 영상제작자가 법인이나 단체이고 영상제작에 참여하는 모든 사람들이 그 법인이나 단체의 업무에 종사하는 종업원이어서 업무상저작물이 되는 경우라면 그 권리는 법인이나 단체에 있으므로 별 문제가 없지만, 그렇지 않다면 영상제작에 관여하는 사람 중에서 자신의 창작성을 발휘하여 별도의 저작권을 취득하는 경우도 있을 것이므로 문제가 생기지 않을 수 없습니다. 완성된 영상저작물은 일종의 공동저작물과도 같은 것이므로 그 기여한 바에 따라 저작재산권 역시 공유될 수 있고, 실연자들이 획득하게 되는 저작인접권 또한 발생하기 때문이지요. 따라서 위의 예에서처럼 모니 양이 영화배우가 된다 해도 이렇다 할 권리는 생기지 않는 것이지요.

이러한 갖가지 문제를 합리적으로 해소하기 위해 영상제작에 협력한 사람들의 권리를 일정 부분 제한하여 영상저작물의 이용권은 영상제작자에게 양도된 것으로 추정합니다. 따라서 영상저작물에 관여한 저작재산권자라고 하더라도 영상제작이 완료되면 그 영상저작물의 이용에 관한 권리는 영상제작자에게 양도되므로 저작재산권자가 임의로 권리를 행사할 수 없게 됩니다.

물론 이처럼 영상저작물의 이용에 관한 권리와 인접권이 영상제작자에게 양도되는 것으로 추정함에도 불구하고, 그 영상저작물의 제작에 사용되는 원저작물로서의 각종 저작물의 저작재산권에는 영향을 미치지 않습니다. "영상저작물의 제작에 협력할 것을 약정한" 경우에 "그 영상저작물의 이용을 위하여 필요한 권리"만이 영상제작자에게 양도된 것이므로 영상제작에 사용된 원저작물의 이용권은 당연히 저작재산권자에게 있습니다. 예컨대, 어느 소설가가 자신의 소설을 영화에 이용해도 좋다고 허락했다면 그 소설을 토대로 해서 만들어진 영화의 이용권만이 영상제작자에게 양도된 것이지 그 소설을 가지고 드라마를 만들거나 출판계약에 의해 책으로 펴내거나 하는 권리까지 영상제작자에게 양도된 것이 아니므로 저작재산권자로서의 소설가는 자신의 소설에 따른 저작재산권을 마음대로 행사할 수 있다는 뜻입니다. 영상과 함께 쓰인 음악 또한 별도의 음반으로 만들어 배포할 수 있는 권리는 영상제작자에게 양도되는 것이 아니라 음악저작물의 저작재산권자에게 있습니다.

⊙ 영상저작물에 대한 영상제작자의 권리 요약

영상제작자는 영상저작물이 수록된 녹화물을 복제하는 것은 물론 배포할 수 있으며, 그것이 영화 같은 영상저작물이라면 공개상영의 방법으로, 그것이 방송을 목적으로 한 영상저작물이라면 방송의 방법으로, 전송 목적의 영상저작물이라면 전송의 방식으로 이용할 수있고, 이용에 따른 저작재산권자의 허락을 받을 필요는 없습니다.

또한 영상제작에 따른 이용권도 하나의 저작재산권이므로 이러한 권리를 가진 영상제작자는 영상저작물에 대한 일체의 권리를 제3자에게 양도할 수 있으며, 자신이 제작한 영상저작물을 목적으로 한 질권을 설정할 수도 있습니다. 이때에 영상저작물의 제작에 관여한 많은 권리자들로부터 동의를 얻을 필요는 없습니다. 일반적인 저작물 이용허락에 있어 이용에 따른 권리를 양도하거나 질권을 설정하고자 할 때에는 저작재산권자의 동의가 필요하지만, 여기서는 영상저작물의 특수성을 감안한 특례규정이기 때문에 이를 적용하지 않은것으로 보입니다. 하지만 이 경우에도 저작자의 저작인격권은 양도되지 않으므로 영상제작자는 영상저작물 제작에 이용되는 저작물의 저작자에 대한 성명표시권 및 동일성유지권등이 훼손되지 않도록 주의해야 합니다.

아울러 영상제작자에게는 실연자로부터 양도받는 권리, 즉 실연자에게 주어진 복제권을포함해서 배포권 및 방송권과 함께 전송권이 주어지며, 이것들 역시 재산권이라는 측면에서 양도하거나 질권의 목적이 될 수 있습니다. 따라서 영상제작에 협력하기로 하고 출연한실연자들의 이러한 권리는 영상저작물이 완성됨과 동시에 영상제작자에게 귀속되므로 자신이 출연한 영상저작물이라고 해도 별도의 권리를 주장할 수 없게 됩니다.

CCL이 뭐야?

"이게 무슨 뜻이지?"

오랜만에 드넓은 인터넷의 바다를 항해하던 모니 양. 그동안 방치해 두었던 자기 블로그가 얼마나 한심한 수준인지 깨닫지 않을 수 없었다. 그래서 뭐라도 새로 올리지 않으면 안 될 것 같은 절대 의무감을 느낀 나머지 이른바 '파워 블로거'라는 사람들이 운영하는 블로그를 이리저리 기웃거리기 시작했는데……. 블로그마다 운영자가 작성한 글이나 직접 찍어 올린 사진에 이상한 표시가 눈에 뜨였다. 때로는 하나, 때로는 두 개, 어떤 것에는 세 개의 서로 다른 표시가 붙어 있었던 것.

그 표시 중 하나를 휴대전화 카메라로 찍은 모니 양. 바로와 만해에게 동시에 그게 뭐냐고 묻는 문자를 날렸다. 잠시 후, 누가 먼저랄 것도 없이 거의 동시에 도착한 답신 메시지에는 똑같은 영문자만 찍혀 있었다. 그건 바로 "CCL"이라는 것이다.

"CCL이라니? 이게 도대체 뭐야?"

황당한 표정을 짓고 있을 때 만해 군으로부터 다시 메시지가 도착했다.

"그 표시는 영리 목적이 아니라면 원저작자 표시를 하고 그냥 써도 된다는 뜻이야!"

그냥 써도 된다니 모니로서는 어쨌든 고마운 일이지만, CCL이 정확히 어떤 의미인지 어떻게 시작됐는지 더욱 궁금해졌다. 과연 CCL이란 ?

~

먼저 'CCL'은 'Creative Commons License'의 머리글자를 모아 놓은 것이지요. 다음 내용은 'CC코리아' 홈페이지에서 CCL을 설명하기 위해 게시해 놓은 글입니다.

> "블로그에 글을 올리려다 사진이 없어 허전할 때, 이리저리 검색하다가 맘에 드는 사진을 발견했는데 막상 갖다 쓰려니 불안한 적 있으신가요? 내가 쓴 글이나 사진이 필요한 곳에서 마음껏 쓰였으면 좋겠는데 방법을 모르겠다고요? 크리에이티브 커먼즈 라이선스(Creative Commons License)를 알면 창작도 공유도 즐거워집니다."

UCC, 블로그, 미니 홈페이지를 비롯한 개인 디지털 미디어가 홍수를 이루면서 자유로운 정보 접근을 원하는 사람들이 많아지고 있습니다. 그러나 창작물에 대해 주어지는 정당한 권리로서의 저작권이 존재하다 보니 이용자들의 자유로운 정보이용 욕구와 부딪히며 각종 분쟁을 일으키기도 합니다. 저작권법은 저작물을 창작한 저작자에게 일정기간 독점적이고 배타적인 권리를 부여함으로써 창작 의욕을 높이고, 문화 및 관련 산업의 향상과 발전을 도모할 목적으로 제정되었습니다. 하지만 주로 그 권리를 보호하는 것에 초점을 두게 되어 다양한 창작물을 향유하려는 많은 사람들의 욕구를 제한하는 측면도 강한 것이 사실입니다.

그리하여 저작물의 건전한 공유 문화를 확산하기 위해 새로운 방안을 모색하려는 노력이 있었고 크리에이티브 커먼즈 라이선스(Creative Commons License, 이하 'CCL'이라고 함)는 그 결과물이라 할 수 있습니다.

곧 CCL이란 "모든 사람들이 자유롭게 이용하도록 허락하되, 최소한의 통제권을 행사할 수 있다"라는 내용의 라이선스로서, 자신의 창작물에 대해 일정한 조건 아래 모든 이의 자유이용을 허락하는 내용을 담고 있습니다.

이른바 'All rights reserved'(저작물에 대한 모든 권리를 소유한다는 의미로, 무단복제나 도용을 금지한다는 뜻)와 완전한 정보 공유인 'No right reserved' 사이에 있는 'Some rights reserved'로서, 저작물의 자유로운 이용을 장려함과 동시에 저작권자의 권리 보호를 목표로 하는 것이지요.

이러한 CCL은 비배타적이고 공동체적인 가치를 추구하고 있으나, 이는 어디까지나 권리자의 자발적인 의사에 의하며, 모든 저작물을 대상으로 합니다. 또 CCL은 기존과는 다른 새로운 저작권 체계를 만드는 것이 아니라 어디까지나 현행 저작권법의 틀 안에서 움직이면서 저작물의 이용관계를 더욱 원활하게 하는 역할을 하며, 아울러 CCL은 전 세계적인 라이선스 시스템입니다.

이번에는 CCL의 구성요소를 살펴보기로 하지요. CCL의 구성요소로서 이용자에게 부과하고 있는 '이용방법 및 조건'의 구체적인 내용은 다음과 같이 네 가지로 나뉩니다.

(1) 저작자 표시

BY(Attribution)
저작자 표시

저작자의 이름, 저작물의 제목, 출처 등 저작자 및 저작물에 관한 표시를 해주어야 합니다. 저작권법에서 규정하고 있는 저작인격권의 하나로서, 저작물의 원작품이나 그 복제물, 또는 저작물의 공표에 있어서 그의 실명 또는 이명(異名)을 표시할 권리인 성명표시권(right of paternity, 저작권법 제12조 제1항)

을 행사한다는 의미입니다.

(2) 비영리

비영리 목적으로만 저작물을 이용해야 합니다. 물론 저작권자가 자신의 저작물에 이러한 비영리 조건을 붙였다 하더라도 저작권자는 이와는 별개로 이저작물을 이용하여 영리 행위를 할 수 있습니다. 또한 영리 목적의 이용을 원하는 이용자에게는 별도의 계약을 통해 대가를 받고 이용을 허락할 수 있습니다.

(3) 변경 금지

저작물의 내용을 변경하거나 2차적저작물을 작성할 수 없습니다. 저작물을 이용하여 새로운 2차적저작물을 작성하는 것뿐만 아니라 저작물의 내용, 형식 등의 단순한 변경도 금지한다는 의미입니다. 다만 이 조건을 선택하지 않아 자유로운 변경을 허락한 경우에도 저작자의 명예훼손에 해당할 정도로 저작물의 내용, 형식 및 제호의 동일성을 부정적으로 변경해서는 안 됩니다. 저작물을 편집저작물의 일부로 만드는 경우는 변경에 해당하지 않으므로 변경 금지 조건에 관계없이 자유롭게 이용할 수 있습니다.

(4) 동일 조건 변경허락

2차적저작물의 작성을 허용하되, 원저작물과 동일한 라이선스를 적용해야 합니다. 예를 들어 저작자 표시-비영리(BY-NC) 조건이 붙은 원저작물을 이용하여 새로운 2차적저작물을 작성한 경우 그 2차적저작물에도 마찬가지로 저작자표시-비영리(BY-NC) 조건을 붙여 이용허락해야 합니다.

한편, 위와 같은 네 가지 이용방법 및 조건을 조합해서 여섯 가지 유형의 표준 라이선스를 만들 수 있습니다. 저작권자는 그 중 원하는 라이선스를 선택하여 저작물에 첨부하고 이용자는 첨부된 라이선스를 확인한 후 저작물을 이용함으로써 당사자 사이에 개별적인 접촉이 없더라도 그 라이선스 내용대로 이용허락의 법률관계가 발생하게 됩니다. 여섯 가지 표준 라이선스는 다음과 같습니다.

(1) 저작자표시(BY)

저작자와 출처 등을 표시하면 영리 목적의 이용이나 변경 및 2차적저작물의 작성을 포함한 자유이용을 허락합니다.

(2) 저작자표시-변경금지(BY-ND)

저작자와 출처 등을 표시하면 영리 목적의 이용은 가능하나, 변경 및 2차적저작물의 작성은 허용되지 않습니다.

(3) 저작자표시-동일조건변경허락(BY-SA)

저작자와 출처 등을 표시하면 영리 목적의 이용이나 2차적저작물의 작성을 포함한 자유이용을 허락합니다. 단, 2차적저작물에는 원저작물에 적용된 라이선스와 동일한 라이선스를 적용해야 합니다.

(4) 저작자표시-비영리(BY-NC)

저작자와 출처 등을 표시하면 저작물의 변경, 2차적저작물의 작성을 포함한 자유이용을 허락합니다. 단 영리적 이용은 허용되지 않습니다.

(5) 저작자표시-비영리-변경금지(BY-NC-ND)

저작자와 출처 등을 표시하면 자유이용을 허락합니다. 단 영리적 이용과 2차적저작물의 작성은 허용되지 않습니다.

(6) 저작자표시-비영리-동일조건변경허락(BY-NC-SA)

저작자와 출처 등을 표시하면 저작물의 변경, 2차적저작물의 작성을 포함한 자유이용을 허락합니다. 단 영리적 이용은 허용되지 않고 2차적저작물에는 원저작물에 적용된 라이선스와 동일한 라이선스를 적용해야 합니다.

CCL은 기본적으로 온라인상에서 유통되는 텍스트, 이미지, 동영상, 사운드 창작물에 적용이 가능합니다만, 그 밖의 다른 창작물에도 적절히 적용할 수 있습니다. 우선 오프라인으로 유통되는 오디오, 비디오 등의 저작물에도 CCL을 적용할 수 있습니다. 예컨대, 책의 앞면 또는 뒷면, CD나 DVD 등 오프라인 미디어의 눈에 잘 띄는 적당한 위치에 CCL을 표시하기만 하면 됩니다.

⊙ CCL을 설정하면 저작물에 대한 내 권리는 어떻게 보호되는가?

CCL은 저작자로 하여금 좀 더 유연한 방법으로 저작권을 보유하고 관리할 수 있도록 도와
줍니다. 즉, CCL은 저작물의 사용허락에 대한 계약으로, CCL과는 상관없이 저작물의 모
든 권리는 저작자에게 그대로 귀속됩니다.

⊙ CCL을 사용하려면 내 저작권을 따로 등록할 필요가 있는가?

그렇지 않습니다. CCL은 저작권법에 의해 보호되는 저작물에 적용되는데, 우리나라 저작
권법 제10조 제2항은 "저작권은 저작물을 창작한 때부터 발생하며 어떠한 절차나 형식의
이행을 필요로 하지 아니한다"라고 규정하고 있기 때문에, 별도의 등록이 없어도 저작자는
창작하는 순간에 저작물에 대한 저작권을 갖게 됩니다.

⊙ 내 블로그에 CCL을 사용하는 경우 주의할 사항은 무엇인가?

우선 CCL은 본인의 저작물에만 적용할 수 있습니다. 따라서 공동저작물 또는 업무상저작
물일 경우 저작자를 꼼꼼히 따져야 하며 CCL이 적용되는 범위를 명확하게 정해 주어야 합
니다.

⊙ 다른 사이트에서 퍼온 글에도 CCL을 설정할 수 있는가?

거듭 강조하지만 본인에게 저작권이 없는 저작물에는 CCL을 설정하면 안 됩니다. 남의 저
작물에 CCL을 설정하는 행위는 곧 원저작자의 권리를 침해하는 행위이기 때문에 저작자
의 의지와 무관하게 CCL을 설정하는 행위는 저작권법을 위반하는 것입니다.

⊙ CCL을 적용하고 난 후에 마음이 바뀌면 어떻게 해야 하나?

CCL을 설정한 저작자는 언제든지 그 적용을 취소하거나 설정 내용을 변경할 수 있습니다. 그러나 이는 취소하거나 변경한 이후에 이용한 사람들에 대해서만 적용되며, 그 이전에 CCL에 따라 저작물을 이용한 사람에게는 개별적으로 접촉하여 사용 중지 혹은 CCL 조건에 따라 사용할 것을 요청해야 합니다.

⊙ CCL을 설정하면서 비영리 조건을 붙였다면 저작자인 본인도 영리적인 이용을 할 수 없는 것인가?

그렇지 않습니다. CCL은 저작자가 아닌 다른 이용자들이 해당 저작물을 사용하려고 할 때 적용되는 라이선스입니다. 저작자는 CCL 조건에 구애받지 않고 저작물을 사용할 수 있습니다.

⊙ CCL의 조건을 지킨다면 별도 허락을 구하거나 비용을 지불할 필요가 없을까?

일반적으로 CCL 조건을 지킨다면 별도 허락 또는 비용 지불 없이 해당 저작물을 이용할 수 있습니다. CCL의 'Some rights reserved'라는 메시지는 이용자가 개별적으로 저작자를 찾아 허락을 받을 필요 없이 CCL에 정해진 조건으로 저작물을 이용할 수 있다는 뜻입니다.

⊙ 비영리 조건의 저작물을 영리적으로 이용하고 싶을 때에는 어떻게 해야 할까?

비영리 조건은 CCL에 의해서는 영리적 이용을 할 수 없다는 것을 의미할 뿐입니다. 따라서 저작자와 따로 접촉하여 영리적 이용을 허락받는다면 영리적으로 이용할 수 있습니다.

⊙ CCL에서 저작자 표시는 필수 사항인데, 정확한 저작자 표시 방법은 무

엇인가?

모든 CCL에는 기본적으로 '저작자 표시' 조건이 포함되어 있으며, 저작물의 복제물에는 당초 원저작물에 표시된 바와 같은 원저작자, 제호를 표시해야 합니다. 또한 원저작자가 저작물의 위치를 명기한 경우에는 그 URL 주소 등을 함께 명기해 주어야 합니다. 그리고 2차적저작물의 경우에는 '○○○의 저작물을 한국어로 번역한 것임' 또는 '원저작자 ○○○의 저작물에 기초한 각본임' 등의 방식으로, 이용하는 매체와 수단에 적합하게 원저작자 및 원저작물에 대한 정보를 표시해야 합니다.

⊙ 내가 설정한 CCL 조건을 어기는 이용자에게는 어떻게 대응해야 하는가?

만약 이용자가 라이선스 조건을 어겼다면 CCL에 의한 저작물 이용허락은 자동적으로 끝나게 됩니다. 예를 들어, 누군가 CCL이 적용된 저작물을 이용하면서 정해진 바와 같이 저작자 표시를 하지 않았다면, 더 이상 그 사람은 그 저작물을 사용할 권리를 갖지 못하게 되는 것이지요. 따라서 저작권 침해에 따른 법적 책임을 져야 합니다. 다만, 이는 라이선스 조건을 어긴 이용자에게만 적용되는 것이며, CCL에 부합하게 이용하는 사람들은 아무런 영향을 받지 않습니다.

⊙ 유명 블로그의 게시물을 그대로 복사해서 자신의 블로그에 옮긴 뒤 CCL을 적용한 이용자를 발견했다면 누구든지 고객센터 등에 신고할 수 있는가?

저작권을 침해한 게시물을 발견했다고 하더라도 서비스 중단 요청이나 법적 고소 등은 저작권자 본인이나 혹은 그 권한이나 책임을 위탁받은 대리인만 가능합니다. 따라서 저작권자에게 알려줄 수는 있지만 제3자가 직접 법적 책임을 물을 수는 없습니다.

※ 참고 사이트 : http://www.cckorea.org(크리에이티브 커먼즈 코리아)

저작권, 등록해야만 보호받는 걸까?

"아싸, 드디어 불후의 명곡이 탄생했도다! 빨리 녹음실로 가야지."

모니 양의 삼촌은 가요 작곡가이다. 마흔이 넘은 나이에 싱글이지만 작곡 솜씨가 좋아서 많은 가수들이 그의 곡을 받으려고 애쓴다고 한다. 물론 삼촌의 일방적인 주장일 뿐이다. 노래방에 가면 삼촌이 작곡한 노래를 찾을 수가 없으니 말이다.

"아참, 녹음실로 가기 전에 등록부터 해야겠군. 그런데 어디에다 등록을 하는 거지? 모니야, 너 저작권 등록하는 곳이 어딘지 아니?"

저작권 등록이라니? 금시초문이라 모니는 대답을 못하고 물끄러미 삼촌을 바라보았다.

"너 학교에서 저작권 수업 듣는다며? 그런데도 저작권 등록기관이 어딘지 몰라?"

이럴 때에는 바로가 해답이다. 모니는 재빨리 바로의 휴대폰 번호 단축키를 눌렀다.

"저작권 등록은 왜? 저작권은 창작과 동시에 발생하는 거지 특별히 등록을 하거나 어떤 절차를 거쳐야만 생기는 게 아냐. 만일 다른 사람한테서 배타적인 이용권을 얻었을 때에는 제3자에게 대항하기 위해 등록을 하는 경우도 있긴 하지만 저작권 그 자체를 등록할 필요는 없다는 뜻이지."

바로에게서 돌아온 대답은 등록이 필요 없다는 거였는데, 그 이유는 명확하게 이해하기가 어려웠다.

"삼촌, 등록할 필요 없다는데. 그냥 있으면 된대."

"뭐라고? 등록할 필요가 없다고?, 그럼 안 돼지. 이 귀한 곡을 내 이름으로 등록해 놔야지. 누가 표절이라도 하면 어떻게 해. 어디에다 등록하는지만 물어 봐."

삼촌은 이미 저작권을 등록하기로 결심을 굳힌 듯했다. 그런데 바로는 무슨 이유로 저작권을 등록할 필요가 없다고 한 걸까?

∞

응답하라!

등록(登錄, registration)이란 저작물의 명세(明細) 또는 저작자의 권리에 관한 계약을 국가의 공부(公簿)에 기재하는 것을 뜻합니다. 저작물에 대한 저작권의 성립 요건 또는 주로 제3자와의 관계에 있어서 일정한 경우 각 계약의 효력 요건으로 일부 국가(주로 미주 국가)에서 아직도 요구되는 전통적인 방식이지요. 또한 일부 국가에서는 등록을 저작권의 성립 요건이나 계약의 효력 요건으로 하기보다는 단지 절차상의 요건으로 규정하기도 합니다. 그리고 일부 국가의 저작권법에서는 강제 등록을 규정하고 있기도 하지만 실제는 저작권에는 아무런 영향을 미치지 않도록 하기도 하고 등록을 일종의 증거 확보 차원으로 적용하기도 하여 선택적으로 규정하고 있는 경우가 대부분이지요.

베른협약에 따르면 권리의 향유와 행사는 등록과 같은 방식을 조건으로 할 수 없으며, 세계저작권협약(UCC)도 방식을 저작권의 요건으로 요구할 수 없도록 규정하고 있습니다. 우리 저작권법에서도 무방식주의를 규정하고 있기 때문에 여기서 말하는 등록이란 저작권의 발생과는 아무런 관계가 없습니다. 다만, 저작권과 관련하여 일정한 사항을 저작권등록부에 등록하게 함으로써 공중으로 하여금 공개적으로 열람할 수 있도록 하여 공시적인 효과를 기대함과 동시에, 일정한 사항에서는 거래의 안전을 위해 제3자에게 대항하기 위한 요건이 될 수 있도록 하고 있을 뿐이지요.

이렇듯 등록은 일정한 경우에 한해서 대항력(對抗力) 또는 추정력(推定力)을 갖게 하는 것일 뿐 모든 저작권이나 저작권에 관한 사항에 해당하는 것은 아닙니다. 저작권법에 따르면 저작자 또는 저작재산권자는 다음과 같은 사항을 등록할 수 있으며, 그 내용은 향후 권리 내용에 대한 추정력을 갖게 됩니다.

① 저작자 또는 저작재산권자의 성명·이명(공표 당시에 이명을 사용한 경우에 한한다)·국적·주소 또는 거소
② 저작물의 제호·종류·창작연월일
③ 공표의 여부 및 맨 처음 공표된 국가·공표연월일
④ 기타 대통령령으로 정하는 사항

먼저, 저작자 또는 저작재산권자는 그의 성명(姓名)과 이명, 그리고 국적과 주소 또는 거소를 등록할 수 있습니다. 이때 이명의 경우에는 "공표 당시에 이명을 사용한 경우에 한한다"고 했으므로 공표 이후에 사용하기 시작한 이명은 등록 대상이 되지 않는다는 점에 주의해야 합니다. 이렇게 저작자 또는 저작재산권자가 성명 또는 이명을 등록하게 되면 등록된 사람을 저작자 또는 저작재산권자로서 추정하므로 인격적 이익을 추구하는 경우에도 효과를 기대할 수 있게 됩니다. 다만, 이명이라고 하더라도 누구나 다 알고 있는 이름이라면—예컨대 소월(素月), 목월(木月), 미당(未堂) 등과 같은—굳이 등록할 필요는 없겠지요. 여기에다 국적과 주소 및 거소도 등록의 대상이 됩니다.

또 저작물의 제호와 종류, 그리고 창작연월일을 등록할 수 있습니다. 제호란 그 저작물의 제목을 뜻하며, 종류는 저작권법에서 규정하고 있는 저작물의 예시에 따라 구별하는 것을 뜻합니다. 그 저작물이 어문저작물·음악저작물·연극저작물·미술저작물·건축저작물·사진저작물·영상저작물·도형저작물·

컴퓨터프로그램저작물 중 어디에 속하는지 판단해서 등록하는 것입니다. 아울러 창작연월일은 저작물 사이의 유사성, 즉 무단복제 여부가 문제될 때 저작물 창작의 선후(先後)를 가리는 데 유용한 판단의 기준이 될 것으로 보입니다.

다음으로, 저작자 또는 저작재산권자는 저작물의 공표 여부 및 맨 처음 공표된 국가와 공표연월일을 등록할 수 있습니다. 이는 저작재산권의 보호기간과 밀접한 관계가 있습니다. 맨 처음 공표된 국가의 등록은 발행지가 어디인지 밝힘으로써 국제적인 저작권 보호에 있어서의 원칙인 발행지주의의 기준이 되며, 공표 여부 및 공표연월일의 등록은 업무상저작물에서처럼 공표시기를 보호기간의 기산점으로 삼는 경우에 기준이 될 수 있습니다.

그 밖에 '기타 대통령령으로 정하는 사항'은 저작권법 시행령에 규정되어 있는데, 그것은 '2차적저작물의 경우 원저작물의 제호 및 저작자', '저작물이 공표된 경우에는 그 저작물이 공표된 매체에 관한 정보', 그리고 '등록권리자가 2명 이상인 경우 각자의 지분에 관한 사항' 등입니다.

한편, 무명저작물의 경우에는 그 저작물의 발행자나 공연자로 표시된 사람이 저작권을 가지는 것으로 추정하므로 일단 그 발행자 또는 공연자가 저작재산권자로서 공표연월일을 등록할 수 있는 것으로 해석됩니다. 또한 널리 알려진 이명이 표시된 저작물의 경우에는 별 문제가 없으나 널리 알려지지 않은 이명저작물의 경우에는 공표연월일을 등록하고자 하는 사람이 먼저 정당한 저작재산권자임을 증명해야 합니다. 그 밖에 저작자가 사망한 경우에는 그의 유언에 의해 지정된 사람 또는 민법상의 상속인이 저작권 관련 사항을 등록할 수 있습니다. 저작자가 사망한 경우, 그가 사망하기 전에 이러저러한 사항을 밝히거나, 등록을 하지 말도록 특별히 의사 표시를 하지 않았다면 유언으로 지정받은 제3자나 법적으로 그 권리를 상속받은 사람이 사망한 저작자의 권리와 관련하여 여러 사항을 등록할 수 있는 것이지요.

이렇게 해서 저작자 또는 저작재산권자로 성명이 등록된 사람은 그 등록저 작물의 저작자 또는 저작재산권자로 추정하며, 또한 창작연월일 및 맨 처음 공 표연월일이 등록된 저작물은 등록된 연월일에 그 저작물이 창작 또는 맨 처음 공표된 것으로 추정합니다. 또한 이러한 '추정'의 법률적 효력은 절대적인 것 은 아니어서 반대의 증거가 있으면 효력을 잃게 된다는 점에 주의해야 합니다.

I 알아둡시다 I

⊙ 등록하지 않으면 제3자에게 대항할 수 없는 경우

등록은 그 자체가 비록 저작권 발생을 위한 요건은 아니지만 등록하지 않으면 제3자에게 대항할 수 없는 경우가 있습니다. 이는 저작재산권의 권리 변동에 따른 거래의 안전을 도모 하기 위한 것으로 풀이되며, 다음과 같은 경우가 해당됩니다.

① 저작재산권의 양도(상속 기타 일반승계의 경우를 제외한다) 또는 처분제한

② 저작재산권을 목적으로 하는 질권의 설정·이전·변경·소멸 또는 처분제한

③ 출판권(출판권설정등록 포함)

여기서 '제3자'란 원래 권리 또는 의무의 당사자를 제외한 모든 사람을 뜻하지만 구체적으 로는 등록이 없었음을 주장함으로써 이익을 얻을 수 있는 '제3자'로 해석해야 합니다. 등 록 자체는 저작재산권 발생의 요건이 아니며, 등록을 해야만 저작재산권을 가지지 않은 자 에게 대항할 수 있다는 것이 아니므로 등록 유무에 관계없이 저작물의 무단 이용자에게 권 리 주장이 가능하기 때문이지요.

먼저 저작재산권을 양도하거나 처분을 제한할 경우에는 등록해야만 제3자에게 대항할 수 있는데, 이 경우 민법상의 상속인이나 회사의 합병과 같은 사유로 모든 재산권을 일괄 취득 하는 일반승계인 등은 원권리자와 같은 권리를 행사할 수 있으므로 제외하고 있습니다.

잠깐, 저작재산권의 양도에 있어 이중양도의 경우를 생각해 볼까요.

예컨대, 갑이 어느 저작재산권을 양도받았는데 그러한 사실을 모르는 상태에서 정당한 절차를 거쳐 을도 같은 저작재산권을 양도받았다면 갑은 을에 대하여, 을은 갑에 대하여 각각 제3자의 위치가 되는 것이며, 이 경우 갑이 먼저 양도에 따른 등록을 마쳤다면 갑은 을을 상대로 권리 주장을 할 수 있지만 을은 갑을 상대로 권리 주장을 할 수 없다는 겁니다. 다만, 을이 원권리자에게 저작재산권을 이중양도한 데에 따른 손해배상을 청구하는 것은 별개의 문제이지요.

다음으로 처분제한에 대한 등록이란 예컨대, 어느 저작재산권자가 갑에게 재산적 권리를 신탁(信託)에 의한 방법으로 양도함에 있어서 허락 없이 갑이 제3자에게 그 권리를 재양도하거나 질권 등을 설정할 우려가 있다고 판단할 때에는 그러한 처분을 제한하는 내용의 등록을 함으로써 재양도 또는 질권설정 등을 제한할 수 있다는 뜻입니다.

또 저작재산권을 목적으로 하는 질권의 설정·이전·변경·소멸 또는 처분제한의 경우에도 등록해야만 제3자에게 대항할 수 있습니다. 먼저 질권설정 등록의 예를 보면, 갑이 자신의 저작재산권을 목적으로 한 질권을 을에게 설정하고 나서 질권이 설정된 상태에서 그 저작재산권을 병에게 양도하였다면 질권자인 을과 저작재산권을 양도받은 병 사이에는 질권설정 여부를 둘러싼 분쟁이 생길 수밖에 없는데, 이 경우 질권자인 을이 질권설정 등록을 하지 않았다면 병에게 질권설정에 따른 권리 주장을 할 수 없다는 것이지요.

다음에 질권의 이전이란 질권자가 질권 자체를 양도의 방법으로 다른 사람에게 이전하는 것을 뜻하며, 이 경우 저작재산권의 양도에서처럼 이중양도의 부작용이 있을 수 있기 때문에 등록을 대항 요건으로 규정한 것입니다.

그리고 질권의 변경이란 저작자인 갑이 자신의 저작재산권을 목적으로 한 질권을 을에게 설정하고 일정 기간이 지난 후에 저작물의 내용을 수정 또는 증감하여 변경된 저작물을 작성했다면 설정된 질권의 내용도 변경되는 것을 뜻합니다. 그렇게 변경된 저작물의 저작재산권을 원권리자가 병에게 양도했다면 을과 병 사이에는 변경된 질권을 놓고 분쟁이 있을 수 있으므로 질권의 변경 내용을 등록함으로써 제3자에게 대항하도록 한 것이지요.

마지막으로 질권의 처분제한이란 저작재산권의 처분제한과 같은 것으로, 갑이 을에게 질권을 설정함에 있어서 을이 그 질권을 제3자에게 또 다시 양도할 수 없다는 내용의 특약을 하였는데도 불구하고 을이 병에게 질권을 양도했다면 그러한 질권의 처분에 따른 분쟁이 있을 수 있습니다. 따라서 질권의 처분제한에 따른 등록을 대항 요건으로 규정한 것이지요.

그 밖에 출판권 등록 및 출판권설정등록 또한 같으며, 이 경우 저작권등록부는 '출판권등록부'가 됩니다.

저작권이 더 셀까, 출판권이 더 셀까?

"아빠, 축하 드려요. 드디어 저자가 되셨네요. 대박 베스트셀러가 될 거예요."

바로 군의 아버지가 책을 내게 되셨단다. 증권회사 임원으로 일하면서 얻은 경험과 지식을 바탕으로 일반 독자들도 쉽게 증권 투자를 할 수 있도록 안내하는 실용서를 내게 된 것이다.

"그런데 바로야! 아빠가 출판사랑 제대로 계약을 한 건지 모르겠다. 너도 한번 이 출판계약서 좀 볼래. '출판권설정계약서'라고 되어 있는데, 저자보다는 출판사가 유리하게 작성되어 있는 것 같단 말이야. 저작권이 먼저인지 출판권이 우선하는 건지 잘 모르겠다."

아버지의 말씀을 들으며 바로는 비로소 저작권과 출판권의 관계를 곰곰이 생각해 보았다.

"아빠, 출판권은 말 그대로 출판할 수 있는 권리일 뿐, 저작권보다 우선하는 건 아니에요. 여기 저작권법에 보면 출판권자는 저작권자로부터 책을 낼 수 있는 권리를 허락받은 것에 불과하거든요."

바로를 대견하다는 듯 바라보시는 아버지의 표정이 환해지고 있었다.

"좀 더 자세히 저작권과 출판권의 관계를 설명해 줄 수 있겠니? 이참에 나도 저작권 공부 좀 하자꾸나."

진지한 아버지의 부탁을 들으니 바로는 금세 우쭐한 마음에 들떠서 농담을 건넸다.

"세상에 공짜는 없는 거 아시지요? 수업료 먼저 내셔야 해요."

아버지께선 장난스럽게 내민 바로의 손을 보시곤 선뜻 지갑을 꺼내 드셨다.

저작권법에서 말하는 출판권(出版權)이란 "저작물을 인쇄 그 밖의 이와 유사한 방법으로 문서 또는 도화(圖畵)로 발행할 수 있는 권리"라고 할 수 있습니다. 그런데 이러한 출판권을 얻으려는 사람은 그 저작물을 복제 및 배포함에 있어서 원권리자라고 할 수 있는 저작권자와 그에 따른 계약을 맺어야 합니다. 하지만 우리 출판계의 관행에 비추어 보면 문서에 의한 출판계약보다는 구두(口頭)에 의한 것이 많았기에 분쟁의 소지가 매우 많았던 것도 사실이지요. 과거에서부터 현재에 이르기까지 우리 출판계에서 많이 이용되었거나 이용되고 있는 출판계약의 유형을 살펴보면 다음과 같습니다.

첫째, 서면계약이 아닌 구두약정의 경우가 있습니다. 물론 말로써 이루어지는 약정도 계약이 전혀 없었던 상태와는 근본적으로 다르므로 입증할 수만 있다면 법적인 효력을 갖지만, 견해의 차이로 인해 분쟁이 생겼을 경우 객관적 판단의 근거가 없으므로 입증하기 곤란한 지경에 이르는 것이 대부분입니다. 따라서 각자 자기에게 유리한 기억과 주장을 내세우기 때문에 정당한 쪽의 권리가 반드시 지켜진다는 보장이 없다고 하겠습니다.

둘째, 문서에 의한 출판허락계약의 경우가 있습니다. 이는 저작권자가 출판자에 대해 저작물의 이용을 허락하고 출판자는 그 저작물을 이용 형태에 맞게, 즉 출판물의 형태로 만들어 판매의 방법으로 배포하는 것을 약정함으로써 성립되는 계약을 말합니다. 그리고 이것은 단순출판허락계약과 독점출판허락계약으로 나눌 수 있지요. 단순허락계약은 비독점적이며 비배타적인 효력을 갖는 것으로, 출판권자는 저작권자가 다른 출판자에게 같은 저작물을 출판할 권리를 준다 해도 대항할 수 없는 성격을 띠고 있습니다. 또한 독점허락계약에 있어서도 채권적인 효력밖에 없으므로 계약 위반이 생겼을 경우에 출판권자는 저작권자에 대하여 약속을 지키지 않은 것에 대한 추궁만 할 수 있을 뿐 제3의 출판자에 대하여 직접 항의하거나 출판물 배포의 금지 또는 손해의 배상을 요구할 권리는 주어지지 않습니다.

셋째, 출판권설정계약의 유형이 있습니다. 이는 저작물의 이용허락계약과는 달리 설정계약에 정해진 범위 내에서 저작물을 발행하는 내용의 출판권을 설정하는 계약으로, 저작물의 직접적 지배를 내용으로 하기 때문에 설정출판권자는 그 저작물의 이용에 관하여 당연히 독점적이며 배타적인 권리를 행사할 수 있으며, 소정의 절차를 거쳐 등록을 하게 되면 제3자에게 대항할 수 있는 효력까지도 생깁니다.

흔히 저작권법에서 규정하고 있는 출판권의 보호조항을 출판허락계약의 경우에도 적용시킬 수 있는 것으로 생각하는 이들이 많은데 그것은 잘못입니다. 저작권법의 보호를 받기 위해서는 바로 출판권을 설정하는 계약을 맺어야 하기 때문이지요. 그러므로 출판허락계약에 의한 채권적 권리와 설정출판권이 갖는 준물권적인 배타적 권리를 똑같은 '출판권'이라는 이름으로 혼동해서는 안 됩니다.[33] 저작권법에서 규정하고 있는 출판권의 존속기간, 출판권자의 의무, 출판권의 소멸 등에 관한 것은 오늘날 흔하게 행해지고 있는 출판허락계약에는 적용되지 않는다는 점에 유의해야 하며, 저작권법에서 말하는 '출판권'이란 출판할 권리 전반을 가리키는 것이 아니라 출판권설정계약에 의해 생기는 준물권적인 '설정출판권'만을 뜻합니다.

---

33) 물권(物權)은 어떤 물건을 직접 지배하여 이로부터 이익을 얻는 배타적인 권리이므로 모든 사람에 대하여 권리를 주장할 수 있는 절대권(絶對權)이지만, 채권(債權)은 특정의 채무자(債務者)에 대해서만 그 권리를 주장할 수 있는 상대권(相對權)이라는 점에서 차이가 있다.

그 밖에도 출판과 관련된 복제 및 배포는 물론 저작재산권자가 가지는 일체의 권리를 출판자에게 양도하는 '저작재산권 양도계약'과 저작재산권의 일부인 복제권 및 배포권을 출판자에게 양도하는 '복제·배포권 양도계약'의 유형이 있습니다. 하지만 이는 저작재산권자의 주요 권리가 출판자에게 양도됨으로써 출판자는 출판뿐만 아니라 다른 이용 형태에 대한 권리까지도 보장받게 된다는 측면에서 저작재산권자에게는 상당히 불리한 계약이므로, 실제적인 가능성은 별로 없어 보입니다.

| 알아둡시다 |

⊙ 출판권 설정의 의미

현행 저작권법에서는 출판권의 설정에 대해 규정하고 있습니다. '설정'이란 쌍방간의 계약에 의해 새로이 제한적인 물권(物權) 따위의 배타적 권리를 발생시키는 것을 말하며, 출판권 역시 그러한 설정의 대상임을 나타냅니다. 먼저 "저작물을 복제·배포할 권리를 가진 자"를 가리켜 '복제권자'라고 하였으므로 저작재산권의 일종으로서 엄연히 분리되어 있는 복제권과 배포권을 일괄하여 표현한 것에 주의해야 합니다. 이는 다음의 내용에서 설명하고 있는 출판의 개념과도 깊은 관계가 있습니다. 저작권법에서는 출판을 "저작물을 인쇄 그 밖의 이와 유사한 방법으로 문서 또는 도화로 발행하는 것"이라 정의하고 있는데, 여기서 말하는 '발행'이란 곧 복제와 배포를 포함하는 개념이기 때문이지요.

한편 복제의 여러 방법 중에서도 "인쇄 또는 이와 유사한 방법"만을 규정하고 있으므로 녹음 또는 녹화에 의한 복제는 해당되지 않는 것으로 보이며, '문서 또는 도화'라고 하여 그것이 서적이나 잡지 또는 화집이나 사진집, 그리고 악보 등을 일컫는 것으로 보입니다. 따라서 복제기술의 발달에 힘입어 새로이 선보이고 있는 비종이책, 즉 오디오북 또는 비디오북이라고 일컬어지는 것들이나 CD-ROM, 전자책(e-Book) 등은 해당되지 않습니다.

결국 저작권법에서의 출판이란 "저작물을 인쇄 또는 이와 유사한 방법을 통해 문서 또는 도화의 형태로 복제해서 그 복제물을 배포하는 것"이라고 할 수 있지요. 그리고 이와 같은 방법으로 출판할 수 있는 권리를 '출판권'이라 하며, 그러한 출판권을 복제권자로부터 설정받은 사람을 '출판권자'라고 합니다.

다음으로 출판권의 내용에 대해 살펴보면, 출판권은 "설정행위에서 정하는 바에 따라 그 출판권의 목적인 저작물을 원작 그대로 출판하는 권리"입니다. '설정행위에서 정하는 바'라는 것은 구체적인 계약의 내용을 말하는 것으로, 출판권을 설정하는 계약행위에 따라 만들어진 계약서에 나타나 있는 내용을 뜻합니다. 따라서 출판시기·출판방법·발행부수·인세조건 등이 그것이며, 출판권자는 그러한 내용대로만 출판권을 행사할 수 있다는 뜻이지요.[34] 또한 출판권자의 의무, 출판권의 존속기간, 출판권 소멸 후 출판물의 배포 등에 대해 또 다른 약정 사항도 설정행위로 정할 수 있겠습니다.

아울러 저작인격권, 즉 동일성유지권을 존중해야 합니다. 따라서 오자(誤字) 또는 탈자(脫字)나 맞춤법에서 벗어나는 것을 바로잡는 것은 가능하지만 저작물의 내용이나 형태가 변하는 것, 즉 번역이나 개작에 의한 출판행위는 별도의 설정행위가 없는 한 불가능합니다. 왜냐하면 저작재산권의 침해 여부와 관계없이 번역 또는 개작에 따른 2차적저작물에 대한 별도의 권리가 번역 또는 개작한 사람에게 주어지기 때문이지요.

또 복제권을 목적으로 하는 질권이 설정되어 있는 경우에는 질권자의 허락이 있어야만 복제권자가 출판권을 설정할 수 있습니다. 따라서 질권이 설정되어 있음에도 이를 무시하고 출판권을 설정하는 복제권자가 있을 수 있으므로 출판권을 설정받고자 하는 사람은 반드시 저작권등록부를 확인할 필요가 있으며, 출판권을 설정받은 후에는 소정의 절차를 거쳐

---

34) 또 다른 견해로는 출판물의 판형(版型), 활자(活字)의 선택, 제본(製本)의 방법, 장정(裝幀) 등과 같은 복제방법은 물론 판(版)의 수와 같은 복제부수까지 설정행위에 있어서의 출판권의 내용으로 정해야 한다고 주장하는 사람도 있지만, 이렇게 되면 출판권자의 권능을 지나치게 제한할 뿐만 아니라 배타성이 있는 출판권을 공시함에 있어서도 복잡하고 실제적으로도 여러 가지 어려운 문제가 일어날 수 있다는 견해가 더 유력한 것으로 보임.

설정 내용을 등록하는 것이 좋겠습니다.

한편, 저작재산권이라 하지 않고 복제권이라고 했음에도 불구하고 복제권을 포함하는 저작재산권을 목적으로 하는 질권이 설정되었을 경우에도 그 질권자의 허락이 있어야만 출판권 설정이 가능합니다.

⊙ 출판권자가 지켜야 할 의무사항

출판권이 설정되면 일단 복제권자는 제3자를 통한 출판을 할 수 없으므로 출판에 의한 복제권과 배포권의 실질적인 작용을 보호하기 위해서는 출판권자에게 일정한 의무사항을 부과하는 것이 합리적이겠지요. 저작권법에 따르면 출판권자의 의무사항은 크게 '9개월 이내에 출판할 의무', '관행에 따라 계속해서 출판할 의무', 그리고 '복제권자를 표지(標識)할 의무' 등의 세 가지로 나눌 수 있습니다.

이 중에서 '복제권자 표지의무'를 제외한 의무조항은 출판권자가 복제권자에 대해 지게 되는 일종의 채무이므로 합의에 의한 설정행위의 정함에 따라 그 내용을 변경할 수 있습니다. 다만, 설정행위를 정함에 있어서 이와 같은 의무조항을 완전히 면제하는 것—예컨대, "출판권 존속기간에 관계없이 출판권자의 형편에 따라 아무 때나 출판한다"라든가, "출판권자에게는 한 번 출판한 이후 계속해서 출판할 의무가 없다"라는 식으로—은 출판권 설정의 근본 취지에 비추어 보아 어긋나는 것이므로 무효가 됩니다.

출판권자의 첫 번째 의무로 "9개월 이내에 출판할 의무"란 "언제까지 출판하기로 한다"는 약속이 없는 한, 완전원고를 받은 날로부터 9개월 이내에 출판해야 한다는 뜻입니다. 저작권법에는 "출판권의 목적인 저작물을 복제하기 위해 필요한 원고 또는 이에 상당하는 물건"이라고 표현하고 있지만, 이는 실무에서 흔히 사용하는 용어인 '완전원고'라는 말로 보아도 별 무리가 없을 겁니다. 아울러 여기서 말하는 '출판'의 뜻은 단순한 복제를 말하는 것이 아니라 그 복제물을 배포하여 유통의 상태에 두는 것, 즉 일반 서점에 깔려서 독자들이 구입할 수 있는 상태에 이른 것을 뜻한다는 점에 주의해야 합니다. 또한 "특약이 없는 때에는"이라고 하였으므로 특약에 의해, 즉 설정행위를 정함에 있어서 기간은 단축하거나 연장할 수 있으며[35], 설정행위로서 결정된 기간은 곧 출판권자의 의무 위반을 판단하는 근거가 됩니다.

그런데 이와 같은 약정된 기간 내의 출판 이전에 저작자로부터 원고가 약정된 기일 안에 출판권자에게 인도되는 것도 중요하지 않을 수 없겠지요. 현실적인 면에서 볼 때 출판자나 편집자의 원고 독촉에도 불구하고 기일 안에 원고가 인도되지 않는 사례가 많기 때문입니다. 그런 점을 감안해서 저작자의 원고인도 의무를 별도의 법조문으로 규정한 나라도 있답니다. 하지만 우리 저작권법에는 그러한 규정이 없는데 그것은 출판계약이 성립되기 위해서는 '원고의 인도'라는 전제가 당연한 일이라고 여긴 때문이 아닌가 생각합니다.

출판권자의 두 번째 의무인 "관행에 따라 계속 출판할 의무"란 출판권이 존속하는 기간 중에는 저작물의 복제물이 항상 시중의 유통 상태에 있어서 그것을 구매하는 데 지장이 없도록 해야 한다는 것으로, 적어도 품절되는 일이 없도록 해야 한다는 뜻으로 해석하면 되겠습니다. 한편, "관행에 따라"라고 한 것은 출판권자의 입장을 감안한 표현으로 보이는데, 만일 일방적으로 "계속 출판해야 한다"고 한다면 출판권자의 경제적 이익을 전혀 고려하지 않은 것처럼 보일 수도 있기 때문이지요. 출판계의 관행으로 보았을 때 어떤 책을 출판한 이후 아무리 홍보에 치중해도 구매율이 저조하여 반품에 의한 재고가 많이 쌓이게 되면 그것은 절판시킬 수밖에 없는데도 이 조항 때문에 계속해서 출판해야 한다면 문제가 아닐 수 없습니다. 그러므로 독자들의 구매 욕구가 매우 왕성함에도 불구하고 복제권자와의 불화를 이유로 더 이상 출판물을 유통시키지 않는 등의 악의적인 상황이 아닌 한 일반적인 출판 관행에 따라 계속 출판이 어려울 수도 있다는 뜻으로 해석됩니다.

---

35) 실제로 한 권짜리 시집이나 소설 또는 에세이 같은 것은 완전원고만 입수되었다면 한 달 만에 출판할 수 있는 것도 있으며, 사전(辭典, 事典) 따위는 완전원고가 입수되었더라도 수 년 이상 걸릴 수도 있을 것임.

출판권자의 세 번째 의무인 "복제권자 표지(標識) 의무"란 특약이 없는 때에는 법령이 정한 바에 따라 복제권자의 표지를 해야 한다는 뜻입니다. 법령에 따르면, 외국인의 저작물일 경우에는 복제권자의 성명 및 맨 처음 발행연도를 표지해야 하며, 우리나라 국민의 저작물일 경우에는 복제권자의 성명 및 맨 처음 발행연도의 표지와 함께 복제권자의 검인(檢印)을 붙여야 하고, 출판권자가 복제권의 양도를 받은 경우에는 그 취지를 표지해야 합니다. 다만, 정기간행물의 경우에는 그 특성을 감안해서 복제권자 표지의 의무를 면제하고 있습니다. 그리고 구체적인 표지방법에 대해서는 규정되어 있지 않으므로 출처명시 방법을 준용해서 저작물의 이용 상황에 따라 합리적이라고 인정되는 방법으로 하면 되겠습니다.

⊙ 출판권 존속기간과 소멸

현행 저작권법에서는 "출판권은 그 설정행위에 특약이 없는 때에는 맨 처음 출판한 날로부터 3년간 존속한다"고 규정하고 있습니다. 일반적으로 출판권의 존속기간에 대해서는 설정행위로 정하는 것이지만, 만약 그렇게 하지 않았을 경우와 일방적인 출판권자의 욕심 때문에 출판권 존속기간이 무한대로 설정되었을 경우에 대비한 것이 아닌가 생각합니다. 출판권의 존속기간은 저작물의 성질과 그것을 출판에 이용함으로써 기대되는 실질적인 효용성, 그리고 복제권자와 출판권자의 인간적인 신뢰 정도에 의해 결정되는 것이 합리적이므로 별도의 정함이 없다면 맨 처음 출판한 날로부터 3년간 출판권이 존속하는 것으로 본 것이며, 저작재산권 자체가 길어야 저작자 사후 70년인 점을 감안하더라도 무기한의 출판권이란 있을 수 없으므로 그런 경우에도 맨 처음 출판한 날로부터 3년간만 출판권이 존속하는 것으로 보고 그 이후에는 출판권이 소멸된다고 규정한 것이지요.

이러한 출판권의 존속기간은 출판권설정계약의 유효기간과 일치하므로 그 계약에서 유효기간이 끝났더라도 일정한 기간 내에 서로의 분명한 의사표시가 없는 한 같은 조건으로 계약의 효력이 다시 생겨난다고 약정했다면 출판권 존속기간 역시 늘어나게 됩니다. 따라서 출판권자는 적당한 기간을 정해서 복제권자와 합의하여 출판권 존속기간을 약정해야 하며, 무조건 욕심을 부리다가는 오히려 훨씬 단축된 출판권 존속기간으로 낭패를 볼 수도 있겠습니다. 여기서 "맨 처음 출판한 날"이라는 것은 출판권 설정 후에 저작물의 복제물인 출판물이 서점 등에 유통되어 구매 가능한 상태에 놓인 것을 말하므로 발행 및 배포가 완전하게 이루어진 날을 뜻하며, 일반적으로는 서적 등의 판권에 적혀 있는 초판 1쇄의 발행일을 뜻한다고 보면 무방합니다.

한편, 출판권설정계약 등 계약서에서 정한 기간이 끝나면 당연히 출판권자에게 주어진 권리의 효력이 소멸하면서 모든 권리는 저작권자에게 귀속됩니다. 하지만 출판권자가 의무사항을 제대로 이행하지 않았을 때나 그 밖의 사유로 출판이 불가능하다고 판단될 때에도 저작권자는 출판권의 소멸을 통고할 수 있습니다.

먼저 출판권자가 9개월 이내의 출판의무 또는 계속출판의 의무를 위반했을 경우에 다시 한번 6개월 이상의 기간을 정해서 성실히 이행할 것을 알린 다음, 그래도 이행하지 않을 경우에는 출판권의 소멸을 통고할 수 있습니다. 이는 출판을 목적으로 설정된 출판권의 특성을 감안한 것으로, 정해진 기간 내에 출판이 이루어지지 않거나 품절 상태로 인해 저작물의 복제물을 구할 수 없는 상태에 있다면 출판권을 설정한 저작권자의 입장에서 보아 좀 더 큰 경제적 이익을 위해 유명무실한 출판권을 소멸시키고 새로운 출판권을 설정하는 것이 바람직하겠지요. 여기서 "9개월 이내 출판"이란 설정행위에서 특약이 없는 경우만을 뜻하므로 설정행위에 있어서 그 기간을 2년으로 정했다면 2년 이내에 출판하지 않은 경우에 의무위반이 됩니다. 아울러 계속출판의 의무 역시 설정행위에 별도의 약정이 있다면 그것에 따라서 판단해야 합니다.

한편, 출판권자의 사정으로 보아 출판 자체가 불가능하거나 출판권자에게 출판할 의사가 없는 것이 명백한 경우에는 의무이행을 촉구할 필요도 없이 즉시 출판권 소멸을 통고할 수 있습니다. 여기서 출판이 불가능하다거나 출판할 의사가 없다는 것은 출판권자가 아닌 저작권자가 판단하는 것이므로 기준이 엄격하게 해석되지 않으면 악용될 소지도 있을 것입니다.

우선 객관적인 측면에서 "출판권자가 출판이 불가능한" 경우란 출판사가 자금 사정이 악화되어 문을 닫을 상황이라거나 그와 비슷한 처지여서 도저히 출판 업무를 수행하지 못하는 경우, 또는 출판권자가 사망하거나 투옥되어 본의 아니게 출판이 어려워진 경우 등을 말합니다. 또한 "출판권자가 출판할 의사가 없음이 명백한" 경우란 출판권자 스스로 출판을 하지 않겠다는 의사 표시를 해 온 경우를 포함해서 출판사를 제3자에게 매각하려는 경우, 또는 특정의 저작물에 대해 고의로 출판하지 않는 것이 역력한 경우 등을 말하므로, 복제권자 자신의 주관적인 판단이라기보다는 일반적인 관행에 비추어 분명하다고 여겨지는 판단의 경우를 말합니다.

그렇다면 언제부터 출판권 소멸의 효력이 발생하는 걸까요? 저작권법에 따르면 출판권 소멸 사유로 인해 복제권자가 출판권의 소멸을 통고한 경우에는 출판권자가 통고를 받은 때에 출판권이 소멸한 것으로 본다고 합니다. 그러므로 복제권자가 출판권자에게 출판권 소멸을 통고할 때에는 일반적인 '내용증명'의 방식을 사용하면 무방할 것으로 판단됩니다. 결국 출판권자의 의사 또는 동의 여부에 관계없이 출판권 소멸이 통고된 때로부터 효력이 발생합니다.

끝으로, 출판권 소멸 이후에 복제권자가 출판권자를 상대로 행사할 수 있는 원상회복청구권과 그로 인해 입은 손실에 대한 손해배상청구권도 생각해 볼 수 있겠습니다. 여기서 말하는 '원상회복'이란 출판권이 설정되기 이전의 상태로 회복시키는 것을 말하는 것으로, 출판을 위해 제공된 원고(原稿)를 원래대로 챙겨서 반환하는 것은 물론 출판권설정등록이 되어 있으면 등록을 말소해야 하고, 출판권을 목적으로 하는 질권이 설정되었다면 이를 소멸시켜야 하는 것을 뜻한다. 또한 출판권의 소멸로 출판이 중지됨에 따라 복제권자가 입을 수 있는 손해, 즉 출판의 기회를 잃음으로써 다른 곳에서 출판하였을 경우 얻을 수 있는 통상의 이익을 놓쳤다든가, 그로 인해 정신적으로 심한 타격을 받았다는 등의 입증 가능한 손해에 대해서는 민사소송을 통해 적절히 손해배상을 청구할 수 있겠습니다.

그 밖에 출판권이 소멸한 후에도 계속해서 남은 출판물을 배포할 수 있는 경우가 있습니다. 먼저 출판권설정행위에 특약이 있는 경우에는 출판권이 소멸되었더라도 남은 출판물을 판매에 의한 방법이든 아니든 배포할 수 있습니다. 여기서 말하는 특약이란 "출판권자는 출판권이 소멸된 이후라도 이전에 만들어진 출판물의 재고를 계속해서 판매에 의한 방법으로 배포할 수 있다"는 식으로 약정하는 것을 말합니다. 따라서 출판권설정계약을 하는 당시에 복제권자와 출판권자가 이와 같은 내용으로 합의했다면 출판권 소멸 이후의 배포가 가능합니다.

또 출판권의 존속기간 중 복제권자에게 그 저작물의 출판에 따른 대가를 지급한 후에 그에 상응하는 부수의 출판물을 배포하는 것도 가능합니다. 출판권이 소멸하기 이전에 출판권자가 그 저작물의 복제물을 3,000부 제작하기로 하고 그에 따른 로열티를 복제권자에게 지급했을 경우, 출판권이 소멸한 뒤에도 그중에 1,500부가 남았다면 그것은 계속해서 배포할 수 있다는 것이며, 만일 그 이상을 더 제작해서 배포한다면 복제권자의 복제권은 물론 배포권까지도 침해하는 것이 됩니다. 특히 "출판권의 존속기간 중"이라고 했으므로 출판권이 소멸된 이후에 지급된 저작권 사용료는 이에 해당하지 않습니다.

저작권 사용료를 '인세'라고 부르는 이유는 뭘까?

"오늘은 내가 쏜다. 인세가 들어왔거든."

일찍 퇴근하신 아버지가 연신 싱글벙글거리며 외식을 하자고 재촉하셨다. 얼마 전 증권 관련 책을 내신 바로의 아버지. 초판 1쇄가 한 달도 되지 않아 다 팔렸다며 그 대가로 받은 저작권 사용료를 자랑하시는 중이었다.

"그런데 아빠! 영어로는 보통 '로열티'라고 하고 우리말로는 '저작권 사용료'라고 하는 경우도 많은데, 왜 '인세'라는 말을 함께 쓰는 거예요?"

평소에 궁금하던 것이기도 하던 터라 자연스럽게 나온 질문이었다.

"글쎄다. 돈을 받으니 거기에 세금이 붙는다는 뜻일까. 왜 '인세'라고 하는지는 나도 잘 모르겠구나. 어쨌든 맛있는 거 먹으면서 함께 생각해 보자."

그러고 보니 '인세'라는 말은 출판뿐만 아니라 음반업계에서도 즐겨 쓰는 말이었다. 불현듯 궁금증이 몰려왔지만 이미 현관에 서 계신 부모님을 따라 나서며 스마트폰을 꺼내들었다. 식사하랴 대화하랴 원하는 정보를 찾기 힘들어 결국 만해에게 도움을 청해야 했다.

"저작권 사용료 대신 쓰는 '인세'라는 말이 어떻게 생긴 건지 알아봐 줄래?"

∾

응답하라!

우리나라에서 저작자에 대한 금전적 대가가 지불되기 시작한 기점은 아마도 출판물의 유통에 있어서 영리를 목적으로 하는 도서가 등장한 시기와 밀접한 관계를 맺고 있을 겁니다. 이와 관련한 최초의 주목할 만한 내용은 1882년 8월에 종두법으로 유명한 지석영(池錫永, 1855~1935) 선생이 임금에게 올린 상소문에 나타나 있습니다.

"서적을 간행하는 자는 그 공적의 정도를 밝혀 주도록 하고, 기기(機器)를 만드는 자에게는 전매(專賣)를 허용케 하며, 번각(飜刻)하는 것을 금하게 한다."[36]

여기서 지석영은 "번각하는 것을 금하게 한다"고 하여 저술 활동의 창조성과 출판 및 저작권의 보호를 전제하고 있음을 알 수 있습니다.

또한 출판권에 대한 초창기 관점으로는 1884년 3월에 발행된 〈한성순보〉의 외신란에 '출판권'이란 제목으로 보도된 기사에 잘 나타나 있습니다. "구미 각국에서 취하고 있는 이른바 출판권이라는 것은 도서를 저술하거나 외국 서적을 번역 출판하는 자를 위해 자국 정부가 엄정한 규칙을 발한 것"이라고 했거든요. 이 때문에 "타인이 모방한다거나 또는 허락을 얻지 않고 인출(印出) 판매할 수 없으므로, (그 출판권자는) 저술과 번역에 따른 이익을 얻게 되는 것이니, 이것이야말로 개명(開明)된 세상의 도(道)"라고 소개하고 있습니다.[37]

또 1908년 9월 10일자 〈황성신문〉에서는 우리나라 최초의 저작권 분쟁이라고 할 만한 사건을 보도하고 있습니다. '판권 소유'라는 제목의 이 기사는 교과서 저술가로 유명한 현채(玄采)라는 사람이 저작한 〈고등소학이과서(高等小學理科書)〉에 수록된 상당 부분의 내용을 정인호(鄭寅琥)라는 사람이 무단 전재, 별도의 도서로 출판한 바, 이에 원저작자(현채)가 무단복제자(정인호)에게 저작권 사용료를 요구했으나 합의되지 않으므로 소송을 제기했다는 내용이었습니다. 이러한 예들로 미루어보건대, 이미 19세기 말 또는 20세기 초에는 어떤

---

36) 원문 생략, 承政院日記, 1882년 8월 23일조.
37) '出版權', 〈漢城旬報〉, 제15호, 1884년 3월 18일자 18면.

형식으로든 오늘날의 인세와 비슷한 형태의 저작권 사용료가 저작자들에게 지급된 것으로 보입니다.

한편, 우리 근대 문학을 이끌었던 소설가 이효석의 〈고료(稿料)〉라는 제목의 수필을 보면, 그는 신문에 연재되는 소설의 고료 지급이 언제부터 어느 정도로 정연하게 확립되었는지는 알 수 없지만, 잡지 문학의 고료에 관한 개념이 확고하게 생긴 것은 1923년 내지 1924년경이었다고 적고 있습니다. 아울러 당시 200자 원고지 한 장당 고료는 '15전'이었다고 합니다.

그렇다면 왜 '저작권 사용료'라고 해야 할 것을 '인세(印稅)'라고 부르는 것일까요?

원래 우리나라나 일본에서는 도서의 판면권에 저자의 검인(檢印)을 붙임으로써 출판의 승낙과 함께 발행부수를 확인하는 것이 관행이었습니다. 아울러 그렇게 붙인 '증지(證紙)'의 수로 저작권 사용료를 계산하기 때문에, 다시 말하면 도장을 찍은 수대로 지불되는 돈이기에 '인세'라고 부르게 된 것이지요. 이러한 검인첩부제도는 1901년 독일 출판권법에서 출판권설정제도와 함께 검인제도를 인정한 것에서 비롯되었다고 알려져 있으며, 일본이 이를 도입하여 저작권법에 규정한 것을 우리나라가 그대로 모방한 것이었다고 합니다. 그러나 오늘날 독일은 물론 일본의 저작권법에서조차도 검인첩부제도에 관한 규정은 삭제되었습니다.

그러므로 앞으로는 우리도 '인세'라는 말 대신 '저작권 사용료', 영문으로는 '로열티(royalty)'라는 말을 써야 되겠습니다.

교재를 구입하는 게 쌀까, 복사본을 만드는 게 쌀까?

도서관보다 커피숍에 머무는 시간이 많은 모니 양이지만, 새 학기가 시작될 때면 나름 열심히 수업 준비를 하려고 애쓴다. 이번 학기 초에도 열심히 강의계획서를 살피면서 교재 구입 비용을 계산해 보니 아무래도 조금이라도 절약할 방법을 찾아야 할 것 같았다. 마침 대화방에 들어와 있던 고등학교 동기 '막식이'가 교재를 사는 것보다는 복사하는 게 훨씬 절약이라며 자기는 이미 다른 친구들과 여럿이 함께 복사해서 제본한 책을 싸게 구했다고 자랑하는 게 아닌가.

지난 학기에 수강했던 '생활 속의 저작권'이란 교양과목 교수님이 분명 그런 행위는 저작권 침해라서 처벌을 받을 수 있다고 한 것 같은데, 혼자도 아니고 여럿이 복사본을 샀다고 하니 모니는 누가 옳은지 헷갈리지 않을 수 없었다. 과연 막식의 행동은 잘못된 것이 아닐까?

∾

응답하라!

결론부터 살피면 막식이와 함께 교재 복사본을 만든 친구들은 교재 저작재산권자의 권리 중 '복제권'과 '배포권'을 침해했을 뿐만 아니라, 해당 교재를 출판한 출판사의 '출판권'도 함께 침해한 것입니다. 만일 해당 저작재산권자가 형사상 처벌을 원한다는 뜻으로 막식이와 그 친구들을 고소하게 되면 처벌을 받을 가능성이 매우 높다는 뜻입니다. 아울러 막식이의 주문에 따라 복사를 해 준 복사업자 또한 저작권 침해로부터 자유로울 수 없습니다. 저작권법에서 정하고 있는 처벌조항으로만 보면 "최고 5년 이하의 징역 또는 5천만 원 이하의 벌금형에 처하거나 이를 병과할 수 있다"는 규정에 해당합니다. 그 밖에 저작재산권자가 민사상 손해배상을 청구하게 되면 별도의 금전적 배상도 각오해야 합니다. 정품 교재를 구입하지 않고 복사해서 사용할 경우 몇 푼 아끼려다가 책값의 몇 십 배를 물어야 하는 일이 발생할 수도 있는 셈이지요.

판매용 도서를 서점 등에서 구입한 독자에게는 유체물로서의 도서(물질로서의 책 그 자체)에 대한 소유권이 생깁니다. 하지만 이때의 '소유권'이란 책이라는 물질을 소유할 수 있는 권리일 뿐, 형태가 보이지 않는 무체재산으로서의 '저작권'과는 근본적으로 다른 개념입니다. 곧 책의 내용에 대한 권리는 소유권이 아닌 저작권이므로 그것을 이용하려면 저작권자의 허락이 필요하다는 뜻이지요.

막식이가 정품 교재를 제값을 내고 정당하게 구입한 다음 그 책을 읽기도 전에 찢어버리든, 구기거나 침을 발라 가면서 읽든 마음대로 할 수 있지만, 친구들과 여러 권의 복사본을 만드는 것은 정품 교재를 구입한 사람에게 주어지는 소유권과 관계없는 행위, 즉 저작권을 침해하는 행위입니다. 저작물을 창작하고 이를 정성스럽게 책으로 만든 수많은 사람들의 노고를 생각해서라도 그들의 고귀한 권리를 짓밟는 행위를 하지 않아야겠습니다.

⊙ ⓒ 표시의 뜻과 효력

저작물이 완성되면 반드시 저작권 표시를 해야만 되는 걸까요?

저작물 또는 음반 같은 데에 ⓒ 혹은 ⓟ 표시가 되어 있는 것을 보게 됩니다.

여기서 ⓒ는 'copyright(저작권)'를, ⓟ는 'phonogram(음반)'을 뜻하는 말이지요. 하지만 저작권은 저작물을 창작함과 동시에 발생하며 어떠한 절차나 방식을 요구하지 않습니다. 따라서 ⓒ 혹은 ⓟ 표시가 없다 하더라도 저작권법으로 보호받는 데에는 아무런 문제가 없습니다.

이러한 원칙을 '무방식주의'라고 합니다.

과제는 내 힘으로!

평소 돈독한 우정을 자랑하는 모니와 바로, 만해는 같은 고등학교를 나와 같은 대학 국어국문학과에 다니고 있는 친구들이다. 세부 전공으로 따지면 모니 양은 '현대문학'을, 바로 군은 '국어학'을, 만해 군은 '외국어로서의 한국어 교육' 분야를 전문적으로 공부하고 있는 중이다. 하지만 공통으로 반드시 들어야 하는 전공필수 과목들 중에는 자기 적성과 잘 맞지 않는 것들이 있게 마련. 이들 세 사람이 모두 곤혹스러워 하는 과목은 '고전문학론'이란 과목이었다.

아뿔싸, 이번 학기 과제를 듣고는 긴 한숨을 저마다 내쉬었다.

"신라 향가(鄕歌) 중 10수 이상을 자기 방식으로 해석해서 제출하시오."

일주일 내내 친구 만나고 영화 보고 분주하던 모니와 만해, 과제 제출일이 코앞에 닥쳐서야 인터넷을 뒤지느라 정신없었다. 바로는 며칠 도서관을 들락거리더니 과제를 끝내고, 몇 개의 향가를 추천해 주기까지 했다. 검색을 하다 보니 비슷한 처지의 친구들이 많이 있었다. 내공을 걸고 읍소하는 누리꾼이 있는가 하면, 당당히 퍼온 글임을 밝히고 이러저러한 지식을 뽐내는 누리꾼도 있었다. 정체불명의 정보들 중 몇몇을 이리저리 끌어모아 합쳐 놓으니 손쉽게 과제가 해결되는 듯했다.

겨우 완성을 해서 제출했는데 며칠 지나지 않아 교수님이 몇몇 수강생을 연구실로 부르는 게 아닌가.

"제군들, 과제를 하느라, 아니 베끼느라 정말 수고 많았네! 긍정적으로 생각하면 훌륭한 편집저작물을 만든 셈이고, 부정적으로 보면 짜깁기라고나 할까. 다시 해 올 텐가, 아니면 F학점을 받을 텐가?"

도대체 교수님께서는 어떻게 우리가 한 일을 알았단 말인가? 그리고 '편집저작물' 운운 하는 말은 무슨 뜻일까? 결국 우리가 잘못했다는 건데, 남들도 다 그렇게 하는 '인용'을 좀 많이 한 것뿐이라고 생각했는데, 무엇을 얼마나 잘못한 것일까? 과제를 다시 해 오기로 하고 머리를 조아린 채 교수님 방을 나온 수강생들 모두 눈앞이 캄캄해진 듯 잠시 멍하니 서 있었다.

∽

응답하라!

우선 학생들은 저작권법에서 사용하고 있는 용어들을 제대로 이해하지 못하고 있습니다. 아무렇게나 인터넷을 뒤져 여기저기서 저작물을 가져온 행위를 '인용'이라고 생각하는 것을 비롯해서 '편집저작물' 같은 용어를 이해하지 못한 채 버젓이 잘못을 저지르고 있기 때문이지요.

현행 저작권법 제28조에 따르면 공표된 저작물은 "보도·비평·교육·연구 등을 위하여는 정당한 범위 안에서 공정한 관행에 합치되게" 이를 인용할 수 있습니다. 즉, 공표된 저작물을 보도·비평·교육·연구 등의 목적으로 '인용'하는 것은 저작재산권 침해가 아니라는 뜻이지요. 하지만 그것은 어디까지나 정당한 범위 안에서 이루어져야 하고, 공정한 관행에 합치되는 방법이어야 합니다.

여기서 인용(引用, quotation)이란 "다른 저작물의 내용 가운데에서 한 부분을 참고로 끌어다 쓰는 것"을 말합니다. 특히 어문저작물을 작성함에 있어서는 매우 흔한 것이 인용이지요. 그런데 문제는 '정당한 범위' 또는 '공정한 관행'에 관한 해석에 있습니다.[38]

먼저 "정당한 범위"에 대하여 살펴보면, 다른 저작물을 자기가 작성하는 저

---

38) 김기태(2010), 『글쓰기에서의 표절과 저작권』, 서울:지식의날개, pp.117~119.

작물에 인용해야만 하는 필연성이 인정되어야 하며, 또한 자기 저작물의 내용과 인용 부분 사이에는 일종의 주종 관계(主從關係)가 성립되어야 한다는 것으로 해석할 수 있겠습니다. 자기가 창작하여 작성한 부분이 주(主)를 이루고, 그것에 담겨 있는 주제를 좀 더 부각시키거나 주장의 타당성을 입증할 목적으로 다른 저작물의 일부를 종(從)으로서 인용했을 때에 비로소 정당한 범위 안에서의 인용이 성립된다는 뜻이지요. 다만, 다른 저작물의 일부라고 하는 것은 논문이나 소설 따위처럼 분량이 비교적 많아서 전체적인 인용이 불필요한 경우에 해당되는 것이며, 사진이나 그림 또는 시 따위처럼 그것의 일부 인용이 불가능한 것까지 포함되는 것은 아닙니다.

다음으로 "공정한 관행"이란, 인용 부분이 어떤 의도에서 이용되고 있으며, 어떤 이용 가치를 지니는가에 따라 달라질 문제입니다. 사회적인 통념에 비추어 보아 타당하다고 여겨지는 방법으로서의 인용만이 공정한 관행에 합치되는 것이라고 볼 수 있는데, 그것은 인용되는 부분을 자기 저작물과는 명확하게 구별되는 방법으로 처리해야 한다는 의미까지도 포함합니다. 예컨대, 보도의 자료로서 저작물을 인용할 수밖에 없는 경우, 자기나 다른 사람의 학설 또는 주장을 논평하거나 입증할 목적으로 다른 사람의 저작물을 인용하는 경우, 역사적 사실이나 경향을 살피는 글에서 이해를 돕기 위해 다른 저작물을 통째로 싣는 경우 등은 바로 공정한 관행에 합치되는 것으로 볼 수 있다는 말입니다. 그렇더라도 인용에 있어서는 출처 명시의 의무[39]가 엄격하게 적용되어야 합니다. 인용 부분에 대한 적절한 구분이나 출처의 명시가 부정확하다면 그것이 인용인지 창작인지를 분간할 도리가 없기 때문이지요.

---

39) 저작권법 제37조(출처의 명시) 제2항 "출처의 명시는 저작물의 이용 상황에 따라 합리적이라고 인정되는 방법으로 하여야 하며, 저작자의 실명(實名) 또는 이명(異名)이 표시된 저작물인 경우에는 그 실명 또는 이명을 명시하여야 한다."

따라서 다른 사람의 저작물을 일부라도 인용할 바에는 그 부분에 인용부호를 붙이거나 단락을 바꾸어 본문과는 다른 활자로 표시함으로써 인용 부분을 구분하는 것이 상식입니다. 또한 학술 관련 전문서적이나 논문에서는 출처로서의 저자명, 책명 또는 논문 제목, 발행처, 발행연도, 해당 면수 등을 적절한 위치에 주(註) 표시로써 밝히는 것이 통례이고, 이러한 의무사항이 제대로 지켜지지 않는다면 그 저작물은 신용을 얻을 수 없을 겁니다.

학교 과제물로 단골 등장하는 독후 감상문(서평)에 해당하는 다음의 〈예문〉을 비교해 보도록 하지요.

〈예문 1〉 우리 가슴 속에 빛나는 희망의 별을 찾아서[40]
　—황석영 장편소설 『바리데기』(창비)를 읽고

처음 읽었을 땐 "뭐 이런 게 다 있나?" 싶었다. 내가 알고 있던 '황석영'이 아니었다고나 할까…….
그런데 "그럴 리가 없다" 싶어 다시 책을 펼쳤을 때 비로소 황석영의 '문학적 힘'과 함께 행간마다 숨어 있던 작가의 진면목을 만날 수 있었다. 이미 1970년대를 관통하며 창작집 『객지』 속 "한씨연대기", "삼포 가는 길" 같은 작품을 통해 튼실한 리얼리즘 문단을 구축했던 작가이기에 다소 환상성이 가미된 장편 『바리데기』는 나에게 의외의 결실로 여겨진 건 당연한 일일 터……. 바로 이런 '낯섦'에 대한 터부가 곧 우리 문학의 한계임을 깨달아야 한다는, 때로는 '익숙한 것과의 결별'을 감행할 줄도 알아야 한다는 교훈을 깨우쳐 준 작품이었다고나 할까……. 동시에 『바리데기』의 끝장에 이르러 마침표를 찍

---

40) 김기태(2008), 『나는 오늘도 책마을 사랑방으로 간다』, 서울:박이정, pp. 234~236.

음으로써 우리 문인으로는 드물게 스스로 옥고(獄苦)를 자초하는 방북을 감행하면서까지 뛰어넘고자 했던 이데올로기의 장벽이 마침내 허물어지는 순간, 작가는 무슨 생각을 했을까 궁금했다.

황석영은 작품 전반에 걸쳐 '바리데기' 신화를 차용함으로써 마침내 전쟁과 국경, 인종과 종교, 이승과 저승, 문화와 이데올로기를 넘어 신자유주의 그늘을 해부하는 동시에, 분열되고 상처받은 인간과 영혼들을 용서하고 구원하는 대서사를 펼쳐 보인다. 주인공 '바리'는 북한 청진시 무역직 간부의 일곱째(막내) 딸로 비감(悲感)하게 출생한다. 바리는 태어나자마자 핏덩어리인 채로 숲 속에 버려진다. 우리네 삶 그 자체가 이미 원죄임을 핏덩어리가 어찌 알까마는 바리가 세상에 태어나 처음 겪은 일은 얄궂게도 '버림받음' 이었다. 하지만 신화 속 바리공주와 마찬가지로 아이는 다시 집으로 돌아온다. 버림받았지만 세상 그 누구도 끝내 버릴 수 없는 그녀의 운명이 복선처럼 아로새겨진다.

제목으로 등장하는 "바리데기"는 죽은 이를 저승으로 천도한다는 내용의 우리 무가(巫歌)에서 쓰는 말로서 "버리다"와 "소생" 또는 "생명"이라는 상반된 뜻을 지닌 '바리'라는 말에 "부엌데기"나 "소박데기"처럼 부녀자를 낮추어 부르는 말에 붙는 접미사 '—데기'가 합쳐진 것이다. 황석영은 북한이 처한 궁핍한 현실을 그대로 보여 주면서 그 속에 어려서부터 신기(神氣)를 가진 주인공 바리의 굴곡 많은 삶 속에 생명수를 찾는 바리공주 이야기를 잘 버무려 넣음으로써 서사의 달인다운 면모를 과시하고 있다.

한편, 북한의 청진에서부터 중국을 거쳐 영국으로 이어지는 바리의 기구한 족적을 따라가다 보면 북한 동포들의 참혹한 현실과 탈북자들의 고통스런 시간들, 세계 곳곳에서 신음하는 이주 노동자들의 현실과 만난다는 점에서 읽는 즐거움보다는 혀를 차는 아픔을 더 느껴야 할지도 모른다. 나아가 한반도를 포함한 지구촌 여기저기에 산재한 절망과 폭력, 전쟁과 테러의 위기를 경험하게 될지도 모른다. 그러나 신화 속 '바리공주'가 마침내 생명수를 찾음으로써 아버지의 목숨을 되살린 것처럼 『바리데기』의 '바리'를 통해 우리는 우리 가슴 속에 빛나는 희망의 별을 하나씩 찾아낼 수 있다는 믿음이야말로 이

책을 읽은 독자들이 받게 될 큰 선물이리라.

〈예문 2〉 우리 가슴 속에 빛나는 희망의 별을 찾아서
－황석영 장편소설 『바리데기』(창비)를 읽고

나는 최근 '황석영'의 장편소설 『바리데기』를 읽었다.

먼저 "나는 사람이 살아간다는 건 시간을 기다리고 견디는 일이라는 것을 깨닫게 되었다. 늘 기대보다는 못 미치지만 어쨌든 살아 있는 모든 한 시간은 흐르고 모든 것은 지나간다"고 말하는 부분이 감동적이었다. 그리고 "희망을 버리면 살아 있어도 죽은 거나 다름없지. 네가 바라는 생명수가 어떤 것인지 모르겠다만 사람은 스스로 구원하기 위해서도 남을 위해 눈물을 흘려야 한다. 어떤 지독한 일을 겪을지라도 타인과 세상에 대한 희망을 버려서는 안 된다"고 말하는 압둘 할아버지의 말도 감동적이었다. 어디 그뿐인가. "사람의 마음도 밥과 같아서 오래가면 쉬게 마련이라 자꾸 폐를 끼치면 나중에 정말 도움이 긴요할 때는 냉정하게 돌아선다"는 부분, "나는 사람이 살아간다는 건 시간을 기다리고 견디는 일이라는 것을 깨닫게 되었다. 늘 기대보다는 못 미치지만 어쨌든 살아 있는 한 시간은 흐르고 모든 것은 지나간다", 그리고 "아가야, 우리 옷과 음식이 서로 조금씩 다르듯이 그건 살아온 방식이 다를 뿐이다. 우주의 섭리는 하나로 모인단다"라는 부분도 매우 눈물겨웠다.

끝으로, "사람의 인연은 하늘에서 미리 짜 놓은 줄에 서로 연결되고 엮이어 있다는 생각이 든다. 그것은 거미줄처럼 촘촘하게 미리 짜여진 모양이 정해져 있는지도 모른다", "신은 우리를 가만히 지켜보시는 게 그 본성이다. 색도 모양도 웃음도 울음도 잠도 망각도 시작도 끝도 없지만 어느 곳에나 있다. 불행과 고통은 모두 우리가 이미 저지른 것들이 나타나는 거야. 우리에게 훌륭한 인생을 살아가도록 가르치기 위해서 우여곡절이 나타나는 거야. 그러니 이겨내야 하고 마땅히 생의 아름다움을 누리며 살아가야 한다. 그

게 신이 우리에게 바라시는 거란다"라고 말하는 부분은 그야말로 압권이었다. 정말 좋은 작품이다.

위의 〈예문 1〉에서는 글쓴이의 생각이 주로 표현되어 있지만, 〈예문 2〉의 경우에는 어떤가요. 글쓴이의 감상보다는 작품 속 구절들이 주로 제시되어 있어서 인용문을 제외하면 쓸 만한 부분, 즉 '저작물'이라고 할 만한 부분이 거의 없다는 점을 알 수 있습니다. 그나마 따옴표(" ")로 표시되어 있기 때문에 구분이 가능할 뿐, 만일 따옴표마저 없다면 무슨 내용인지, 어느 부분이 서로 다른 사람의 글인지 알 수가 없을 겁니다.

남의 글을 끌어다 쓰는 경우에는 반드시 구분이 되도록 표시를 해 주어야 합니다. 남의 글을 인용하고도 마치 자기의 글처럼 여긴다면 당연히 인용 부분에 대한 구분이라든가 출처를 명시하지 않을 것이 분명한데, 그 경우에는 인용이 아니라 도용(盜用)으로 저작권 침해행위가 된다는 점을 잊지 말아야겠습니다.

I 알아둡시다 I

⊙ **인용과 저작권 침해**

우리는 과제물로서의 보고서를 작성하거나 연구논문을 작성하는 등 일반적인 글쓰기에 있어서 흔히 '이용(利用)'과 '인용(引用)'을 혼동하는 경우가 많습니다. 반드시 허락이 필요한 '이용'과 달리 '인용'은 출처의 명시만으로 모든 책임이 면제되는 것으로 오해하는 사람들이 많다는 뜻입니다. 아니, 출처를 명시한다면 그것이 곧 '인용'이라고 생각하는 사람이 많다고 해야 할지도 모르겠네요.

하지만 '출처 명시'만으로 '인용의 조건'을 충족시킨 것은 아니라는 사실, 나아가 출처를 밝혔더라도 저작권 침해가 될 수 있다는 사실을 잘 알아야 합니다. 나아가 인용문 처리 방식, 그것의 출처를 밝히는 구체적인 방식, 그리고 인용을 허용하는 이유가 무엇인지에 대한 이해 등이 제대로 교육되지 못하고 있다는 점에서 앞으로도 인용을 둘러싼 혼란은 쉽게 가라앉지 않을 것입니다.

도대체 '인용'이 뭐길래

마침내 '고전문학론' 과제 보고서를 다시 작성해서 교수님께 제출한 모니와 만해. 여전히 불안하기만 한데, 아니나 다를까, 이번에도 교수님은 따끔한 충고를 아끼지 않으신다.

"지난번 것보다는 많이 나아졌지만, 여전히 '인용'이 제대로 이루어지지 않고 있어서 많은 점수를 주기는 어렵겠는걸. 제군들이 생각하기에 인용하는 게 그렇게 어렵나? 내 것과 남의 것을 구별하자는 건데, 그게 그렇게 어려운지 나로서는 이해가 되지 않는구먼. 이번에는 함께 '올바른 인용 방식'에 대해 공부해 보게나. 앞으로 더 공부하는 데 틀림없이 좋은 결과를 가져올 테니까 말이야."

설상가상, 첩첩산중, 점입가경이란 말은 바로 이런 때를 두고 하는 말이 아닐까 싶었다. 모니 양은 그래도 교수님 말씀에서 어떤 오기 같은 게 발동했지만, 만해 군은 도무지 이해가 되지 않았다. 다시 과제를 하면서 분명히 남의 저작물과 자신의 것을 구분했고, 출처도 가능한 대로 철저히 밝히려고 노력했기 때문이다. 이들은 아직 '인용'을 제대로 이해하지 못한 걸까?

그렇게 다시 만해가 망연자실하여 학교 앞 술집에서 한숨을 내뿜고 있을 때, 모니 양은 학교 중앙도서관을 샅샅이 뒤진 끝에 『글쓰기에서의 표절과 저작권』이란 책을 발견하고는 회심의 미소를 짓고 있었다.

∽

응답하라! ▌

어려서부터의 습관이 무섭다고 하지요. 오죽하면 "세 살적 버릇 여든 간다"고

했을까요. 우리 가정이나 학교, 사회 환경은 저작권 보호와 거의 관계없이 유지되어 왔기에 우리 국민 대다수는 저작권 보호에 대한 구체적인 방법을 실천해본 적이 없습니다. 말 그대로 '베끼는' 일이 일상적으로 이루어지다 보니 올바른 인용 교육을 받아 본 적도 없고, 무엇이 옳고 그른지에 대한 판단조차 스스로 해 본 적이 없다는 말이지요. 그렇다면 올바른 인용을 위해서 우리가 반드시 알아야 할 기초 지식에는 어떤 것들이 있을까요? 다음과 같은 내용을 다 함께 살펴보도록 하지요.[41]

첫째, 저자는 자신의 저작물에 소개, 참조, 논평 등의 방법으로 타인이 작성한 저작물의 일부를 원문 그대로 또는 번역하여 인용할 수 있습니다. 이처럼 다른 저작자의 저작물을 인용할 때에는 해당 인용문을 정확하게 제시해야 하며, 왜곡하거나 논리적 근거가 빈약한 부분만을 제시해서는 안 됩니다.

둘째, 저자는 인용의 모든 요소─저자명, 저서명, 학술지의 권·호수, 쪽수, 출간 연도 등─를 2차 출처에 의존하지 말고 원출처에서 직접 확인해야 하며, 다만 불가피한 경우에는 재인용임을 밝히고 인용할 수 있습니다.

다음 예시 글을 보도록 하지요.

인쇄매체의 원형은 출판 분야에서 비롯되었다. 베일리(H. S. Bailey)는 인쇄와 출판의 관계에 대해, "인쇄(printing)는 건축과 마찬가지로 봉사의 예술이다. 인쇄는 출판에 봉사하고, 출판은 문명에 봉사한다"[42]고 하였다. 이 말은 곧 인쇄술이 단순히 출판 활동에만 국한되는 것이 아니라 문명 진보의 주요 조건으로 기능한다는 사실을 강조한 것이다.

결국 인쇄는 인류의 문화를 건설하기 위해 출판을 포함한 인쇄매체에 봉사하는 수주 산

---

41) 김기태(2010), 『글쓰기에서의 표절과 저작권』, 서울: 지식의날개, pp. 123~127 참조.
42) Hebrt S. Bailey(1970), The Art and Science of Book Publishing, Austin: University of Texas Press, p. 195.

업으로 그 공정이 예나 지금이나 매우 복잡하여, 인쇄를 정의한다는 것은 손쉽지가 않다.

* 출처 : 김기태(2005),『디지털 미디어 시대의 저작권』, 서울: 도서출판 이채, pp. 19~20.

만일 위의 글에서 '허버트 베일리'의 견해를 재인용하는 경우, 그것을 표시하는 방법은 다음과 같습니다.

Hebrt S. Bailey(1970), The Art and Science of Book Publishing, Austin: University of Texas Press, p. 195., 김기태(2005),『디지털 미디어 시대의 저작권』, 서울: 도서출판 이채, pp. 19~20 재인용.

셋째, 저자는 피인용 저작물이 인용 저작물과 명확히 구별될 수 있도록 신의성실의 원칙에 입각하여 합리적인 방식으로 인용해야 합니다. 따로 구별되지 않고 그 출처가 밝혀져 있지 않은 부분은 모두 저자가 직접 작성한 글로 간주하며, 그에 따르는 책임을 면할 수 없기 때문이지요.

〈올바른 인용의 예〉

인쇄란 무엇일까? 그리고 활자의 발명이 오늘날과 같은 인쇄기술의 발달에 미친 영향은 무엇일까? 우선 그 목적이나 내용으로 보아 인쇄란 다음과 같이 정의할 수 있을 것이다.

"인쇄는 직접 또는 간접으로 지식·정보·경험 등 인류의 정신문화를 담은 원고를 보다 빨리, 다량으로, 싸고 정확하게 전달·보존할 목적으로 판을 개입하여 종이, 그 밖의 피인쇄체 위에 색재(色材)로 문자·사진 등을 인상(印象)하는 행위이다."[43]

---

43) 오경호 편저(1989),『印刷커뮤니케이션入門』, 서울:범우사, p. 44.

이처럼 매체의 복제 행위에 있어서 활자의 사용은 전달 내용을 정확하고도 동일하게 표현할 수 있는 기술을 앞당기게 해 주었다. 따라서 내용의 분량, 내용의 조직과 배열, 내용 체제의 통일성, 매체 규격의 통제는 물론, 그 보급과 보존 등의 능률성 측면에서 새로운 영역을 열었다는 점에서 활자의 발명은 높이 평가되어야 마땅할 것이다.

〈잘못된 인용의 예〉

인쇄란 무엇일까? 그리고 활자의 발명이 오늘날과 같은 인쇄 기술의 발달에 미친 영향은 무엇일까? 우선 그 목적이나 내용으로 보아 인쇄란 직접 또는 간접으로 지식·정보·경험 등 인류의 정신문화를 담은 원고를 보다 빨리, 다량으로, 싸고 정확하게 전달·보존할 목적으로 판을 개입하여 종이, 그 밖의 피인쇄체 위에 색재(色材)로 문자·사진 등을 인상(印象)하는 행위라고 정의할 수 있을 것이다. 이처럼 매체의 복제 행위에 있어서 활자의 사용은 전달 내용을 정확하고도 동일하게 표현할 수 있는 기술을 앞당기게 해 주었다. 따라서 내용의 분량, 내용의 조직과 배열, 내용 체제의 통일성, 매체 규격의 통제는 물론, 그 보급과 보존 등의 능률성 측면에서 새로운 영역을 열었다는 점에서 활자의 발명은 높이 평가되어야 마땅할 것이다.

넷째, 저자는 피인용 저작물 저작자의 저작인격권을 존중하여 반드시 공표된 저작물을 인용해야 하며, 공개되지 않은 학술자료를 논문심사나 연구제안서 심사 또는 사적 접촉을 통하여 획득한 경우에는 반드시 해당 연구자의 동의를 얻어 인용해야 합니다. 그렇지 않으면 저작인격권 중 '공표권(公表權)'44)을 침해한 것이 되기 때문입니다.

---

44) 저작권법 제11조(공표권) 제1항 "저작자는 그의 저작물을 공표하거나 공표하지 아니할 것을 결정할 권리를 가진다."

다섯째, 저자는 타인이 이미 발표한 저작물에 담긴 이론이나 아이디어를 번안(飜案)해서 자신의 저작물에 소개할 때에는 그 출처를 명시해야 합니다. 즉, 다른 연구자의 생각이나 데이터를 사용할 경우 그 출처를 정확하게 밝혀야 하며, 다른 저작자의 말을 그대로 사용하려면 인용부호로써 표시하고 그 출처를 밝혀야 합니다. 또, 다른 저작자의 말을 자신이 쉽게 풀어 쓰려면 자신만의 독특한 표현법을 사용하되 원문의 출처를 밝혀야 합니다. 자신의 문체가 원문을 그대로 모방하지 않도록 주의해야 하며, 원문과 비슷한 경우에는 차라리 직접 인용으로 처리하는 것이 좋습니다.

Ⅰ 알아둡시다 Ⅰ

> ⊙ 연구윤리 관점에서 주의할 점
>
> 첫째, 저자는 하나의 출처로부터 집중적으로 차용하는 경우 어떤 아이디어가 자신의 것이고 어떤 아이디어가 참조된 출처로부터 비롯되었는지 독자들이 명확하게 알 수 있도록 집필해야 합니다.
>
> 둘째, 저자는 집필의 방향을 결정하는 데에 중대한 영향을 주었거나 독자가 집필 내용을 이해하는 데에 도움이 될 수 있는 중요한 공개 문헌이라면 관련 저작자가 이론적·경험적으로 알 수 있는 경우를 제외하고는 모두 참고문헌에 포함시켜야 합니다.
>
> 셋째, 학술 분야 연구자의 경우 선행 연구 리뷰에서 초록을 사용했으면서도 참고문헌 목록에는 학술지 논문을 인용하거나, 논문의 출간 버전을 인용하면서 실제로는 학술회의 발표논문집에 출간된 초기 버전 또는 예비 버전을 사용하는 것을 피해야 합니다.
>
> 넷째, 참고자료를 제시하는 경우에는 독자들이 해당 자료를 직접 검토할 수 있도록 그 출처를 정확하게 밝혀야 합니다. 다만, 널리 알려진 자료인 경우에는 굳이 출처를 밝히지 않아도 무방합니다.

다섯째, 중복 게재, 즉 이미 출간된 본인의 논문과 주된 내용이 동일하다면 후에 출간된 본인 논문의 본문이 다소 다른 시각이나 관점을 보여 주는 텍스트를 사용하거나 이미 출간된 동일한 데이터에 대한 다소 다른 분석을 포함하더라도 중복에 해당할 수 있습니다. 중복 게재를 하는 경우에는 이미 출간된 논문을 인지할 수 없는 다른 독자군을 위해 두 학술지의 편집인이 중복 게재에 대해 동의해야 하고, 저자는 해당 학술지의 독자들에게 동일 논문이 다른 학술지에 출간되었다는 사실을 밝혀야 합니다. 한 언어로 출간된 논문을 다른 언어로 번역하여 다른 학술지에 출간하는 경우도 마찬가지입니다. 동일 논문을 서로 다른 학회지에 복수로 기고하는 것은 금지되며, 하나의 학술지에 게재 불가 결정이 난 후에 다른 학술지에 기고하는 것이 원칙입니다.

여기서도 '표절' 저기서도 '표절'

과제물을 제출할 때마다 "절대 표절하지 마라"는 교수님들 말씀도 지겨운데, 이젠 신문이나 방송에서도 '표절'이란 말이 끊이지 않고 등장하고 있어서 이제는 누구라도 무관심할 수 없는 분위기다. 실제로 유수의 언론 매체에서 "유명 인사의 표절 논란이 잇달아 불거지면서 초등학생부터 대학교수까지 표절을 대수롭지 않게 여기는 '표절 한국'의 풍토에 대한 자성이 필요하다"는 보도를 자주 내보내고 있었다.

모니와 바로, 만해는 그런 게 모두 남의 일이려니 했는데, 바로가 학교 도서관에서 과제 준비를 하다가 보게 된 두 권의 책 이야기를 듣고 보니, 표절 또한 항상 주변에서 발생할 수 있는 일이 아닐까 생각하게 되었다.

"분명 발행한 출판사와 엮은이가 다른 백과사전인데, 항목별 설명이 거의 비슷하더라니까. 전체적인 목차나 구성 방식에는 차이가 있었지만, 구체적인 항목으로 들어가 설명을 비교해 보면 거의 똑같은 거야. 그러니까 누군가 표절한 게 아닐까 의심스러운 거지."

바로의 말을 듣고 난 모니가 자기도 그런 생각을 한 적이 있다며 말을 이었다.

"서점에 가 보면 외국 원작은 하나인데 서로 다른 옮긴이와 출판사로 표시된 책들이 수십 종 나와 있는 게 보이는데, 내용을 비교해 보면 거의 비슷한 것들이 여럿이거든. 아무리 원작이 같다고 해도 우리 글로 옮긴 내용이 천편일률적이라면 번역자끼리도 표절을 하는 게 아닐까 싶단 말이야."

심각한 표정으로 이들의 이야기를 듣고 있던 만해가 말을 받았다.

"그렇다면 해당 출판사에 물어보면 안 될까? 아니면 어디 신고할 만한 데라도 있으면 좋을 텐데."

하지만 우선적으로 해결해야 할 일은 "표절이란 구체적으로 무엇을 뜻하는가?"를 알아보는 것이었다. '표절'이란 무엇일까?

∿

응답하라!

표절(剽竊, plagiarism)이란 한마디로 '저작물 도둑질'이라고 할 수 있습니다. 특히 글쓰기에 있어 남의 글을 마치 자기 글인 양 가장하는 행위가 표절의 대표적 유형이지요. 다음은 그 뜻을 정리해 놓은 백과사전의 표절 항목에 대한 설명입니다.

표적(剽賊)이라고도 한다. 다른 사람이 창작한 저작물의 일부 또는 전부를 도용하여 사용하여 자신의 창작물인 것처럼 발표하는 것을 말한다. 보통 학문이나 예술의 영역에서 출처를 충분히 밝히지 않고 다른 사람의 저작을 인용하거나 차용하는 행위를 가리키며, 기본적으로는 도덕적·윤리적 문제로 간주하는 경향이 짙다.

표절은 다른 사람의 창작물은 자신의 것으로 도용한다는 점에서 다른 사람의 창작물을 본떠서 나름대로 재창조한 모방과는 구별된다. 패러디도 다른 사람의 저작을 차용한다는 점에서는 마찬가지이지만, 기본적으로 원전을 밝히고 그것을 풍자적·해학적으로 표현하는 점에서 표절과 구별한다. 또 다른 작가나 감독의 업적과 재능에 대하여 존경의 뜻을 담아 특정한 장면이나 대사를 모방하는 오마주 역시 표절과 구별한다.

한국에서는 교수 출신 공직자들의 논문 표절이 사회적 이슈가 되면서 각 대학이나 학회별로 표절심사 가이드라인을 마련하고 있다. 2008년 2월 교육인적자원부에서 마련한 논문표절 가이드라인 모형에 따르면, 여섯 단어 이상의 연쇄 표현이 일치하는 경우, 생각의 단위가 되는 명제 또는 데이터가 동일하거나 본질적으로 유사한 경우, 그리고 다른 사람의 창작물을 자신의 것처럼 이용하는 경우 등이 표절에 해당된다. 남의 표현이나 아이디어를 출처를 표시하지 않고 사용하거나 창작성이 인정되지 않는 짜깁기, 연구결과 조작, 저작권 침해 가능성이 높은 저작물의 경우는 '중한 표절'로 분류한다. 또 자신의 저작이라 하더라도 출전을 밝히지 않고 상당 부분을 그대로 다시 사용하는 경우를 '자기 표절'이라고도 하는데, 같은 논문을 거의 그대로 다른 학술지에 게재하는 경우 등이 해당된다.

또 문화관광부가 마련한 영화와 음악 분야의 표절방지 가이드라인에 따르면, 단순한 아이디어 차용은 표절로 보지 않는다. 음악의 경우 가락·리듬·화음의 3요소를 기본으로 하여 곡의 전체적 분위기, 두 곡에 대한 일반 청중의 의견 등을 종합적으로 고려하여 표절 여부를 판단한다. 가락·리듬·화음 가운데 곡을 구성하는 음표를 배열함으로써 이루어지는 가락이 실질적 유사성 여부를 판단하는 가장 중요한 판단 기준이며, 화음의 경우에 연속적 전개 방식이 독창성이 있다면 저작권법에서 보호하는 표현의 범위에 포함될 수 있는 것으로 본다.

또 여기에 따르면 종전까지 6마디 또는 3마디 이내의 악절은 자유롭게 베낄 수 있다고 알려진 것은 잘못된 것이며, 이 같은 양적 기준보다는 질적 판단을 중요시하여 유사한 부분이 곡의 클라이맥스인 경우에 표절로 인정될 가능성이 높아진다. 두 곡의 음고(音高)에 대한 수량적·기계적 비교는 참고사항으로만 이용된다. 기존 음악의 일부 음원을 샘플의 형태로 추출하여 사용하는 샘플링은 정당한 대가를 지불하고 이용하였거나 원곡의 형태를 찾아볼 수 없을 정도의 창작성을 띤다면 표절은 문제되지 않는다.

영화나 드라마의 경우에는 대사뿐 아니라 등장인물과 플롯, 사건의 전개 과정, 작품의 전체 분위기, 전개 속도 등 여러 가지 요소를 고려하여 판단한다. 단순한 줄거리는 아이디어에 해당하여 보호받기 어렵고, 구체적 플롯의 유사성이 인정되어야 한다. 또 작품의 분위기는 등장인물이나 플롯보다 중요한 판단 요소는 아니지만 중요한 요소로 작용하기도 하며, 장소 배경이나 작품의 전개 속도는 중요한 판단 요소로 작용하지는 않는다.

한편, 표절은 법적으로는 저작권 침해의 한 유형이다. 저작권법에 따르면, 저작물은 인간의 사상 또는 감정을 표현한 창작물이며(2조), 그 종류는 소설·시·논문·강연·연설·각본과 그 밖의 어문저작물, 음악저작물, 연극 및 무용·무언극과 그 밖의 연극저작물, 회화·서예·조각·판화·공예·응용미술 저작물과 그 밖의 미술저작물, 건축물·건축을 위한 모형 및 설계도서와 그 밖의 건축저작물, 사진저작물, 영상저작물, 지도·도표·설계도·약도·모형과 그 밖의 도형저작물, 컴퓨터프로그램저작물 등이 있다(4조).

공표된 저작물에 대해서는 보도·비평·교육·연구 등을 위하여 정당한 범위 안에서 공정한 관행에 합치되게 인용할 수 있도록 허용하고 있으며(28조), 저작물을 이용할 때는 시사보도나 영리를 목적으로 하지 않는 공연·방송 또는 시험문제, 방송사업자의 일시적 녹음·녹화를 제외하고는 그 출처를 명시하도록 규정하고 있다(37조). 출처 명시 규정을 위반한 자는 500만 원 이하의 벌금에 처한다(138조).

—출처: www.doopedia.co.kr

위의 설명에서 등장하는 모방, 패러디, 오마주, 샘플링 등의 용어와 '표절'의 근본적인 차이점은 원전을 밝혔느냐 아니면 무시했느냐 하는 부분에 있습니다. 표절은 곧 원전이 따로 존재함에도 불구하고 마치 자기가 최초로 창작한 것인 양 가장하는 행위이기 때문이지요. 최소한의 인용 원칙이라고 할 수 있는 출처 명시를 하지 않음으로써 다른 사람의 저작 행위를 무시했다는 점에서 도덕적으로, 그리고 윤리적으로 비난받아 마땅한 행위가 바로 표절인 셈입니다.

이 같은 표절은 사실상 우리 생활 전반에 걸쳐 만연해 있는 것으로 보입니다. 먼저 학생들의 경우 흔히 좋은 보고서(과제물)를 빨리 내야 한다는 압박감에 시달리다 보면 컴퓨터의 유혹을 떨쳐버리기가 쉽지 않을 것입니다. 인터넷이 발달한 현재, 여럿의 출전으로 각각의 일부를 복사해서 붙여 넣는 식의 표절이 매우 많습니다. 선진국에서는 표절이 발각되면 이미 받은 학위나 상을 취소하는 대학도 많다고 합니다. 학생이 아닌 교수나 연구원의 표절은 신뢰도나 성실성의 손상은 물론이고 정직(停職) 또는 파면의 사유가 될 수 있습니다.

다음으로 언론계 또한 표절 논란으로부터 자유롭지 못하기는 마찬가지입니다. 어떤 대중매체가 유통되려면 공중의 신뢰를 받아야 하기 때문에, 기자가 출처, 즉 전거를 정직하게 밝히지 않는다면 해당 신문이나 방송은 도덕성이 훼손될뿐더러 신뢰를 잃게 됩니다. 기자가 표절 혐의를 받게 되면 일단 보도 업무가 정지되고, 사내에 조사위원회가 구성되는 것이 보통입니다. 특히 인터넷이 발달하면서 전자문서를 쉽게 얻어 편집할 수 있게 됨에 따라 기자들도 더 많이 표절의 유혹을 받지 않을까 생각합니다. 실제로 '복사해서 붙여넣기'를 해서 표절을 했다가 적발되는 사례가 늘어나고 있는 실정입니다.

| 알아둡시다 |

갖가지 표절을 둘러싼 논란, 특히 학계의 표절 공방에 따른 불미스러운 문제와 관련하여 이 분야를 연구하고 있는 찰스 립슨(Charles Lipson)은 다음과 같은 '학문적 정직성의 3원칙'을 강조합니다.[45]

① 자신의 이름으로 제출하거나 발표하는 모든 연구 실적은 실제로 자신이 연구한 것이어야 한다.

② 다른 연구자의 연구 실적을 인용하거나 참고했을 때에는 반드시 그 출처를 밝혀야 한다. 단지 학술 용어를 인용한 것이라도 예외가 될 수 없다.

③ 연구 자료는 정확하고 정직하게 제시해야 한다. 연구 실적과 관련이 있는 모든 자료는

---

45) Charles Lipson(2008), 김형주·이정아 옮김, 『정직한 글쓰기』, 서울: 멘토르, p. 8.

그것이 어떤 형태의 것이든지 예외가 될 수 없다.

또, 최근 불거지고 있는 논문 표절 등 학문 윤리의 실종 현상에 따른 위기의식을 극복하기 위해 대학 당국에서 공표하고 있는 이른바 '연구윤리지침'에 따르면 "연구 부정행위"란 전체 연구 과정(연구의 제안, 연구의 수행 및 연구 결과의 보고 및 발표, 연구 심사·평가 행위 등)에서 발생하는 위조 및 변조 행위, 표절 행위, 부당한 논문 저자 표시 행위, 중복 게재 행위 등을 말합니다. 구체적으로 연구 부정행위에 해당하는 것들의 내용을 살펴보면 다음과 같습니다.[46]

① 위조: 존재하지 않는 데이터 또는 연구결과 등을 허위로 만들어 내는 행위
② 변조: 연구 재료·장비·과정 등을 인위적으로 조작하거나 데이터를 임의로 변형·삭제함으로써 연구 내용 또는 결과를 왜곡하는 행위(여기서 "삭제"란, 기대하는 연구결과의 도출에 방해되는 데이터를 고의로 배제하고 유리한 데이터만을 선택하여 사용하는 행위를 말함.)
③ 표절: 저작권법상 보호되는 타인의 저작, 연구 착상 및 아이디어나 가설, 이론 등 연구 결과 등을 정당한 승인 또는 인용 없이 사용하는 행위
④ 부당한 논문 저자 표시: 연구 내용 또는 결과에 대하여 학술적 기여를 한 사람에게 정당한 이유 없이 논문 저자 자격을 부여하지 않거나, 학술적 기여가 없는 자에게 논문 저자 자격을 부여하는 행위
⑤ 중복 게재: 편집인이나 독자에게 이미 출간된 본인 논문의 존재를 알리지 않고 이미 출간된 본인 논문과 완전히 동일하거나 거의 동일한 텍스트의 본인 논문을 다른 학술지에 다시 제출하여 출간하는 행위

---

46) 2007년에 공표한 고려대학교 〈연구윤리지침〉 참조.

그러나 이와 같은 연구 부정행위들은 우리 학계에서 그동안 서로 눈감아 주는 관행 때문에 개선될 기미를 보이지 않았던 것들입니다. 지나친 관용 때문에 정직하고 당당한 연구의 토양이 제대로 마련되지 않았다고 해도 과언이 아니지요. 그 밖에 우리 학계에서 논란 내지 문제가 되고 있는 표절의 유형들을 살펴보면 다음과 같은 것들이 있습니다.

① 아이디어 표절: 창시자의 공적을 인정하지 않고 전체나 일부분을 그대로 또는 피상적으로 수정해서 그의 아이디어(설명, 이론, 결론, 가설, 은유 등)를 도용하는 행위를 말합니다. 저자는 통상 각주 또는 참고인용의 형태를 통해 아이디어의 출처를 밝힐 윤리적 책무가 있습니다. 저자는 타인의 연구제안서 및 기고 원고에 대한 동료 심사 등을 통해 알게 된 타인의 아이디어를 적절한 출처와 인용 없이 도용해서는 안 됩니다.[47]

② 텍스트 표절: 저자를 밝히지 않고 다른 사람이 저술한 텍스트의 일부를 베끼는 행위를 말합니다. 전형적인 표절 행위에 해당하는 것으로, 범죄 행위로 보아도 무방하여 저작권자의 요청이 있는 경우 형사상 책임뿐만 아니라 민사상 책임까지도 피할 수 없는 유형입니다.

③ 모자이크 표절: 다른 사람이 저술한 텍스트의 일부를 조합하거나, 단어를 추가 또는 삽입하거나, 단어를 동의어로 대체하여 사용하면서 원저자와 출처를 밝히지 않는 행위를 말합니다. 고도의 전문지식을 갖추지 않는 한 제3자가 발견해 내기 어려운 표절 유형이지만, 해당 전문 분야에서 여러 연구자들이 함께 연구하는 과정에서 발각될 수밖에 없는 파렴치한 행위가 아닐 수 없습니다.

④ 아이디어 왜곡: 다른 사람의 말과 생각임을 인정하지 않고 그 사실을 왜곡하는 행위를 말합니다. 다른 사람의 말과 생각을 자신이 쉽게 풀어 쓸 때에는 자신의 생각과 일치하

---

47) 하지만 이러한 아이디어는 저작권법상 보호받는 저작물이라고 할 수는 없다. 곧 단순히 아이디어만을 표절하는 경우에는 저작권 침해가 성립하지 않는다는 뜻이다.

지 않더라도 원문의 표현을 그대로 살려야 함에도 그렇게 하지 않는 것을 가리킵니다. 인용문을 짧게 줄일 경우에도 그 사실을 알리고 해당 인용문의 핵심적인 생각을 훼손하지 않아야 합니다.

대여점에서 빌려 온 영화를 수업시간에 감상할 수 있을까?

바로 군은 교양 과목으로 신청한 '영상문화론' 수업을 무척 좋아했다. 영화에 대한 해박한 지식과 통쾌한 비평을 자랑하는 교수님의 강의 내용이 인상적이었다. 그날도 바로 군은 수업을 받기 위해 강의실로 향하고 있었다. 이윽고 수업이 시작되었는데, 출석을 확인하고 난 교수님께서 우선 어느 영화의 일부분을 보자고 하시는 게 아닌가. 그 영화는 개봉한 지 그리 오래되지 않은, 하지만 흥행에는 그다지 성공하지 못한 우리나라 작품이었다.

그런데 본격적으로 영화가 시작되기 전에 스크린을 가득 채우며 떠오른 자막은 "가정용으로 허락된 것이므로 공공 장소에서 방영하는 것은 저작권 침해"라는 요지의 경고문이었다. 아마도 비디오 대여점에서 빌려온 것인 모양이었다. 하지만 교수님은 태연히 영화를 보여 주며 학생들의 감상 태도를 지켜보고 있었다.

이처럼 대여점에서 빌려온 영화를 강의실에서 상영하는 행위는 과연 저작권 침해일까, 아닐까?

∾

응답하라!

현행 저작권법 제25조[48]에 따르면 '학교교육 목적 등에의 이용' 행위는 저작재산권 침해가 아니라고 규정되어 있습니다. 지금 바로 군은 대학생이므로 제2항에 해당하는 것으로 보입니다. 곧 "그 수업 또는 지원 목적상 필요하다고 인정되는 경우에는 공표된 저작물의 일부분을 복제·배포·공연·방송 또는 전송할 수 있습니다. 다만, 저작물의 성질이나 그 이용의 목적 및 형태 등에 비추어 저작물의 전부를 이용하는 것이 부득이한 경우에는 전부를 이용할 수 있다"라는 규정에 해당하는 것이지요. 강의실에서 영화를 상영하는 행위는 곧 '공연'이므로 수업 목적을 위해 불가피하다면 저작재산권 침해가 아니라는 뜻입니다.

---

48) 저작권법 제25조(학교교육 목적 등에의 이용) ① 고등학교 및 이에 준하는 학교 이하의 학교의 교육 목적상 필요한 교과용도서에는 공표된 저작물을 게재할 수 있다.

② 특별법에 따라 설립되었거나 「유아교육법」, 「초·중등교육법」 또는 「고등교육법」에 따른 학교, 국가나 지방자치단체가 운영하는 교육기관 및 이들 교육기관의 수업을 지원하기 위하여 국가나 지방자치단체에 소속된 교육지원기관은 그 수업 또는 지원 목적상 필요하다고 인정되는 경우에는 공표된 저작물의 일부분을 복제·배포·공연·방송 또는 전송할 수 있다. 다만, 저작물의 성질이나 그 이용의 목적 및 형태 등에 비추어 저작물의 전부를 이용하는 것이 부득이한 경우에는 전부를 이용할 수 있다.

③ 제2항의 규정에 따른 교육기관에서 교육을 받는 자는 수업목적상 필요하다고 인정되는 경우에는 제2항의 범위 내에서 공표된 저작물을 복제하거나 전송할 수 있다.

④ 제1항 및 제2항에 따라 저작물을 이용하려는 자는 문화체육관광부장관이 정하여 고시하는 기준에 따른 보상금을 해당 저작재산권자에게 지급하여야 한다. 다만, 고등학교 및 이에 준하는 학교 이하의 학교에서 제2항에 따른 복제·배포·공연·방송 또는 전송을 하는 경우에는 보상금을 지급하지 아니한다.

⑤ 제4항의 규정에 따른 보상을 받을 권리는 다음 각 호의 요건을 갖춘 단체로서 문화체육관광부장관이 지정하는 단체를 통하여 행사되어야 한다. 문화체육관광부장관이 그 단체를 지정할 때에는 미리 그 단체의 동의를 얻어야 한다.

    1. 대한민국 내에서 보상을 받을 권리를 가진 자(이하 "보상권리자"라 한다)로 구성된 단체

    2. 영리를 목적으로 하지 아니할 것

    3. 보상금의 징수 및 분배 등의 업무를 수행하기에 충분한 능력이 있을 것

⑥ 제5항의 규정에 따른 단체는 그 구성원이 아니라도 보상권리자로부터 신청이 있을 때에는 그 자를 위하여 그 권리행사를 거부할 수 없다. 이 경우 그 단체는 자기의 명의로 그 권리에 관한 재판상 또는 재판 외의 행위를 할 권한을 가진다.

⑦ 문화체육관광부장관은 제5항의 규정에 따른 단체가 다음 각 호의 어느 하나에 해당하는 경우에는 그 지정을 취소할 수 있다.

    1. 제5항의 규정에 따른 요건을 갖추지 못한 때

    2. 보상관계 업무규정을 위배한 때

    3. 보상관계 업무를 상당한 기간 휴지하여 보상권리자의 이익을 해할 우려가 있을 때

⑧ 제5항의 규정에 따른 단체는 보상금 분배 공고를 한 날부터 3년이 경과한 미분배 보상금에 대하여 문화체육관광부장관의 승인을 얻어 공익목적을 위하여 사용할 수 있다.

⑨ 제5항·제7항 및 제8항의 규정에 따른 단체의 지정과 취소 및 업무규정, 보상금 분배 공고, 미분배 보상금의 공익목적 사용 승인 등에 관하여 필요한 사항은 대통령령으로 정한다.

⑩ 제2항의 규정에 따라 교육기관이 전송을 하는 경우에는 저작권 그 밖에 이 법에 의하여 보호되는 권리의 침해를 방지하기 위하여 복제방지조치 등 대통령령이 정하는 필요한 조치를 하여야 한다.

또 "제2항의 규정에 따른 교육기관에서 교육을 받는 자는 수업목적상 필요하다고 인정되는 경우에는 제2항의 범위 내에서 공표된 저작물을 복제하거나 전송할 수 있다"고 규정하고 있어서 가르치는 사람뿐만 아니라 배우는 사람, 즉 학생들도 이미 공표된 저작물을 수업 시간에 학습용 또는 발표용으로 복제 및 전송할 수 있습니다. 그러니까 학교에서 저작물을 이용하는 행위는 이용허락이 없었더라도 대부분 저작재산권 침해가 되지 않는다는 뜻입니다.

하지만 이와 같이 저작물을 이용하는 경우라 하더라도 고등학교 이하의 학교를 제외하고 "문화체육관광부장관이 정하여 고시하는 기준에 따른 보상금을 해당 저작재산권자에게 지급"해야 한다는 규정에 주의할 필요가 있습니다. 즉, 대학 및 대학원에서 수업목적상 저작물을 이용하는 경우 사전 이용허락을 얻을 필요는 없지만, 이용하고 난 후에는 문화체육관광부장관이 정하는 기준에 따라 보상금을 지급해야 한다는 뜻입니다. 실제로 보상금 징수를 위한 관련 기관의 협의가 진행 중입니다.

| 알아둡시다 |

⊙ 교육기관의 복제방지조치 등 필요한 조치란 무엇인가?

저작권법 제25조 제10항에서 규정하고 있는 "대통령령이 정하는 필요한 조치"란, 저작권법 시행령 제9조에 따르면 다음과 같은 것을 말합니다.

첫째, 불법 이용을 방지하기 위하여 필요한 다음에 해당하는 기술적 조치

　　가. 전송하는 저작물을 수업을 받는 자 외에는 이용할 수 없도록 하는 접근제한조치

　　나. 전송하는 저작물을 수업을 받는 자 외에는 복제할 수 없도록 하는 복제방지조치

둘째, 저작물에 저작권 보호 관련 경고문구의 표시

셋째, 전송과 관련한 보상금을 산정하기 위한 장치의 설치

인터넷 동호회에서 저작권을 침해했다면 어떻게 해야 할까?

"내 작품이 왜 여기에 있는 거지? 이거 누구 짓이야?"

유명 포털 사이트의 동영상 동호회 게시판에 막식이가 만든 UCC가 올라 있다는 친구의 연락을 받고 이를 확인한 막식이는 흥분하지 않을 수 없었다. 아마도 누군가 막식이 UCC를 퍼다가 무단으로 올려놓은 모양이었다.

"이럴 땐 누구한테 이걸 내려 달라고 해야 하는 건지 모르겠네. 바로한테 물어볼까?"

그런데 바로로부터 돌아온 대답은 의외로 간단했다.

"해당 사이트 운영자에게 네가 그 동영상의 저작권자임을 확인시켜 주고, 내려 달라고 요청하면 돼."

하지만 '그런 다음에는 누구한테 책임을 지라고 해야 하는가?' 하는 점이 궁금했다.

"이런 경우에는 저작권법에서 규정하고 있는 '온라인서비스제공자의 책임제한' 조항이 적용되거든. 곧 네 동영상을 퍼 나른 사람한테는 책임을 물을 수 있지만, 해당 사이트 운영자에게는 아무런 책임도 없다는 뜻이야. 만일 네 요청을 받고도 계속 동영상을 게시한다면 모르지만 말이야."

역시나 바로였다. 당장 처리해야겠다고 생각하며 먼저 해당 사이트 운영자에게 이메일을 보내보기로 했다. 과연 어떤 반응을 보일까 궁금했다.

현재 사이버 공간에는 수없이 많은 인터넷 동호회가 활동하고 있으며, 그 회원 숫자 또한 상상을 초월할 정도로 많은 경우가 있어 화제가 되곤 합니다. 그리고 이러한 인터넷 동호회는 대부분 자체 서버가 아닌 대형 포털 사이트에서 제공하는 서버를 이용하게 되지요. 그런데 이러한 인터넷 동호회가 저작권을 침해하는 등의 불법 행위를 저질렀을 경우 온라인서비스를 제공한 포털 사이트에는 어떤 책임이 있는 걸까요? 인터넷 동호회의 저작권 침해행위에 대한 온라인서비스제공자의 책임 여부를 밝힌 국내 판례를 보면 대체적인 책임 범위를 가늠할 수 있습니다. 실제 사건 및 판례의 내용을 먼저 살펴보면 다음과 같습니다.

음반 제작 및 유통 사업을 하는 어느 법인에서 특정 외국음악저작물의 저작재산권자 및 저작인접권자들로부터 국내에서의 복제권·배포권 및 저작인접권을 양도받았는데, 국내 인터넷 포털 사이트에서 활동 중인 음악동호회 운영자가 무단으로 위 음악저작물을 CD에 담아 동호회 게시판을 통해 판매하기에 이르렀고, 인터넷 포털 사이트에서는 인터넷 결제 시스템을 제공했습니다. 이에 위 저작물의 국내 권리를 갖고 있던 법인이 인터넷 동호회 운영자와 포털 사이트 운영자를 상대로 손해배상을 청구하는 소송을 제기하는 한편 동시에 형사고소도 제기하기에 이르렀지요.

이에 대한 법원의 판단을 살펴보면, 우선 위 음악저작물을 CD에 담아 직접적으로 무단 통신판매에 나선 인터넷 동호회 운영자의 행위는 저작권 침해가 분명하므로 다시 살펴볼 필요가 없다고 합니다. 다만, 이 경우 포털 사이트 운영자의 책임 부분이 문제가 된다고 했는데요. 온라인서비스제공자로서의 포털 사이트 운영자는 직접적으로 저작권자의 권리를 침해하지는 않았으나 사전에 적극적으로 불법 게시물의 삭제 내지는 동호회의 폐쇄 조치를 취하지 않았다는 점이 과연 불법 행위인가 하는 점을 따져 볼 필요가 있다는 겁니다.

정보통신망이용촉진 및 정보보호에 관한 법률 제44조에 따르면 "정보통신망을 이용하여 일반에게 공개를 목적으로 제공된 정보로 인하여 법률상 이익이 침해된 자는 해당 정보를 취급한 정보통신 서비스제공자에게 당해 정보의 삭제 또는 반박 내용의 게재를 요청할 수 있다"고 하여 '삭제의무'를, 저작권법에서는 "권리주장자의 중단요구가 있는 경우에는 즉시 그 저작물 등의 복제·전송을 중단시키고 당해 저작물 등을 복제·전송하는 자에게 그 사실을 통보하여야 한다"라고 하여 '복제·전송 중단의무 및 통보의무'를 규정하고 있습니다.

이와 관련하여 대법원 판례(대법원 2003.6.27. 선고 2002다72194 판결)는 온라인서비스제공자가 타인의 명예를 훼손하는 게시판의 글을 삭제하지 않아 손해배상책임이 대두된 사건에서 "삭제 의무가 있는지는 게시의 목적, 내용, 게시 기간과 방법, 그로 인한 피해의 정도, 게시자와 피해자의 관계, 반론 또는 삭제 요구의 유무 등 게시에 관련한 쌍방의 대응 태도, 당해 사이트의 성격 및 규모, 영리 목적의 유무, 개방 정도, 운영자가 게시물의 내용을 알았거나 알 수 있었던 시점, 삭제의 기술적·경제적 난이도 등을 종합하여 판단해야 할 것"이라고 하여 운영자가 문제된 글이 게시된 사실을 알았거나 알 수 있었다는 사정만으로는 삭제 의무가 발생하지 않는다고 판시하고 있습니다.

한편, 위 음악저작물 무단 판매 사건에 대한 판결에서는 포털 사이트 운영자가 불법 사실에 대한 통지를 받은 후 음악동호회 운영자에게 이 사건 CD의 제작 및 판매를 중단할 것을 통지하고, 인터넷 결제 시스템을 삭제한 다음 이미 결제된 주문을 취소하도록 하였으며, 음악동호회 운영자로 하여금 권리자와 협의하도록 권유했다는 등의 사정을 들어 온라인서비스제공자로서 적정한 조치를 한 것으로 판단했습니다. 다만, 온라인서비스제공자가 저작재산권자의 통보 이전이라도 저작권 침해 여부를 확인해야 하는지, 나아가 인터넷 결제 시스템을 제공하기에 앞서 저작권 침해 여부를 확인해야 하는지 등에 대해서는 명확한 판결이 없어 향후 판례를 기다릴 수밖에 없게 되었습니다.

하지만 같은 사안에 대한 형사판결에서는 포털 사이트 소속 직원이 동호회 운영자의 부탁을 받았을 때 저작권 침해 사실을 알면서도 결제 시스템을 구축해 주었다는 공소 사실에 대해 저작권법위반방조죄가 인정되었고, 포털 사이트를 운영하는 법인에 대해서도 양벌규정에 따라 저작권법위반방조죄가 인정되었습니다. 다만, 민사판결에서는 형사판결의 책임인정에 구속되지 않고 민법상의 독자적인 판단에 따라 결론을 도출했다는 점에서 주목할 만하다고 하겠습니다.

결론적으로, 이상의 판결 내용은 온라인서비스제공자의 구체적인 의무이행 상황을 고려해서 판단했다는 점에서, 그리고 최근 블로그 등을 통한 저작권 침해 관련 쟁점이 급증하고 있는 상황에서 온라인서비스제공자의 책임 범위에 대한 판단의 기준을 제시했다는 점에서 의미가 크다고 하겠습니다.

| 알아둡시다 |

인터넷은 정보화 시대의 필수 매체로서 온갖 정보를 공유하고 연결하는 유용한 네트워크이지만, 한편으로는 상습적인 저작권 침해 지대이기도 합니다. 저작권자 허락 없이 책 내용을 그대로 웹페이지에 게시하는 행동, 언론사 홈페이지 기사를 그대로 퍼다가 이용하는 경우, 남의 그림이나 사진 등 이미지 파일을 무단으로 복제하여 웹페이지에 올리는 행위 등은 저작권 침해행위가 될 수 있습니다. 저작권을 침해하게 되면 피해자에게 민사상 손해배상 책임을 져야 하며, 형사처벌을 받을 수도 있습니다. 인터넷을 사용하는 현대인들이 자칫 저지르기 쉬운 저작권 침해의 유형들을 살펴보면 다음과 같습니다.

⊙ 학생과 교사들의 경우

① 학교 과제를 하면서 인터넷 자료만 그대로 베껴서 제출하기: 과제를 수행하기 위해 다양한 자료를 참고할 수는 있지만, 다른 사람이 만들어 놓은 자료를 그대로 베껴서 내는 것은 누군가의 저작권을 침해하는 일이 됩니다.

② 학습자료를 스캐닝해서 학교 홈페이지에 올리기: 문제집이나 자습서, 참고서 등 학습자료에도 모두 저작권이 들어 있습니다. 아무리 비영리적이고 공익적이라고 해도 함부로 다른 사람의 자료를 복제하거나 공유하는 것은 저작권 침해가 됩니다.

③ 각종 대회에서 다른 사람의 글이나 그림을 베껴서 제출하기: 인터넷에서 본 글이나 그림을 그대로 베껴서, 또는 친구의 글이나 그림을 훔쳐서 각종 대회 작품으로 내는 일은 저작권을 침해하는 일입니다.

⊙ 개인 홈페이지나 블로그의 경우

① 인터넷에 떠도는 글, 그림, 사진 등을 퍼서 내 홈페이지에 올리기: 인터넷에 아무 출처 없이 떠도는 것이라 하더라도 함부로 가져다 쓰면 안 됩니다. 누군가 창작한 사람이 있게 마련이기 때문이지요. 더구나 경고 문구 등 아무런 표시 없이 게시된 저작물은 그것이 보호받는 저작물인지, 그렇지 않은지 확인하기 어렵다는 점에서 더욱 위험한 것일 수도 있습니다.

② 출처 불명의 음원을 개인 홈페이지나 블로그에 배경음악으로 깔기: 미니홈피 또는 블로그 회사에 대가를 치르고 구입한 음악이라면 괜찮지만, 자신이 가지고 있거나 인터넷에서 퍼온 음악 파일을 변환해서 배경음악으로 사용하면 저작권 침해가 될 수 있습니다.

⊙ 공유 사이트의 경우

① 공유 사이트 또는 웹하드 등에서 자료 주고받기: 자신이 창작한 것이 아닌 남의 저작물

을 함부로 공유 사이트에 올리면 안 됩니다. 함께 나누고 싶은 마음은 아름답지만, 그것이 다른 사람의 저작물이라면 반드시 이용허락을 얻어야만 합니다.

② 연예인 팬클럽 사이트에 음악 파일 올리기: 좋아하는 연예인 팬클럽 인터넷 카페나 연예인 홈페이지에 함부로 음악 파일을 올리면 안 됩니다. 설령 그 연예인이 가수고 그 가수가 부른 노래를 올린 것이라 해도 저작권 침해가 될 수 있습니다. 대중가요의 저작권은 노래를 부른 가수에게 있는 것이 아니라 작사가와 작곡가에게 있기 때문이지요. 가수에게는 실연에 따른 '저작인접권'만 주어지므로 노래를 온전히 이용하려면 작곡가와 작사가의 이용허락을 따로 받아야 합니다.

⊙ 인터넷 게시판의 경우

① 영화나 음악 파일을 게시판 자료로 올리기: 자신이 직접 제작한 영화 또는 직접 창작한 음악이 아니라면 함부로 인터넷 게시판에 올리지 말아야 합니다. 저작재산권 중에 '공중송신권'이란 게 있는데, 바로 이 권리를 침해한 것일 수도 있으니까요.

② 방송 프로그램 화면을 캡처하여 인터넷 게시판에 올리기: 유명 연예인이 등장하는 드라마 장면 또는 오락 프로그램 장면, 버라이어티 쇼의 한 장면 등을 캡처해서 인터넷에 올리는 일도 저작권 침해에 해당합니다. 해당 영상을 제작한 사람이나 단체에게 저작권이 주어지기 때문이지요.

⊙ 파일 복사 CD를 나눠주는 경우

컴퓨터프로그램 파일, 음반 CD 등을 다른 CD에 복사해서(구워서) 나눠 주기: 컴퓨터프로그램은 저작권법으로 보호되는 저작물의 한 유형입니다. 프로그램 개발자들로 하여금 더욱 유용한 프로그램을 만들어 내도록 격려하려면 이를 함부로 복사하거나 공유하면 안 됩니다. 판매 중인 음반 또한 따로 복제해서 함부로 나누어 주면 안 됩니다. 컴퓨터프로그램이

든 음반이든 정품을 구입해서 쓰는 것이 저작권을 보호하는 길인 동시에 관련 산업을 발전

시키는 지름길이 된다는 사실을 절대 잊지 않아야겠습니다.

학교에서 공연하는 것도 이용허락이 필요할까?

만해 군의 노래 솜씨는 중학생 때부터 소문나 있었을 정도로 뛰어났다. 어디 그 뿐인가. 기타 치는 솜씨도 수준급이었다. 대학 생활의 꽃이라면 당연히 동아리 활동임을 잘 아는 만해 군. 엄격한 테스트 과정을 거쳐 마침내 교내에서 가장 전통과 명성을 자랑하는 록그룹 '블랙커피'에 들어가게 되었다. 거기서 일렉트릭 기타와 보컬을 맡게 된 만해 군은 맹렬히 연습에 돌입했다. 정기 공연이 코앞으로 다가왔기 때문이었다. 하지만 그룹 멤버들이 작사와 작곡을 해서 연주하는 것은 한두 곡에 불과했고 나머지 10여 곡은 모두 기성곡이라는 게 마음에 걸렸다. 역대 대학가요제 입상곡을 비롯해서 이미 그 인기가 검증된 록 음악들이 연주 목록을 채우고 있었다.

만해 군이 속한 록그룹의 공연에서 이용허락 없이 음악을 연주하는 행위는 저작권 침해일까, 아닐까?

응답하라!

현행 저작권법 제29조에서는 '영리를 목적으로 하지 아니하는 공연·방송'에 대해 규정하고 있습니다. 즉, 영리(營利)를 목적으로 하지 않는 공연이나 방송에는 저작재산권이 미치지 않는다는 겁니다. 여기서 영리를 목적으로 하지 않는 경우에 대해서 구체적으로 살펴보면 다음과 같이 정리할 수 있습니다.

첫째, 공연이나 방송을 하는 목적 자체가 비영리적이어야 합니다.

둘째, 청중이나 관중 또는 제3자로부터 어떤 명목으로든지 반대급부(광고비, 홍보성 협
찬금, 입장료 등)를 받지 않아야 합니다.
셋째, 공연이나 방송에 출연하는 실연자들 또한 출연료 등 통상의 보수를 받지 않아야
합니다.

따라서 위의 요건을 충족시키기 위해서는 주최 측이나 출연자 모두가 철저
하게 비영리성을 띠어야 합니다. 곧 주최하는 단체나 개인 그 자체가 영리성을
전혀 띠지 않아야 하며, 공연의 경우에는 입장료는 물론 후원금이나 출연료조
차 없이 진행되어야 하고, 방송의 경우에도 상업 광고나 후원 또는 협찬, 출연
료 지급 등이 없이 진행되어야 합니다. 결국, 공연이나 방송에 따른 일체의 비
용을 비영리 개인이나 단체로서의 주최 측이 부담함과 동시에 출연자들은 무보
수로 참여해야만 위의 요건을 충족시킬 수 있는 걸로 보입니다. 한편, 위와 같
은 방법으로 저작물을 이용할 때에는 저작물을 번역·편곡 또는 개작해서 이용
할 수도 있으며, 출처를 명시할 의무 또한 없습니다.

또, 청중이나 관중들로부터 반대급부를 받지만 않는다면 판매용 음반이나
판매용 영상저작물을 재생하여 공중에게 공연할 수 있습니다. 따라서 영리를
목적으로 하거나 영리 단체가 주관하는 공연이라도 청중 또는 관중들로부터 공
연에 따른 반대급부만 받지 않는다면 이 규정에 해당하는 것으로 보입니다. 그
렇더라도 판매용 음반이나 판매용 영상저작물의 재생에 의한 공연에만 이용이
허용되며, 방송은 이에 해당하지 않는다는 점에 주의해야 합니다. 다만, 대통령
령으로 정한 경우에는 청중이나 관중들로부터 반대급부를 받지 않더라도 판매
용 음반 및 영상저작물의 재생에 의한 공연을 할 수 없으므로 이 점 또한 주의
해야 합니다.

| 알아둡시다 |

위에서 살펴본 것처럼 청중이나 관중들로부터 반대급부를 받지만 않는다면 판매용 음반이
나 판매용 영상저작물을 재생하여 공중에게 공연할 수 있습니다만, 예외로서 다음과 같이
"대통령령이 정하는 경우"에는 저작권 침해가 됩니다.

1. '식품위생법 시행령' 제21조 제8호에 따른 영업소에서 하는 다음과 같은 공연

   가. 단란주점과 유흥주점에서 하는 공연

   나. 위에 해당하지 않는 영업소에서 하는 공연으로 음악 또는 영상저작물을 감상하는

   　　설비를 갖추고 음악이나 영상저작물을 감상하게 하는 것을 영업의 주요 내용의 일

   　　부로 하는 공연

2. '한국마사회법'에 따른 경마장, '경륜·경정법'에 따른 경륜장 또는 경정장에서 하는 공연

3. '체육시설의 설치·이용에 관한 법률'에 따른 골프장·스키장·에어로빅장·무도장·무도

   학원 또는 전문체육시설 중 문화체육관광부령으로 정하는 전문체육시설에서 하는 공연

4. '항공법'에 따른 항공운송사업용 여객용 항공기, '해운법'에 따른 해상여객운송사업용

   선박 또는 '철도사업법'에 따른 여객용 열차에서 하는 공연

5. '관광진흥법'에 따른 호텔·휴양콘도미니엄·카지노 또는 유원시설에서 하는 공연

6. '유통산업발전법 시행령' 제3조에 따른 대형마트·전문점·백화점 또는 쇼핑센터에서 하

   는 공연

7. '공중위생관리법' 제2조에 따른 숙박업 및 목욕장에서 영상저작물을 감상하게 하기 위

   한 설비를 갖추고 하는 판매용 영상저작물의 공연

8. 다음 어느 하나에 해당하는 시설에서 영상저작물을 감상하게 하기 위한 설비를 갖추고

   발행일부터 6개월이 지나지 않은 판매용 영상저작물을 재생하는 형태의 공연

   가. 국가·지방자치단체(그 소속기관 포함)의 청사 및 그 부속시설

나. '공연법'에 따른 공연장

다. '박물관 및 미술관 진흥법'에 따른 박물관·미술관

라. '도서관법'에 따른 도서관

마. '지방문화원진흥법'에 따른 지방문화원

바. '사회복지사업법'에 따른 사회복지관

사. '여성발전기본법' 제2조 제3호에 따른 여성 관련 시설

아. '청소년활동진흥법' 제10조 제1호 가목에 따른 청소년수련관

자. '지방자치법' 제144조에 따른 공공시설 중 시·군·구민회관

프로그램 개발자가 된 정보통 군과 회사의 대결

대학을 졸업하고 다국적 소프트웨어 회사 '스티브잡스'에 컴퓨터프로그램 개발자로 취업한 정보통 군. 얼마 동안은 별 문제 없이 열심히 일했지만 일 년 전쯤 회사 내부의 경영권 분쟁으로 인해 회사를 그만두게 되었다. 그리고 이번에는 정보통 군이 직접 회사를 설립하고, 스티브잡스 사에서 근무할 당시 본인이 개발한 프로그램을 응용한 새로운 프로그램을 개발해서 판매를 시작했다. 이 사실을 알게 된 스티브잡스 사에서는 정보통이 개발해서 판매 중인 프로그램은 스티브잡스 사가 보유하고 있는 저작권을 침해한 결과물이라며 정보통 군을 고소하기에 이르렀다.

과연 정보통은 스티브잡스 사의 저작권을 침해한 것일까? 자신이 그 회사에 근무할 당시 만든 프로그램이긴 하지만, 그것을 그대로 본뜬 것이 아니라 응용한 것뿐인데 이런 경우에도 저작권 침해가 성립하는 걸까?

❦

응답하라!

저작권에 대한 침해가 늘어남과 같이 소프트웨어 프로그램에 관한 저작권 침해들도 나날이 늘어나고 있는 실정입니다. 특히 IT 강국인 우리나라에서는 기업에서 대부분 소프트웨어를 사용하기에 그만큼 더 신경을 쓰는 부분이기도 하지요. 위의 사례를 보면 프로그램 개발자가 퇴사한 후 자신이 설립한 회사에서 개발한 프로그램을 두고 먼저 근무하던 회사와 공방을 벌이게 되었습니다. 저작권재산권은 저작물에 의거하고 유사성을 보인다면 침해가 성립됩니다. 만약 두

가지 조건 중 하나라도 만족되지 않는다면 독립적인 저작물이 되는 것이지요.

실제로 저작물 성립 요건으로서의 창작성에 관한 판례(서울중앙지방법원 제4형사부 2005.12.13. 선고, 2005노3375 판결 등)를 살펴보면, 저작권법에서 보호하는 저작물, 즉 창작물이란 저작자 자신의 작품으로서 남의 것을 베낀 것이 아니어야 하고, 높은 수준은 아니어도 저작권법에 의한 보호를 받을 가치가 있는 정도로 최소한도의 창작성은 있다는 것을 의미합니다. 저작권법이 보호하는 것은 인간의 사상·감정을 말·문자·음·색 등에 의해 구체적으로 외부에 표현된 창작적 표현 형식이고, 아이디어나 이론 등의 사상 및 감정 즉 표현되어 있는 내용 그 자체는 설사 그것이 창작성이 있다 하더라도 원칙적으로는 저작권법에서 정하는 저작권의 보호 대상이 되지 않습니다. 특히 학술의 범위에 속하는 저작물의 경우 그 학술적인 내용은 만인에게 공통되는 것이고 누구에 대하여도 자유로운 이용이 허용되어야 하는 아이디어의 영역에 속하는 것으로서 그 저작권의 보호는 창작적인 표현 형식에 있지 학술적인 내용에 있는 것은 아니라고 할 것이어서, 이러한 학술적인 내용은 그 이론을 이용하더라도 구체적인 표현까지 베끼지 않는 한 저작권 침해로 볼 수 없다고 합니다.

또한 저작물의 구체적인 표현 형식이 그 자체로 독창적인 정도는 아니고 기존의 서적, 논문 등과 공통되거나 공지의 사실을 기초로 하고 있다고 할지라도 특정한 이론적 설명에 관해 어떠한 문자를 사용하여 어떤 방식으로 서술하느냐는 저자의 창조적인 정신적 노력에 따라 다를 수 있습니다. 같은 개념이라도 저자가 자신의 경험 등을 토대로 이용자들이 쉽게 이해할 수 있도록 이론과 문제를 정리하여 나름의 표현 방식(이론 전개 방식이나 서술 내용, 그림, 도표의 사용)을 통해 이론을 설명하거나 문제에 대한 접근 방법, 풀이 방법 및 관련 용어를 설명하는 방법으로 저술했다면, 이는 단순히 학술적인 내용에 포함되어 있는 정형적(定型的)인 수식(數式)에 의한 계산 방법, 전개 과정 등을 설명하는 부분과는 달리, 저작자의 창조적인 정신적 노력에 의해 만들어진 작품으로서의 성격을 띠고 있으므로 창작성이 인정됩니다. 하지만 그 표현 형식이 저작물이 저작되기 이전부터 사용되어 왔다면 창작성을 인정하기 어렵다는 것이 법원의 일관된 판단입니다.

결국 위의 사례에서는 유사성을 띠지 않기 때문에 처벌을 받지 않을 가능성이 매우 높습니다. 이렇게 창조해 낸 프로그램 또는 음악, 그림 등은 기존의 저작물과 비슷하다고 해서 저작권이 침해되는 것이 아니라 그것이 유사한 느낌이 들더라도 구체적 표현이 다르다면 그것은 별개의 저작물이 되기 때문이지요. 얼핏 생각하면 저작권은 모순투성이인 것처럼 보일 수도 있습니다. 물론 이렇게 법규를 통해 창조성을 띤 저작물의 개발을 도모한다는 취지에도 불구하고 저작권법에 대한 일반인들의 인식은 충분하지 않습니다. 애매한 저작권법을 이해하기가 쉽지 않기 때문이기도 합니다. 아무쪼록 저작권에 관한 잘못된 인식을 하나하나 바꾸어 나감으로써 저작권 환경을 점진적으로 개선하여야 하겠습니다.

| 알아둡시다 |

'업무상저작물'이란 것이 있습니다.

현행 저작권법 제2조 정의규정에서는 "업무상저작물은 법인·단체 그 밖의 사용자(이하 '법인 등'이라 한다)의 기획하에 법인 등의 업무에 종사하는 자가 업무상 작성하는 저작물을 말한다"고 합니다. 비록 개인이 작성한 저작물이라고 할지라도 법인이나 단체 등에 종사하는 사람이 업무상 작성하는 등 일정 요건을 갖추었다면 그가 속한 법인이나 단체가 저작자로서 권리의 주체가 된다는 점을 규정하고 있는 것이지요.

한편, 미국을 비롯한 외국에서는 이러한 업무상저작물을 'work made for hire'라고 해서 우리보다는 좀 더 폭넓게 해석하여서, 특별히 주문을 받거나 일정한 사용을 위해 촉탁을 받아 작성된 저작물을 포함하는 개념으로 쓰이고 있기도 합니다.

사내 도서요약서비스 제공은 저작권 침해일까?

대학을 졸업하고 대기업 홍보실에 입사한 모니 양. 그녀에게 주어진 첫 업무는 사원들의 교양 및 정서 함양을 위해 '이달의 필독서'를 선정하고, 책을 찾아 읽을 시간이 부족한 사원들을 위해 책을 골라서 꼼꼼히 요약한 후 사내 전산망을 통해 전 사원에게 도서요약서비스를 제공하는 일이었다. 처음엔 하루 종일 책을 찾고, 구입하고, 읽는 일이 쉽지 않았지만, 시간이 흐르면서 나름의 요령이 생기다 보니 그다지 힘들게 여겨지지 않았다. 문제는 여러 종류의 책을 읽고 그 내용을 요약하는 일이었다.

하는 수 없이 인터넷서점을 뒤져 거기에 올라 있는 책 소개를 참조하기도 하고, 독자들이 남긴 서평이나 언론 매체의 기사들을 기웃거리기도 했다. 이렇게 이리저리 모은 정보를 짜깁기하는 방식으로 요약한 내용을 홍보팀장의 확인을 받아 사내 전산망에 올리기 시작했다. 얼마 지나지 않아 사원들로부터 좋은 책들을 소개해 주고, 요약정리까지 해줘서 고맙다는 인사를 듣게 되자 모니 양은 더없이 즐거웠다.

그러던 어느 날, 오랜만에 바로 군과 만해 군을 만나 호프집에서 생맥주 잔을 부딪치며 회사 업무 얘기를 꺼낸 모니 양이 자랑스레 도서요약서비스에 대해 설명하고 났을 때 바로 군과 만해 군은 서로 다른 의견을 내놓았다.

바로 왈, "그건 저작권 침해야. 저작인격권이 엄연히 있는데 도서 요약을 함부로 하면 안 되지."

만해 왈, "그것 참 재미있겠다. 저작권 침해는 무슨. 책 내용을 그대로 가져다 쓰는 것도 아니고 새로 요약한 건데 뭐가 문제야. 남들은 일부러 돈 들이고 시간 내서 읽어야 하는 게 책인데, 모니 너는 돈 벌면서 읽는다니 정말 부럽다."

누구의 말이 맞는 걸까?

❧

응답하라!

최근 바쁜 일상에 쫓기는 직장인들 사이에 이른바 '도서요약서비스'가 인기를 끌고 있다고 합니다. 인터넷 사용이 일반화하면서 손쉽게 접할 수 있는 있는 디지털 미디어를 통해 이루어지는 도서요약서비스는 아날로그 미디어의 총아로 각광받던 '책' 곧 도서의 이용 행태에 큰 변화를 가져오고 있는 것으로 보입니다. 이런 추세에 따라 전문 업체까지 등장, 성업(?) 중인 도서요약서비스 분야는 크게 보아 개별 업체의 독자적인 서비스를 하는 것은 물론 다른 분야와의 제휴를 통해 그 몸집을 점차 늘려가고 있습니다. 과연 아무런 문제가 없는 걸까요?

유행처럼 늘어난 도서요약서비스에 관련하여 저작권 문제를 살펴보면 다음과 같습니다.

첫째, 저작자(著作者)에게 부여된 저작인격권, 특히 동일성유지권의 침해 가능성이 매우 높습니다. 설사 저작권자 또는 출판권자의 동의를 얻어 도서요약서비스를 한다 하더라도 이는 저작재산권의 일부를 위임받은 것에 불과하며, 저작인격권을 침해해도 된다는 뜻으로 해석되지는 않습니다. 왜냐하면 저작인격권은 저작자 일신에 전속하는 권리로서 양도 혹은 상속이 불가능하기 때문이지요. 따라서 특정 저작물의 내용을 요약할 권리는 당연히 저작자에게만 있으며, 그렇지 않다면 제3자에 의한 요약이 완료된 후 저작자의 감수라도 받아야 할 일입니다.

둘째, 저작재산권으로서의 2차적저작물작성권 침해의 문제가 있습니다. 애초에 도서요약서비스를 필요로 하는 업체가 해당 저작권자 또는 출판권자의 이용허락을 받으면서 2차적저작물작성권을 염두에 두고 계약을 하지 않는 한, 업체에서 임의로 도서를 요약하는 행위는 곧 저작재산권 침해가 되기 때문이지요.

언젠가 도서요약서비스를 시행 중인 공공도서관 관장의 "공공도서관을 이용하는 시민들이 홍수처럼 쏟아지는 방대한 도서 정보를 모두 습득하기는 어려우므로 도서 요약본을 보시고 원본 도서를 읽을 경우 아주 짧은 시간에 책을 두 번 읽는 효과를 볼 수 있으니 시간적 여유가 부족한 시민들에게 큰 도움이 될 것으로 기대한다"는 인터뷰 기사를 보았는데, 과연 그럴까요?

도서요약서비스가 독자들을 원본 도서를 읽도록 이끌기 위한 불가피한 선택이라면 얼마나 좋을까요? 한 가지 분명한 사실은 그것이 책이든 단순한 글자의 나열에 불과한 그 무엇이든 '읽을 수 없는 사람'이란 곧 '생각할 수 없는 사람'일 수밖에 없다는 점입니다. 오늘날의 청소년들에게는 뜻을 헤아리기 위해서 생각을 하지 않을 수 없는 '읽기'보다, 영상 매체를 통해 생각은 하지 않는 '보기'에 더 익숙해지고 있습니다. '독서'라는 단어는 단지 알림장에 적힌 숙제의 하나를 가리키는 의미로 전락하였습니다. 그렇다 보니 그들의 사고(思考)와 기억의 중추마저 퇴화하는 것은 아닌지?

독자들 스스로가 요약 서비스의 편리함에 끌려가기 전, 독서의 진정한 의미를 생각한다면 저작권 보호의 토대는 더 견고해질 것입니다.

⊙ 동일성유지권

현행 저작권법에서는 동일성유지권에 대해 "저작자는 그의 저작물의 내용·형식 및 제호의 동일성을 유지할 권리를 가진다"(제13조 제1항)고 규정하고 있습니다. 여기서 동일성유지권이란 저작자가 자신이 작성한 저작물이 어떠한 형태로 이용되더라도 처음에 작성한 대로 유지되도록 할 수 있는 권리로서 저작자의 의사에 관계없이 이용자로부터 저작물의 내용을 변경당하지 않을 권리를 말합니다. 이는 곧 저작물은 저작자의 인격을 구체화한 것이므로 저작물에 구현된 저작자의 사상 및 감정의 표현에 있어서 완전성 혹은 동일성을 유지할 필요가 있다는 취지입니다. 따라서 저작물을 이용하는 사람의 입장에서 이용 목적을 달성함과 동시에 효과를 드높이기 위해서 저작물의 일부를 없애거나 고치고자 할 때에는 반드시 저작자의 동의를 얻어야 합니다. 다만, 단순한 오자(誤字)나 탈자(脫字)를 고치는 것은 예외가 될 수 있습니다.

여기서 내용 혹은 형식의 변경이란, 저작자의 의사와는 관계없이 무단으로 주제를 변경하고자 전개 과정을 바꿈으로써 원작의 본질을 손상시키는 것, 등장인물 또는 배경 따위를 바꿈으로써 마찬가지로 원작의 본질을 해치는 것, 그리고 비극을 희극으로 바꾸거나 시를 소설로 바꾸는 것처럼 표현 형식 자체를 고치는 행위 등을 가리킵니다. 하지만 저작물의 본질적인 변경이라도 그것이 정당한 절차를 거쳐 번역 또는 편곡 및 개작 등이 이루어진 것이라면 동일성유지권의 침해가 아닙니다. 다만, 번역을 함에 있어서 필연적인 변경과는 상관없는 중대한 실수로서의 오역(誤譯) 따위는 동일성유지권의 침해 사유가 될 수 있습니다. 하물며 전체 내용을 대폭 줄여서 요약하는 행위는 원저작물성을 해칠 가능성이 매우 높은 경우에 해당하므로 동일성유지권 침해 우려 또한 매우 클 수밖에 없겠지요.

⊙ 2차적저작물작성권

현행 저작권법에서는 "저작자는 그의 저작물을 원저작물로 하는 2차적저작물을 작성하여 이용할 권리를 가진다"(제22조)라고 하여 저작재산권으로서의 2차적저작물작성권을 부여하고 있습니다. 즉, 저작자는 자기 저작물을 원저작물로 하는 2차적저작물을 작성하여 이용할 수 있는 권리를 갖는데, 여기서 2차적저작물이란 "원저작물을 번역·편곡·변형·각색·영상제작 그 밖의 방법으로 작성한 창작물"을 말합니다. 그리고 이렇게 2차적저작물을 작성한 사람에게는 원저작자의 권리와는 별도로 독자적인 저작권이 부여됩니다.

하지만 2차적저작물의 보호는 그 원저작물 저작자의 권리에 영향을 미치지 않으므로 원저작물의 저작자로부터 정당한 방법으로 허락을 얻어야 하며, 그렇지 않을 경우에는 그에 따르는 책임을 져야 합니다. 또한 2차적저작물을 작성함에 있어서 원저작물의 변경이 불가피하므로 저작인격권으로서의 동일성유지권 침해의 문제가 제기될 수 있지만 그것이 내용상의 본질적인 변경이 아니고 영어를 국어로 번역하거나 다장조 음계를 가장조로 편곡하는 등 단순한 표현 형식의 변경이라면 동일성유지권 침해가 아닙니다. 그렇다면 도서 요약의 경우에는 어떨까요? 만일 제3자가 도서를 요약하면서 저작자의 의도를 잘못 이해했다면 원저작물과 다른 내용으로 변질될 가능성이 매우 높을 겁니다.

여기서는 또한 "작성하여 이용할 권리"라는 말에 유의할 필요가 있는데, 이는 작성할 권리와 이용할 권리의 이중적인 의미로 해석할 수 있기 때문입니다. 즉, 저작자는 자기 저작물을 토대로 해서 직접 2차적저작물을 작성할 수 있을 뿐만 아니라, 그렇게 작성한 별도의 저작물을 경제적인 대가를 받고 이용하게 할 수 있다는 뜻이기도 합니다.

따라서 2차적저작물작성권은 저작재산권 중에서도 매우 부가가치가 높은 권리이기 때문에 현행 저작권법에서는 "저작재산권의 전부를 양도하는 경우에 특약이 없는 때에는 2차적저작물을 작성하여 이용할 권리는 포함되지 아니한 것으로 추정한다"고 규정하고 있습니다. 하물며 계약서에 명시되지 않은 사항임에도 전문 업체 또는 개인이 임의로 2차적저작물 작성에 준하는 도서 요약 행위를 하고 그 결과물의 저작권자임을 주장하는 것은 어불성설이 아닐 수 없습니다.

회사 제품 사진에도 저작권이 있을까?

"이 사진이 좋을까? 아냐, 이 사진이 더 잘 나온 것 같은데."

오늘은 회사 홍보용 제품 안내책자를 새로 만들기 위해 회의가 있는 날. 모니 양은 그동안 회사에서 만들어 사용했던 홍보용 자료들을 뒤지면서 다시 써도 좋을 사진들을 고르느라 여념이 없었다. 웬만한 제품 사진들은 필름 또는 파일 형태로 보관되어 있었기에 다시 사용해도 별 문제가 없을 것 같았다.

"우와, 좋은 사진 많이 골랐네. 디자인만 새로 잘하면 되겠는걸."

모니 양이 골라서 건넨 제품 사진들을 살펴본 팀장이 반색을 했다. 팀장은 모니 더러 회의에 앞서 디자인 시안을 만들어 보라며 디자인 팀에 다녀오라고 지시 했고, 모니는 사진더미를 들고 디자인 팀 사무실로 향했다.

그런데 사진들을 본 디자이너가 불쑥 물었다.

"이거 누가 찍은 거예요? 우리 회사에 저작권이 있는 거 맞아요?"

순간, 모니는 말문이 막혔다. 하는 수없이 화장실 가는 척하며 사무실을 나와 팀장에게 전화를 걸었다.

"그걸 말이라고 해? 당연히 우리 사진이지. 우리가 돈 주고 시킨 일이니까 말이 야. 내가 다 책임질 테니까 걱정 말고 시안 작업이나 계속해."

팀장은 회사에서 모든 비용을 대서 찍은 사진이기 때문에 당연히 회사에 저작 권이 있다고 생각하는 모양이었다. 뭔가 미심쩍었지만 모니는 디자이너를 안심 시킨 후 작업을 계속해 달라고 부탁할 수밖에 없었다.

퇴근 후 모니는 바로와 만해를 만나 낮에 있었던 일을 설명했다. 이번에도 바로 와 만해는 서로 다른 의견을 내놓았다.

"회사 제품을 찍은 사진이라고 해도 종업원이 업무상 찍은 게 아니라면 찍은 사람에게 저작권이 있는 거야. 그러니까 창작성이 인정되는 사진이라면 회사가 아닌 사진작가에게 저작권이 있으니까 이용 허락을 얻어야 할걸."

바로 군이 회사가 잘못한 것일 수도 있다는 의견을 내놓았다.

"글쎄, 제품 사진에 저작권이 인정되는 것도 의문이고, 회사에서 비용을 댄 것이 틀림없다면 사진을 찍은 사람이 저작재산권을 회사에 양도한 것으로 봐야 하지 않을까? 별 문제 없을 것 같은데."

만해 군은 회사에 저작권이 있는 게 맞다는 의견이었다.

과연 누구 말이 맞는 걸까?

∾

응답하라! ▌

일반적으로 소비 제품을 생산하는 회사에서는 자사 제품을 많이 팔기 위해 여러 가지 광고 및 홍보, 그리고 판촉 작업을 병행하게 됩니다. 이 경우 그 제품을 사진으로 표현하는 일이 필요하고, 그렇게 표현된 사진은 각종 광고 및 홍보물에 쓰입니다. 물론 자사 내에 홍보실 등 관련 업무를 수행하는 부서가 있기는 하지만, 사진작가를 직원으로서 상시 채용하거나 자체 스튜디오를 갖추는 일은 현실적으로 쉽지 않습니다. 따라서 제품을 널리 알릴 목적으로 만드는 각종 광고물 또는 안내책자 등의 제작은 광고대행업체에 의뢰하게 되고, 또한 광고대행업체 역시 고도의 기술을 요하는 제품 사진의 경우 전문 스튜디오를 운영하는 사진작가에게 의뢰하게 됩니다.

의뢰받은 사진작가는 의뢰인들의 요구에 따라 제품을 피사체로 다양한 방법으로써 사진 촬영에 임하게 되고, 작업이 끝나면 현상 및 인화를 통해 사진 상태를 확인해서 원판 필름과 함께 의뢰인에게 납품한 후 그 대가를 지급받는 것으로 계약 관계가 종료되곤 하지요. 그런데 여기에서 문제가 되는 것은 이런 경우에 그 제품 사진의 저작권 여부는 어떻게 되는가 하는 점입니다. 적당한 대가를 지급하고 사진의 원판 필름을 납품받은 의뢰인 측에 필름에 대한 소유권이 있는 것이 분명하지만, 그렇다고 해서 저작권까지 양도되었다고 볼 수 있는 걸까요.

이런 경우 가장 중요한 기준은 의뢰인과 사진작가 사이에 어떤 형태의 계약이 있었는가 하는 점이지만, 구체적인 내용을 다룬 계약서를 교환하는 것이 현실적으로 어려운 경우가 많기 때문에 광고 사진을 둘러싼 크고 작은 분쟁은 앞으로도 많이 일어날 것으로 보입니다.

다음과 같은 판례를 한번 살펴보기로 하지요.[49]

(1) 피고회사는 농축산물 사육·재배 및 판매업, 육가공업 등을 목적으로 하는 법인이고, 피고회사로부터 피고회사가 제조·판매하는 햄(ham) 제품에 대한 광고용 카탈로그의 제작을 의뢰받은 광고대행업체는 광고사진업에 종사하면서 전문 스튜디오를 운영하고 있던 원고(사진작가)와의 사이에 카탈로그 제작을 위한 햄 제품 등의 사진 촬영을 의뢰하여 그로부터 촬영된 사진 원판(네거티브 필름)을 제작·공급받기로 하는 내용의 계약을 체결했습니다.

(2) 이때 촬영하기로 한 사진은 피고회사가 제작·판매하는 햄 제품 자체를 촬영하는 사진(이하 '제품 사진'이라 함)과 이러한 햄 제품을 다른 장식물이나 과일, 술병 등과 조화롭게 배치하여 촬영함으로써 제품의 이미지를 부각시켜 광고 효과를 극대화하기 위한 사진(이하 '이미지 사진'이라 함)으로 나눌 수 있습니다.

---

49) 광고사진의 저작물성, 그리고 소유권과 저작권의 관계 및 손해배상의 범위 등에 대한 판례로서 주목할 만한 것은 '서울고등법원 제4민사부 1998.7.22. 선고, 96나39570 판결' 사건을 들 수 있습니다. 이 사건은 약 1년 전 하급심에서 원고패소 판결을 내렸던 것을 뒤집고 항소인인 원고의 일부승소를 인정했다는 점에서 광고사진의 애매하고도 까다로운 법적용의 예를 잘 보여 준 것이라고 할 수 있겠습니다.

(3) 제품 사진의 경우에는 피고회사의 햄 제품만을 종류별로 광고대행업체에서 준비한 상자 속에 넣고 원고가 촬영한 후 그 원판 모두를 광고대행업체에 공급했습니다. 또 이미지 사진의 경우에는 광고대행업체가 미리 작성한 촬영 시안을 기초로 각종 요리 도구와 원고가 운영하는 스튜디오 안에 있던 그 밖의 소도구를 적절히 배치하여 촬영한 후 마찬가지로 그 원판은 광고대행업체에 공급되었습니다.

(4) 광고대행업체에서는 위와 같이 촬영된 사진 원판을 이용, 사진을 인화하여 컬러 분해를 거쳐 광고용 카탈로그를 제작했으며, 이를 사진 원판 및 듀프(사진 원판 자체를 복제하여 언제든지 사진을 인화할 수 있도록 한 또 다른 원판을 가리킴)와 함께 피고회사에 납품했습니다. 이후 피고회사에서는 위 제품 사진 및 이미지 사진의 원판(듀프 포함)을 서울 시내 대형 백화점들에 보내서 2년여에 걸쳐 백화점들이 발행하는 새해, 추석, 크리스마스, 연말 등의 선물 특선 광고용 책자(이하 '안내책자'라 함)의 햄·소시지 상품란에 그 사진을 게재할 수 있도록 했습니다.

(5) 사진작가인 원고는 이 사건에서 문제가 되고 있는 제품 사진 및 이미지 사진은 모두 그가 그의 사진 기술에 창의성을 더하여 촬영한 그의 사진저작물이고, 이에 대해 원고가 광고대행업체에 그 이용을 허락한 것은 피고회사의 자체 광고용 카탈로그에 한정된 것임을 전제로 내세웠습니다. 원고는 그럼에도 피고회사가 서울 시내 백화점들의 가이드북에 이를 무단 이용함으로써 원고의 저작권을 침해했으므로 그 손해를 배상해야 한다고 주장했습니다.

(6) 이에 대해 피고회사는 광고대행업체에게 피고회사가 제조·판매하는 햄 제품을 촬영한 광고 사진 원판과 햄 제품의 광고 카탈로그 등의 제작을 의뢰하여 이에 따라 광고대행업체로부터 위와 같이 촬영된 사진 원판을 납품받아 그 소유자로서 이를 사용한 것뿐이라고 주장했습니다. 또 광고대행업체는 이 사건 제품 사진 및 이미지 사진은 그 창작성 내지 개성을 인정할 여지가 없는 것이므로 이른바 사진저작물이 아니라고 주장했습니다. 설사 그렇지 않더라도 이 사건에서 문제가 된 제품 사진 및 이미지 사진은 모두 광

고대행업체에서 그것의 촬영 대상에 관한 시안을 제시하고 그 시안에 따라 피고회사의 햄 제품과 그 배경 장식물 등을 조화롭게 배치했으며, 원고는 단지 위와 같이 광고대행업체가 배치한 촬영 대상을 그대로 촬영하여 그 사진 원판을 제작한 것에 불과하므로 그 사진저작물에 대한 저작권은 처음부터 광고대행업체에 있는 것이며, 촬영 후 원고는 그 사진 원판을 모두 광고대행업체를 통해 피고회사에 양도했으므로 이때 저작권도 함께 양도한 것으로 보아야 한다고 주장했습니다.

(7) 먼저 제품 사진에 대해 재판부는 피고회사의 햄 제품을 종류별로 제품과 대비될 물질을 깔아 놓은 상자 속에 넣고 촬영한 것으로 비록 광고 사진작가인 원고의 기술에 의해 이를 촬영했다 하더라도 그 목적은 그 피사체인 햄 제품 자체만을 충실하게 표현하여 광고라는 실용적인 목적을 달성하기 위한 것이고, 다만 이때 그와 같은 목적에 부응하기 위해 그 분야의 고도의 기술을 가지고 있는 원고의 사진 기술을 이용한 것에 불과하다고 판시했습니다. 바로 그와 같은 광고 사진의 기술을 이용하기 위해 광고대행업체에서는 촬영료를 지급하고 원고를 이용하여 촬영 작업을 한 것으로 보아야 하므로 저작권법에 의해 보호할 만한 원고(사진작가)의 어떤 창작적 노력 내지 개성을 인정하기 어렵고, 제품 사진에 있어서 중요한 것은 얼마나 그 피사체를 충실하게 표현하였나 하는 사진 기술적인 문제라는 점에서 저작권이 주어지는 저작물이라고 보기 어렵다고 한 것이지요.

(8) 반면에 이미지 사진의 경우에는 제품 사진과는 달리 제품의 이미지를 부각시켜 광고의 효과를 극대화하기 위해 촬영된 것으로 단지 사진 기술만을 이용해서 그 피사체만을 표현하려 한 것이라고는 볼 수 없고, 오히려 피고회사의 햄 제품과 배경 장식물 등을 독창적으로 조화롭게 배치해 놓고 이를 촬영한 것으로서 그 창작성이 있다고 볼 것이어서 사진저작물에 해당된다고 판시했습니다. 따라서 그 촬영 목적이 광고라는 것은 저작물을 인정하는 데에 아무런 문제가 되지 않는다는 것으로 해석하고 있는 셈이지요.

(9) 이와 같은 이미지 사진의 저작권은 특별한 사정이 없는 한 이미지 사진을 촬영 제작

한 원고에게 귀속된다는 것이 재판부의 판단이었습니다. 이미지 사진은 광고물로서 그 촬영 제작을 광고대행업체에서 의뢰했다는 사실이나 광고대행업체가 그 제작 과정에서 촬영 대상물의 거의 대부분을 준비하고 촬영 시안을 미리 작성하는 등 주도적인 역할을 했다는 사실만으로는 그 저작권이 광고대행업체에 귀속한다고 보기 어렵다는 것이었지요. 즉, 이미지 사진은 단지 원고의 사진 기술을 이용해서 그 촬영 대상을 복제하는 수준에 그치는 것이 아니라 위와 같은 광고대행업체의 준비를 적절히 이용하여 원고가 그의 사진 기술과 창의성을 동원, 촬영에 이른 것이라고 보아야 한다는 설명이었습니다.

(10) 나아가 원고가 촬영된 이미지 사진의 원판을 광고대행업체를 통해 피고회사에 양도했으므로 피고회사는 소유자로서 그 원판을 이용하는 결과로 이미지 사진도 이를 이용할 수 있다는 취지의 피고 주장 및 위와 같은 경우 그 저작권도 함께 양도한 것으로 보아야 한다거나 그러한 관행이 있다는 광고대행업체의 주장에 있어서, 원래 저작물에 대한 소유권과 저작권은 별개의 개념으로 저작물의 소유자라 하여 그 저작권까지 이를 취득하는 것은 아니라고 판시하고 있습니다. 곧 저작물이 양도되었다 하여 그에 대한 저작권까지 양도된 것은 아니며, 이 사건의 경우에도 촬영의뢰계약의 내용으로 보아 원고가 광고대행업체를 통해 피고회사에 양도한 것은 이미지 사진의 원판으로 저작물 자체가 양도된 것 또한 아니라는 것이지요. 따라서 피고회사의 경우에 소유권을 취득한 것도 이미지 사진의 원판이나 촬영의뢰계약에 의해 처음에 약정된 이용 범위에 국한된 저작물인 이미지 사진의 소유권만을 취득한 것으로 보아야 한다는 것이 재판부의 판단이었습니다.

이상에서 살핀 것처럼 광고물을 제작함에 있어 외부의 사진작가에 제품 사진을 의뢰할 경우 정확한 계약에 근거해야 함을 알 수 있습니다. 아울러 당사자 사이에 특별한 약정이 없는 한 이미지 사진에서처럼 사진작가의 창의성이 내재된 제품 사진의 경우는 저작권법으로 보호되는 사진저작물로서 저작재산권자의 각종 권리가 생겨나게 되어 그 이용자가 허락받은 이용 범위를 벗어난 이용의 경우 저작재산권 침해가 성립된다는 사실 또한 알 수 있었지요.

따라서 그동안 광고업계에 공공연히 만연되어 있던 소유권이 곧 저작권이라는 오해는 하루 빨리 불식되어야 하며, 정당한 권리의 획득을 위해 정확한 법 적용과 저작권적 이해가 필요하다고 하겠습니다. 예컨대, 미술저작물의 경우만 보더라도 특정의 화가로부터 그림을 샀다면 그 미술저작물에 대한 소유권을 획득한 것이지 저작재산권까지 양도받은 것은 아님을 상기할 필요가 있습니다. 사진저작물 역시 마찬가지이므로 애초에 저작재산권 양도계약에 입각해서 작업을 하든지, 아니면 이용 범위를 확실하게 규정하여 저작권 침해로 인한 분쟁이 발생하지 않도록 세밀한 주의를 기울일 필요가 있다는 사실, 절대로 잊어서는 안 되겠습니다.

달력에 있는 사진을 사내 전시용으로 이용한다면?

"원만해 씨, 내일 봄맞이 환경미화를 해야 하니까 좋은 아이디어 좀 내보세요!"

팀장의 지시를 받은 만해는 퇴근 시간이 지난 것도 잊은 채 생각에 빠져들었다. 딱히 떠오르는 아이디어가 없으니 걱정이었다. 하는 수 없이 사무실을 나와 엘리베이터를 타러 가는데, 문득 시선을 사로잡는 것이 있었다. 그건 바로 사무실과 복도 벽면 곳곳에 걸려 있는 대형 달력이었다. 월별로 실려 있는 사진이 무척 인상적이었다.

"사진만 오려낸다면?"

바로 그거였다. 다음 날, 만해는 학교 동문회로부터 받은 달력에도 사계절 캠퍼스 풍광을 잘 표현한 사진이 실려 있는 것을 발견하고는 회사 달력과 학교 달력에 실린 사진만으로도 훌륭한 환경미화 연출이 가능할 것 같아 뿌듯했다. 아니나 다를까, 팀장도 좋은 아이디어라며 매우 기뻐했다.

만해는 동료 여사원들과 함께 근처 문구점에서 예쁜 액자를 24개 사서 달력 속 사진을 오려낸 다음, 정성스레 액자에 담았다. 그리고 그것을 회사 로비에서부터 눈에 잘 띄는 곳곳에 걸었다. 회사가 한결 밝아진 느낌이 들었다. 사장님의 칭찬과 함께 격려금까지 받았다는 소식을 듣고 나니 만해는 더욱 신이 났다.

"그거 위험한데. 저작권 침해 가능성이 높아. 사진작가가 알면 곤란한 일이 생길지도 모르겠는걸."

며칠 후 모니, 그리고 바로를 만나 자랑삼아 환경미화 이야기를 꺼냈을 때, 바로가 걱정스런 표정으로 한 말이었다. 우리 회사 비용으로 만든 달력에 실린 사진, 그리고 모교에서 보내 준 달력에 실린 사진을, 그것도 비영리적으로 이용한 것이 저작권 침해가 되지는 않을 거라고 대꾸는 하면서도 한편으론 불안하기도 했다.

달력에 실려 있는 사진을 사내 전시용으로 이용한 것은 저작권 침해일까, 아닐까?

∾

응답하라!

저작물에 대한 이용허락을 얻었다고 하더라도 그것은 어디까지나 정해진 이용 조건과 범위 안에서만 유효합니다. 애초에 사진작가는 달력용으로만 사진저작물을 이용하라고 허락했을 가능성이 높습니다. 사내 전시용으로까지 이용허락을 하지는 않았을 것이므로 저작재산권 중 하나인 '전시권'을 침해했을 가능성이 높습니다. 게다가 사진 복제물에 사진작가 및 작품 제목 등이 표시되지 않았다면 저작인격권 침해까지 성립될 수 있습니다.

좀 더 구체적으로 살펴보면, 사내 환경미화에 이용된 사진의 경우 계절별 풍경을 담고 있어서 달력과 분리될 경우 엄연한 저작물로 시각화된다는 점에서, 또 인쇄 기술이 뛰어나기 때문에 실제 사진과 거의 동일하게 인식된다는 점에서, 나아가 달력용 사용료와 전시용 사용료가 구별된다는 점에서 저작권 침해가 분명해 보입니다.

비영리적 사용이라는 항변 또한 저작권 침해와는 관계가 없습니다. 저작물을 이용할 때에는 원칙적으로 저작권자의 허락을 받아야 합니다. 하지만 모든 이용 형태에 있어 무제한으로 저작자의 권리만 보호한다면 저작물의 공정하고 원활한 이용이 어려워져 문화 발전에의 기여를 목적으로 제정된 저작권법의 취지를 달성할 수 없으므로, 일정한 범위 안에서 저작물의 공정이용(fair use)을 허용하고 있습니다. 다만, 회사의 환경미화를 위해 회사 곳곳에 사진을 게시하는 행위는 이러한 공정이용에 해당하지 않으므로, 저작권 침해 책임을 면할 수 없습니다.

따라서 저작물을 이용하는 경우에는 저작권자의 이용허락 범위에 해당하는지 살펴야 합니다. 아울러 비영리적인 목적으로 이용했다는 것만으로 저작물의 공정이용에 해당하지는 않으므로, 무단 이용에 따른 저작권 침해가 성립한다는 점을 절대 잊지 말아야겠습니다.

| 알아둡시다 |

⊙ 미술저작물 등의 전시 또는 복제

현행 저작권법 제35조에서는 '미술저작물 등의 전시 또는 복제'에 대해 규정하고 있습니다. 이에 따르면 우선, 미술저작물 등의 원본의 소유자나 그의 동의를 얻은 사람은 그 저작물을 원본 그대로 전시할 수 있습니다. 곧 그림이나 사진 원본을 소유한 사람이 저작재산권자가 아니라 하더라도 전시를 할 수 있다고 한 것이므로 저작재산권자의 '전시권'이 제한되는 셈이지요. 다만, 가로(街路)·공원·건축물의 외벽, 그 밖에 공중에게 개방된 장소에 항시 전시하는 경우에는 해당되지 않으므로 주의해야 합니다.

반면, 가로·공원·건축물의 외벽, 그 밖에 공중에게 개방된 장소에 항시 전시되어 있는 미술저작물 등은 건축물을 건축물로 복제하는 경우, 조각 또는 회화를 조각 또는 회화로 복제하는 경우, 마찬가지로 개방된 장소 등에 항시 전시하기 위해 복제하는 경우, 판매의 목적으로 복제하는 경우 등을 제외하고 이를 복제하여 이용할 수 있습니다.

아울러 전시를 계획하고 있는 사람 또는 미술저작물 등의 원본을 판매하고자 하는 사람은 그 저작물의 해설이나 소개를 목적으로 하는 목록 형태의 책자에 해당 작품을 복제하여 배포할 수 있습니다.

한편, 위탁에 의한 초상화 또는 이와 유사한 사진저작물의 경우, 즉 사람들이 거리의 화가

들에게 맡겨 그리게 하는 초상화 또는 사진관에 가서 사람들이 찍는 증명용 사진에 대해서는 위탁자의 동의가 없는 때에는 이를 이용할 수 없으므로 관련 종사자들은 업무상 특히 주의해야 합니다.

무응답은 이용허락에 동의한 걸까, 아닐까?

"여러 번 메일을 보냈는데도 왜 답변을 해 주지 않는 거야? 더 이상 시간이 없는데, 어떻게 하지?"

회사 홈페이지 개편 작업을 맡은 모니 양. 마침 어느 사진작가의 블로그에서 홈페이지 초기 화면에 쓰기 알맞은 사진을 발견하고 이용허락을 요청하는 문서를 작가에게 이메일로 보냈는데, 일주일이 지나도록 답신이 없었다. 다른 사진을 이제부터 찾기에는 시간이 부족하고 일은 마무리를 해야 하는데, 가타부타 답변이 없으니 답답한 노릇이었다.

"써도 좋다고 한 것도 아니지만 쓰지 말라고 한 것도 아니니 그냥 쓰고 나서 나중에 사용료를 정산해 주면 되지 않을까?"

동료들은 하나같이 무응답은 곧 '암묵적 동의'라는 식으로 해석하면서 그냥 쓰라고 부추겼다. 모니 양이 생각하기에도 그럴듯했다. 그리하여 마침내 그 사진작가의 블로그에 실린 사진을 가져와 해당 블로그의 인터넷 주소를 밝히는 방식으로 사진을 게재하고 회사 홈페이지 개편작업을 마무리하게 되었다.

그리고 얼마나 지났을까, 며칠 후 팀장이 사장실에 불려갔다 와서는 모니에게 아래위로 붉은 줄이 선명한 봉투를 내밀었다. 어느 법률사무소에서 저작권 침해에 따른 책임을 지라는 통고가 담긴 내용증명 문서를 보낸 것이었다. 설마 했던 일이 오고야 말았다는 생각에 모니는 가슴이 철렁 내려앉았다.

이용허락을 요청하는 메일을 여러 차례 보냈는데도 묵묵부답이어서, 고심 끝에 사용했더니 이제 저작권 침해라니? 무응답은 암묵적 동의가 아니었던 건가? 모니는 정말 그 사진작가의 저작권을 침해한 것일까? 만일 저작권 침해라면 모니가 책임져야 하나, 아니면 회사에서 책임지게 되는 걸까?

∾

응답하라! ▍▍

결론적으로 저작권자인 사진작가의 동의가 없었기 때문에 모니는 저작재산권 중 복제권 및 공중송신권을 침해하고 말았습니다. 나아가 사진작가의 블로그 주소를 밝힌 것만으로는 사진저작물 저작자의 성명을 표시한 것으로 보기도 어려워서 저작인격권 중 성명표시권 침해까지 성립될 것으로 보입니다.

한편, 저작권 침해에 따른 책임을 누가 져야 하는가의 문제는, 우선 업무상 그런 일이 발생했다 하더라도 회사 차원에서 그렇게 하는 것을 지시했거나 동조했다는 증거가 없는 한, 직접 그러한 행위를 한 사람이 책임을 져야 합니다. 따라서 안타까운 일이지만 회사와 상관없이 모니 단독으로 저작권을 침해했다면 모니 개인이 책임을 져야 합니다.

다만, 현행 저작권법 제141조에서는 '양벌규정'이라고 하여 "법인의 대표자나 법인 또는 개인의 대리인·사용인 그 밖의 종업원이 그 법인 또는 개인의 업무에 관하여 이 장의 죄를 범한 때에는 행위자를 벌하는 외에 그 법인 또는 개인에 대하여도 각 해당 조의 벌금형을 과한다. 다만, 법인 또는 개인이 그 위반 행위를 방지하기 위하여 해당 업무에 관하여 상당한 주의와 감독을 게을리하지 아니한 경우에는 그러하지 아니하다"라고 규정하고 있습니다.

곧 저작권 등을 침해한 당사자뿐만 아니라 그의 고용주 또한 처벌의 대상임을 밝히고 있는 셈입니다. 또 다른 조항에서는 '업무상저작물의 저작자'에 대해 규정하고 있는데, 만일 법인의 대표자나 법인 또는 개인의 대리인이나 사용인 그 밖의 종업원이 그 법인 또는 개인의 업무에 관해 저작권 관련 범죄 행위를 저질렀을 때에는 행위자를 처벌함과 동시에 그 법인 또는 개인도 아울러 해당 조의 벌금형으로 처벌할 수 있도록 규정하고 있는 것입니다.

여기서 주의할 점을 살펴보면 다음과 같습니다.

첫째, 행위자의 범죄 행위가 법인 또는 개인을 위한 업무상 행위여야 한다는 점입니다. 원래 민사적으로는 법인 또는 대표자인 개인의 책임을 묻지만 형사적으로는 행위자 개인의 책임을 묻는 것이므로 만일 범죄 행위가 소속된 곳과 관련이 없는 상태에서 이루어졌다면 행위자 개인의 처벌만으로 끝나는 것이지요. 따라서 업무에 관한 행위인지의 여부는 그 행위의 효과가 최종적으로 귀속하는 주체가 어디인가에 따라 객관적으로 판단될 문제라고 하겠습니다.

둘째, 양벌규정에 따라 벌금형을 받게 되는 법인 또는 개인에게는 고의에 따른 요건이 필요하지 않다는 점입니다. 즉, 업무상의 행위가 범죄를 구성할 때에는 그 행위자의 소속 법인 또는 개인의 고의나 과실 여부에 관계없이 벌금형이 과해지는 것이며, 특히 "과할 수 있다"가 아니라 "과한다"라고 명시함으로써 행위자가 처벌되면 사용자인 법인 등도 당연히 벌금형으로 처벌됩니다.

결국, 법인 등 사용자를 동시에 처벌하는 것은 종업원 등에 대한 주의 의무를 태만히 수행한 데에 따른 당연한 결과이며, 만일 사용자가 고의로 종업원 등에게 범죄 행위를 하도록 종용한 경우에는 교사범(敎唆犯) 또는 공동정범(共同正犯)으로서 벌금형이 아닌 해당 조의 직접적인 벌칙을 적용받게 됩니다.

⊙ 민사상 구제제도와 형사상 처벌

현행 저작권법에서는 민사상의 각종 구제제도와 함께 저작권 및 그 밖의 저작권법에 의해 보호되는 권리를 침해한 자와 저작권법의 규정에 위반한 자, 저작권법에 규정한 권리에 준하는 법익으로 특별히 규정한 것을 침해한 자 등에 대한 형사상 처벌에 대해 규정하고 있습니다. 권리의 침해죄, 부정발행 등의 죄, 출처명시 위반의 죄 등이 다루어져 있으며 벌칙의 내용은 몰수, 양벌규정, 과태료 등으로 최고 5년 이하의 징역과 5천만 원 이하의 벌금형을 병과할 수 있고, 경우에 따라서는 3천만 원 이하의 과태료를 부과할 수 있다고 명시되어 있습니다.

여기서 민사상의 구제와는 다른 형사적인 처벌의 특성을 살펴보면 다음과 같습니다.

첫째, 민사상의 권리침해자는 침해의 법률적·경제적 효과가 미치는 주체이지만, 형사상의 범죄 행위자는 원칙적으로 구체적 행위를 행한 자연인으로서의 개인을 반사회적인 행위를 한 자로 판단해서 처벌한다는 점입니다. 다만, 양벌규정 조항에서는 예외적으로 행위자의 고용주까지도 해당 조의 벌금형으로 처벌한다고 규정했을 뿐입니다.

둘째, 민사상의 침해 정지 또는 예방의 청구에서처럼 고의나 과실이 없어도 처벌이 가능한 것과는 달리 어떤 행위가 범죄로서 성립하기 위해서는 어디까지나 행위자의 고의를 필요로 한다는 점입니다. 즉, 행위자가 범죄 행위를 할 의사가 있었던 경우에만 처벌되며 과실에 의한 행위는 처벌되지 않습니다. 여기서 말하는 '고의'란 벌칙에서 규정한 권리 침해 등의 구성 요건에 해당하는 구체적 사실을 인식하고 있음을 뜻하므로 다른 사람의 권리를 침해하고 있다는 사실만 인식하면 되고 저작권법의 존재를 알고 있는지의 여부와는 관계가 없습니다.

셋째, 민사상의 권리 침해에 대한 법률은 국내에서 행한 행위만을 대상으로 하지만 형사상의 처벌은 국외에서 행한 행위에도 적용된다는 점입니다. 따라서 국내 저작권법의 벌칙에 규정된 죄를 외국에서 범한 우리나라 국민이 공소시효가 끝나기 전에 국내로 들어왔다면 권리자의 고소에 따라 처벌하는 것이 가능합니다. 여기서의 저작권법에서 규정하고 있는 처벌조항 공소시효는 형사소송법의 규정에 따라 "범죄 행위가 종료한 때로부터 최장 3년" 입니다.

물론 저작재산권의 제한규정에 따라 자유이용이 허용되는 경우나 저작권의 보호기간이 끝난 경우, 상속인이 없거나 법인이 해산된 경우 또는 저작권의 포기 등으로 권리가 소멸된 경우, 그리고 법정허락에 의한 경우 등에는 저작권자의 허락이 없었다고 할지라도 법률상 위법이라고 할 수 없어 권리침해로 인한 형사처벌 문제가 생기지 않습니다.

우리 회사를 소개한 신문기사와 저작권

"아니, 우리 회사를 취재해서 만든 보도기사를 가져다 썼는데, 저작권 침해라고?"

회의를 마치고 나온 만해 군은 피가 거꾸로 솟는다는 듯 분개하고 있었다. 작년 회사에서 신제품을 개발했을 때 관련 기사가 여러 신문에 게재되었고, 회사로서는 신제품 홍보에 도움이 될 것이라 여겨 관련 기사들을 가져와 회사 홈페이지에 게재하였었다. 그런데 1년여가 지난 지금, 온라인신문협회라는 곳에서 난데없이 저작권 침해에 따른 손해배상을 하라는 내용증명 우편을 보내오는 바람에 회사가 발칵 뒤집힌 것이었다.

특히 홈페이지 업무를 맡고 있는 사람이 만해이다 보니 가장 난감한 상황에 처하게 된 것이었다. 배상 요구액이 적다면 모를까, 1년 사용에 따른 금액이라며 신문사에서 밝혀 온 금액은 만해의 연봉을 상회할 정도로 큰 것이었다. 나름대로 대책을 세워야겠다고 생각한 만해 군은 서점으로 달려가 저작권법을 다룬 책들을 닥치는 대로 사 모았다. 그중 『저작권 클리닉』이란 책에는 상황별로 해결 방안을 설명해 놓아서 그것을 읽고 난 만해는 다음과 같은 결론에 이를 수 있었다.

첫째, 이번에 문제가 된 신문기사는 '사실의 전달에 불과한 시사보도'에 해당하므로 저작권법이 보호하는 저작물이 아니다.

둘째, 이 사건 기사가 저작물에 해당하는 경우에도 우리 회사의 웹사이트 내 업계 뉴스 항목에서 다른 기사들과 함께 게재했을 뿐, 영리 목적으로 게재한 것이 아니므로 이로 인한 재산상의 이득이 없었다.

셋째, 신문사는 콘텐츠 공급계약을 체결하여 기사를 제공하고 정보이용료를 받거나 웹사이트를 통해 일반인들에게 기사를 무료로 제공함으로써 웹사이트 방문을 유도하여 광고 수익을 얻고 있다. 그런데 우리 회사가 신제품 관련 기사를 회사 웹사이트에 전재함으로 인해 신문사 웹사이트를 방문하는 사람들의 수가 줄어들어 손해가 발생했다고 볼 수 없다.

넷째, 손해배상액은 실제 손해를 바탕으로 산정되어야 함에도 무리한 금액을 요구하는 것은 부당하다.

과연 원만해 군이 내린 결론은 타당한 것일까?

～

응답하라! ▌▌

신문기사는 일반적으로 '어떤 사건에 대해 논평이나 해설 등을 가하지 않고 사실 그대로 객관적으로 보도'한 보도기사(straight news)와 '사설·논설·칼럼·탐방기사·시사만평·미디어비평·서평 등'의 피처기사(feature story)로 구분됩니다. 저작자의 개성이 드러날 수밖에 없는 '피처기사'는 당연히 저작물에 해당하며, '보도기사'의 경우에는 내용에 따라 서로 다른 결론이 도출될 수밖에 없습니다. 여기서는 이와 유사한 사건을 다룬 법원의 판단을 중심으로 만해 군의 결론이 타당한지 살펴보도록 하지요.

우선, 저작권의 보호 대상인 저작물이 되기 위해서는 '저작자의 창조적 개성'이 드러난 표현이어야 합니다. 신문기사도 저작물로서 보호되기 위해서는 기사를 작성한 자의 창조적 개성이 드러난 표현이 인정되어야 한다는 뜻이지요. 예를 들면, 인사발령기사, 부고기사, 주식시세, 육하원칙에 해당하는 기본적인 사실로만 구성된 간단한 사건사고·기사 등 "누가 하더라도 같거나 비슷할 수밖에 없는 표현"으로만 구성된 기사는 저작물이 아닌 '사실의 전달에 불과한 시사보도'이기 때문에 저작권법의 보호를 받을 수 없습니다.

반면에 사실을 전달하기 위한 보도기사라도 "소재의 선택과 배열, 구체적인 용어 선택, 어투, 문장 표현 등에 창작성이 있거나 작성자의 평가, 비판 등이 반영된 경우"에는 저작물에 해당합니다. 신제품에 관한 보도기사라면 아마도 단순한 사실의 나열에 그치지 않고 작성자의 창조적 개성이 드러날 것이므로 저작물에 해당할 가능성이 매우 높습니다. 따라서 해당 신문사의 동의 없이 기사를 복제하고 회사 웹사이트에 전재하여 불특정 다수의 접속자들에게 공개한 행위는 저작권 침해에 해당하는 것으로 판단됩니다.

다음으로, 손해 발생 여부와 관련해서 저작권자는 손해의 발생 사실에 대해 구체적으로 주장·입증할 필요는 없고, 권리 침해의 사실과 일반적으로 받을 수 있는 금액을 주장하여 입증하면 됩니다. 신문사는 인터넷 포털사이트나 일반 기업체에게 기사 등의 콘텐츠를 제공하여 정보이용료를 받는 것이 주요 수익이라는 점에서 해당 신문사에 손해가 발생했다고 볼 수 있겠습니다. 아울러 만해의 회사가 영리 목적으로 웹사이트에 기사를 전재한 것이 아니라도 저작권 침해는 인정됩니다.

하지만 보도기사의 저작물성에 대해 대법원은 "언론 매체의 정형적이고 간결한 문체와 표현 형식을 통하여 있는 그대로 전달하는 정도에 그치는 것"은 '단순한 사실의 전달에 불과한 시사보도'이기 때문에 저작물이 아니라고 판시하고 있습니다. 따라서 다른 법원이 제시한 "소재의 선택 및 배열 기준"을 만족시키는 '보도기사' 중 대법원이 제시한 "언론 매체의 정형적 문체 기준"을 충족시킨 기사가 얼마나 될 것인가 하는 점은 여전히 의문으로 남아 있습니다.

⊙ 링크 행위와 저작권 문제

인터넷과 관련하여 링크 행위의 유형별 특성을 법적으로 따져보면, 다른 웹사이트에 있는 음악 파일 등을 개인 홈페이지나 카페 등에 링크하는 경우, 프레임(frame) 기법에 의한 링크를 한 때에는 저작권을 침해한 것과 유사한 불법 행위가 될 수 있습니다. 프레임 링크란 자신의 웹사이트 안에서 다른 웹사이트의 게시물 정보가 직접 나타나도록 링크하는 것으로, 단순링크와 달리 사실상 링크 대상이 된 웹페이지를 그대로 붙여넣기 하는 것과 마찬가지의 결과를 가져오기 때문에 원래 그 홈페이지가 얻을 각종 이익, 즉 광고 수익이나 방문자 숫자 증가 등에 직접 영향을 미치는 행위가 된다는 점에서 저작권 침해에 해당한다는 견해가 우세합니다.

실제로 우리 법원은 이와 관련하여 "프레임 링크 행위는 저작권자의 허락 없이 자신의 컴퓨터 서버에 복제하여 이를 자신의 인터넷 홈페이지 이용자들에게 전송한 행위와 마찬가지이기 때문에 위법 행위에 해당한다"고 판시(서울지방법원 2001.12.7. 선고 2000가합 54067 판결)한 바 있습니다. 미니홈페이지·카페 또는 블로그 등을 방문하는 순간이나 특정 자료를 여는 순간, 또는 특정 자료를 클릭하는 순간 음악이 저장된 사이트로 이동함이 없이 방문한 미니홈페이지·카페·블로그 또는 기타 링크를 건 사이트나 웹페이지에서 음악을 들을 수 있도록 한 링크 기법도 프레임 링크와 같은 효과를 가지는 것으로 볼 수 있습니다.

그 밖에 딥링크(deep link, 해당 자료에 직접 링크하는 것)는 해당 사이트의 영업적 이익을 해친 경우에 불법 행위가 될 수 있다는 것이 다수 전문가들의 견해입니다. 즉, 웹페이지가 아닌 리소스에 직접적으로 링크하는 경우, 예를 들어 웹페이지에 링크하지 않고 동영상 파일이나 사운드, 이미지 등에 직접 링크함으로써 원저작권자가 누구인지 혼동되도록 링크를 거는 방법의 경우에는 링크를 한 사이트를 그 리소스에 대한 권리자로 오인할 수 있으므로 문제가 있다는 뜻입니다. 하지만 다른 웹사이트를 단순링크(사용자가 클릭하면 링크된 사이트로 완전히 이동되는 것)는 불법 행위가 아닙니다. 다만, 대상 사이트가 불법 복제물을 수록하고 있다는 사실을 알면서 단순링크하는 것은 불법 행위를 조장하는 것이 되므로 주의가 필요합니다.

인터넷 이용자들이라면 누구나 수시로 들어오고 나가는 각종 포털 사이트에서는 여러 신문사나 통신사 등 언론사 사이트를 링크시켜, 이를 클릭하면 바로 해당 뉴스기사가 뜨도록 만들어 놓은 것을 볼 수 있습니다. 언론사와 일일이 이용 조건 및 범위에 대하여 협의한 후 허락을 받아 그렇게 한다면 아무런 문제가 없지만, 무단으로 링크해 놓은 채 사이트를 운영한다면 과연 어떤 문제가 생기게 될까요? 실제로 무단 링크로 인해 골머리를 앓고 있는 언론사가 많이 있으며, 이에 엄중히 링크 중단을 요청하면 해당 사이트에서 오히려 링크는 저작권 침해행위가 아니며 뉴스기사 역시 보호받지 못하는 저작물이므로 별 문제가 없다고 항변하는 일까지 있다고 합니다.[50]

먼저 보호받지 못하는 저작물로서 '사실전달에 불과한 시사보도'에 대하여 다시 한 번 살펴보면, 이는 저작물성이 있는 뉴스기사는 당연히 보호받는다는 것을 뜻한다는 점에서 모든 시사보도에 저작권이 없다고 생각하는 것은 큰 오해가 아닐 수 없습니다. 특히 같은 보도성 기사라고 하더라도 그것을 작성하는 저널리스트에 따라 다양하게 표현될 수 있기 때문에 대부분의 보도기사는 저작물성을 내포하고 있어서 보호받는 저작물일 가능성이 매우 높습니다. 곧 어문저작물로서 손색이 없는 보도기사가 많으므로 이용자 입장에서 무조건 보호받지 못하는 저작물이라고 예단하는 것은 잘못이라는 뜻입니다.

다음으로 링크의 문제에서, 단순링크가 아닌 방식일 경우 링크되는 콘텐츠와 그것을 링크하는 사이트가 마치 같은 사이트인 것처럼 보이게 함으로써, 복제 및 전송 등에 있어서 직접적으로 저작권을 침해하는 것은 아닐지 몰라도 해당 콘텐츠를 무단으로 올려놓고 이용

---

50) 서달주(2004), 「단순링크에 의한 뉴스기사 이용과 부당이득반환」, 저작권심의조정위원회, ≪저작권문화≫, 2004년 12월호(제124호), pp. 24~25 참조.

하게 하는 것과 동일한 효과를 얻는다는 점에서 심각한 문제가 있습니다. 아직 링크 방식의 적법성에 관한 정설은 없지만, 링크한 사이트에서 부당한 효과를 얻을 가능성이 없는 경우에만 적법성이 인정된다는 사실만큼은 변하지 않을 것이며 그렇지 않은 링크 행위는 민법상 일종의 '불법 행위'가 될 가능성이 매우 높기 때문입니다.

여기서 주의할 점은 링크의 적법성과 그로 인해 발생한 경제적 이익은 별도의 문제라는 사실입니다. 만일 링크 자체는 적법하였지만 여러 언론사의 보도기사를 상업적으로 이용해서 링크한 사이트가 영리를 취하였다면 그것은 곧 민법상 부당이득, 즉 "법률상의 정당한 원인 없이 타인의 재산이나 노동력을 이용해서 재산적 이익을 얻고 상대방에게 손실을 입힌 것"에 해당합니다. 따라서 그 기사를 이용함으로써 얻은 경제적 이익은 그 기사를 작성하기 위해 각종 노력과 경비, 시간을 들인 언론사가 취득하는 것이 정당하므로 해당 언론사는 그 수익의 반환을 청구할 수 있을 것입니다.

결론적으로, 단순히 특정 사이트를 소개하는 정도의 링크라면 큰 문제가 없지만, 마치 자기 사이트에서 제공하는 콘텐츠인 것처럼 이용자들을 호도하는 링크 행위는 법적 문제 이전에 도덕적으로 지탄받아 마땅한 파렴치한 행위라는 점을 잊지 말아야 할 것입니다.

저작권법은 과연 창작의 활성제일까요, 아니면 걸림돌일까요?

  현행 저작권법 제1조에서는 "저작자의 권리와 이에 인접하는 권리를 보호하고 저작물의 공정한 이용을 도모함으로써 문화 및 관련 산업의 향상발전에 이바지함을 목적으로 한다"고 선언하고 있습니다. 그리하여 저작자에게는 공표권·성명표시권·동일성유지권 등으로 나뉘는 저작인격권과 더불어 복제권·공연권·공중송신권·전시권·배포권·대여권·2차적저작물작성권 등의 저작재산권을 부여함으로써 창작에 기여한 공로를 인정하고 있지요. 또 실연자·음반제작자·방송사업자 등 저작인접권자들에게도 일정의 인격권과 함께 재산권을 부여함으로써 저작물의 활용에 적극 나설 수 있도록 배려하고 있으며, 선의의 이용자들을 위해 공정이용의 범위를 정해 주는 한편, 저작자 사후 혹은 저작물 공표 후 70년까지만 저작재산권을 보호함으로써 독점적 폐해를 막기 위한 장치도 마련하고 있습니다. 그 밖에도 저작권법에서는 데이터베이스제작자의 권리, 온라인서비스제공자의 책임제한, 특수한 유형의 온라인서비스제공자의 의무, 영상저작물에 관한 특례 등 새롭게 등장한 저작물 이용방법을 둘러싼 논란을 불식시키기 위한 규정들도 다수 포함하고 있습니다.

  이처럼 저작권법으로 대표되는 인간의 지적(知的) 활동에 대한 보호방안은 그 창조적 내용을 기록하고 전파하는 매체기술의 진전에 따라 첨삭 및 수정 과정을 거치면서 적절한 대응을 모색해 왔습니다. 실제로 저작권이 초기에는 그 내용을 창작한 저작자 개인의 명예를 존중하기 위한 방안으로서의 측면이 강했다면 시대가 가면서 저작권 보호의 개념도 경제적인 측면에서 이용 저작물에 대한 보상이 우선하는 방향으로 변화하고 있습니다. 저작권은 곧 '돈'이라는 인식이 자리 잡고 있는 것이지요.

또, 저작권법으로 보호하는 저작물의 유형 역시 시대의 흐름에 따라 변천해 왔습니다. 인쇄매체에서 볼 수 있는 것처럼 전통적인 저작물은 주로 글자, 숫자, 기호 등에 의해 이루어진 상징적인 내용을 담고 있었다면, 다음 단계로는 소리나 영상의 상징을 담고 있는 것이 아니라 아예 그 자체를 담고 있는 저작물로서 음반이나 영상저작물이 등장했으니까요. 그리고 이제 디지털 기술에 기반한 '가상공간'에 들어 있는 저작물이 대세를 이루고 있는 중입니다. 아날로그 시대에 생겨난 저작권 제도가 바야흐로 디지털 시대의 총아로 진화하고 있는 것이지요.

한편, 이러한 디지털 혁명의 긍정적인 측면은 사용자의 위상이 강화된다는 점, 정보의 독점을 막고 중앙집권적인 체제의 붕괴를 가져오며 이로써 다원주의가 확산된다는 점에 있습니다. 디지털 혁명은 사용자의 정보 개입과 정보 활용을 활성화함으로써 개인 사용자를 단순한 정보 소비자가 아니라 정보 발신자 및 정보 생산자의 지위로 끌어올리는 커뮤니케이션의 일대 변혁을 가져왔으니까요. 이는 기존의 일방적이었던 형태에서 쌍방향적이고 동시적인 커뮤니케이션 패러다임으로의 전환을 의미하는 것이기도 합니다. 이에 따라 정보의 분산화와 탈중심화가 일어나고, 민주적인 정보 체제가 확립될 가능성이 커지게 된 것이지요.

반대로, 디지털 혁명이 몰고 온 부정적인 측면은 산업 간 융합 과정에서 거대 매체 기업의 독점이 이루어져 전 지구적 차원에서 독점적 지배가 가속화하고 있다는 점에 있습니다. 그리하여 다국적 기업의 영향력이 한층 강화되고 기존의 정보 종속을 더욱 심화시키는 결과를 가져오고 있으니까요. 바로 이 때문에 선진국들은 국가 기반시설의 구축에 앞장서는 한편, 사업자끼리의 경쟁을 확대하고, 나아가 국민의 이용 증진을 위해 관련 법규를 재검토하고 불필요한 규제를 철폐하는 등 고심하고 있습니다. 그러나 매체의 발전 속도에 비추어 볼 때 법적·제도적 장치의 정비는 더디게 진행되고 있는 것이 현실입니다.

현재를 포함한 미래에는 정보의 부족이 문제가 아니라 그 많은 정보 중 정확하고 진실한 정보를 선택하는 능력, 정보를 정리하고 분석하여 시각을 제공하는 것, 즉 관련 정보를 해석하고 개개인의 상황에 관심을 갖고 이에 맞게 분석하여 서비스하는 것이 중요합니다. 이러한 상황에서 정보의 가치는 희소성을 바탕으로 한 소유에서 나오는 것이 아니라 인간의 행동, 서비스, 관계 등에서 나옵니다. 이렇게 디지털 환경에서는 전통적인 의미에서의 정보 생산 과정뿐만 아니라 정보의 서비스, 분배, 수용, 사용 및 전달 등의 과정에서의 독창성을 포함하는 가치 창조 방법이 강조됩니다. 앞으로는 이러한 가치 창조의 새로운 가능성을 깨닫는 개인 혹은 기업만이 글로벌 리더로 성장할 수 있을 겁니다.

결국 저작권 보호제도가 창작의 활성제로 기능할 것인지, 아니면 문화산업의 걸림돌로 작용할 것인지의 여부는 곧 진정한 저작물의 중요성을 체감하는 사람들이 얼마나 많으냐에 따라 달라질 문제가 아닐까요. 저작권 보호를 강화하는 것도 중요하지만 공정이용의 범위 또한 넓힘으로써 저작권의 오용과 남용, 그리고 저작권 침해행위가 고루 제어되는 것이 바람직합니다. 이처럼 저작권의 합리적인 규율을 위해 노력하는 사람이 많아질수록 인류는 풍요로운 정보화 시대로서의 21세기를 평등하게 누릴 수 있을 것이기 때문이지요.

아무쪼록 저작권을 사이에 두고 싸우는 사람들보다는 서로 존중하고 배려하는 권리자와 이용자들이 늘어나는 세상이 되기를 바라마지 않습니다. 앞으로 권리자와 이용자를 구별하는 것 자체가 무의미한, 누구든지 저작권자인 동시에 이용자가 될 수밖에 없는 시대가 펼쳐질 겁니다. 거듭 강조하지만, 저작권은 '야만'이 아닌 '문화'입니다.

읽어 주신 여러분, 고맙습니다.

곽중섭(1992). 우리나라 著作權法制의 발전과정 연구. 저작권심의조정위원회 편. 『계간 저작권』. 1992년 봄호(통권 제17호). pp. 45~51.

김기태(2010). 새로운 패러다임 구축을 위한 '출판'의 재개념화 연구. 한국출판학회 편. 《한국출판학연구》. 제36권 제1호(통권 제58호). pp. 217~262.

김기태(2010). 저작권법상 출판권 관련 조항의 실무적 한계와 개선방안. 한국저작권위원회 편. 《계간 저작권》. 2010년 겨울호(통권 제92호). pp. 88~104.

김기태(2010). 『글쓰기에서의 표절과 저작권』. 서울: 지식의날개.

김기태(2011). 일본 근대 저작권 사상이 한국 저작권 법제에 미친 영향: 출판권을 중심으로. 한국출판학회 편. 《한국출판학연구》. 제37권 제1호(통권 제60호). pp. 1~27.

김기태(2012). 근대 일본의 출판통제정책 연구: 메이지 시대를 중심으로. 한국출판학회 편. 《한국출판학연구》. 제38권 제1호(통권 제62호). pp. 33~55.

김기태(2013). 『저작권법 총설』. 서울: 형설출판사.

남석순(2008). 『근대소설의 형성과 출판의 수용미학』. 서울: 박이정.

박성호(1992). 현행 저작권법의 해석상 '판권의 개념'. 서울지방변호사회 편. 《변호사》. 1992년 1월호(통권 제22호). pp. 297~316.

범우사기획실 편(1995). 『출판학원론』. 서울: 범우사.

손수호(2006). 디지털 환경에서의 저작권 공유인식에 관한 연구. 경희대학교 대학원 신문방송학과 박사학위 논문.

이종국(1996). 한국의 근대 인쇄출판문화 연구: 신서적과 그 인쇄출판 인식을 중심으로. 한국출판학회 편. 《인쇄출판문화의 기원과 발달에 관한 연구논문집》. 청주: 청주고인쇄박물관.

이종국(2006). 『출판연구와 출판평설』. 서울: 일진사.

이종국(2007). 『출판 컨텍스트』. 서울: 일진사.

한승헌(1988). 『저작권의 법제와 실무』. 서울: 삼민사.

한승헌(1992). 『정보화시대의 저작권』. 서울: 나남.

허희성(1988). 『신저작권법축조개설』. 서울: 범우사.

著作權法百年史編纂委員會 編著(2000). 『著作權法百年史』. 東京: 著作?情報センター.

문화체육관광부(http://www.mcst.go.kr)

한국저작권위원회(http://www.copyright.or.kr)